『質的心理学研究』第 10 号 巻 頭 言

たすきをつなぐ

　2002 年に無藤隆，やまだようこ，麻生武，南博文，サトウタツヤの諸氏による共同編集で立ち上げられた本誌も，今号で 10 号になる。そこから始まった渦が日本質的心理学会という学術団体に発展したのはご存じの通りである。本誌の編集委員長もこれまではこの 5 人のなかから選ばれてきた，というよりも，自然な流れで担当が決まってきたように思われる。本誌と質的心理学会に初発の力を与えたのがその 5 人であったことを思えば，決して不思議なことではない。

　しかし，初発の力だけに頼っていたのではその発展には限界がある。夢を次の世代へつなぎ，新たな担い手たちのために何かを手渡していく，そんな時代に本誌も移行しつつあるようだ。本号から，立ち上げの 5 人には含まれない私たちが編集委員長・副編集委員長の役を務めさせていただくことになったが，少なくとも 5 人以外に編集のたすきが手渡されたことは，本誌の時代の変化を象徴するものであろう。本号より 3 年間，さらに次へとつないでいくたすきを握りしめながら，力を尽くしていきたいと思う。

　見かけはどうあれ，研究もまたたすきをつなぐような行為である。伝統的な自然科学的な研究では，先行研究から直接仮説を受け取り，それを実証して研究者コミュニティのなかに返して次の研究へとつないでいく。そのつなぎ方は，どちらかと言えば直接的・明示的であり，手渡す側と手渡される側は同じ研究者コミュニティに属していることが多い。

　それに対して質的研究では，たすきは先行研究以外のいろいろな場所からも届けられるし，いろいろな場所に向けられる。ときにはそれは，これまでうち捨てられてきたたすきかもしれない。あるいは実践の現場で初めて現れたたすきかもしれない。その届け先も，研究者コミュニティだけを念頭に置くものではなく，実践の現場への呼びかけもありうるし，他領域に届こうとするたすきもありうるだろう。本誌が，学会誌であると同時に，一般書籍でもあるという二重性をもつのは，そうした届け先の多様性を念頭に置いているからだとも考えられる。

　さて，この第 10 号でも様々な方向につないでいけそうな多様なたすきが揃った。論文の本数が例年よりやや少なくなってしまったのは，投稿数やその内容にいくらかでこぼこがあり，編集委員会ではそのあたりを完全にはコントロールできないためである。単に掲載論文を一定数にするために審査基準を変化させたりはしていないことの証左であるとも言える。いずれにせよ，これらの論文が様々な受け手に届き，それがさらに新たな手渡しにつながることを期待したい。

編集委員長　**能智正博**

目　次

巻頭言　　能智正博「たすきをつなぐ」

特集：環境の実在を質的心理学はどうあつかうのか
（責任編集委員：南　博文・佐々木正人）

- 山﨑寛恵　　　　　　　　　　　　　　　　　　　　　　　　　　　7
  乳児期におけるつかまり立ちの生態幾何学的記述
  ——姿勢制御と面の配置の知覚に着目して

- 青木洋子　　　　　　　　　　　　　　　　　　　　　　　　　　　25
  食事における容器操作の縦断的研究
  ——容器の発見と利用の過程

- 佐々木正人　　　　　　　　　　　　　　　　　　　　　　　　　　46
  「起き上がるカブトムシ」の観察
  ——環境−行為系の創発

一般論文

- 西崎実穂・野中哲士・佐々木正人　　　　　　　　　　　　　　　　64
  一枚のデッサンが成立する過程
  ——姿勢に現れる視覚の役割

- 木戸彩恵　　　　　　　　　　　　　　　　　　　　　　　　　　　79
  日米での日本人女子大学生の化粧行為の形成と変容
  ——文化の影響の視点から

- 八ッ塚一郎・・・・・・・・・・・・・・・・・・・・・・・・・・・・・・・・97
  高校家庭科教科書の言説分析と教科再編への展望

- 一柳智紀・・・・・・・・・・・・・・・・・・・・・・・・・・・・・・・・・116
  聴くという行為の課題構造に応じた相違
  ——2人の児童の発言に着目して

- 松本京介・・・・・・・・・・・・・・・・・・・・・・・・・・・・・・・・・135
  青年の語りからみた金縛りの心理的意味

BOOK REVIEW

- 《書評特集》アクションリサーチ
  特集にあたって（田垣正晋・田中共子）・・・・・・・・・・・・・・・158

  看護領域から（評：岡本玲子）・・・・・・・・・・・・・・・・・・・160
  　　S. バーンズ・C. バルマン（編），田村由美・中田康夫・津田紀子（監訳）
  　　　『看護における反省的実践——専門的プラクティショナーの成長』
  　　CBPR研究会（著）
  　　　『地域保健に活かすCBPR——コミュニティ参加型の活動・実践・パートナーシップ』

  社会福祉領域から（評：古井克憲）・・・・・・・・・・・・・・・・・161
  　　田垣正晋（著）『これからはじめる医療・福祉の質的研究入門』
  　　箕浦康子（編著）『フィールドワークの技法と実際 2——分析・解釈編』
  　　パンジーさわやかチーム・林淑美・河東田博（編著）
  　　　『知的しょうがい者がボスになる日——当事者中心の組織・社会を創る』

  発達・教育領域から（評：一柳智紀）・・・・・・・・・・・・・・・162
  　　J. Elliott　"Action research for educational change"
  　　佐野正之（編著）『アクション・リサーチのすすめ——新しい英語授業研究』

  社会心理領域から（評：東村知子）・・・・・・・・・・・・・・・・163
  　　矢守克也（著）『アクションリサーチ——実践する人間科学』
  　　浜田寿美男（著）『自白が無実を証明する——袴田事件，その自白の心理学的供述分析』

編集委員会からのお知らせ ・・・・・・・・・・・・・・・・・・・・・・・・・・・・ 166

『質的心理学研究』規約 ・・・・・・・・・・・・・・・・・・・・・・・・・・・・・ 169

　投稿に際してのチェックリスト ・・・・・・・・・・・・・・・・・・・・・・・・・ 172

『質的心理学研究』特集と投稿のお知らせ ・・・・・・・・・・・・・・・・・・・・・ 173

英文目次 ・・・・・・・・・・・・・・・・・・・・・・・・・・・・・・・・・・・・ 176

『質的心理学研究』バックナンバー ・・・・・・・・・・・・・・・・・・・・・・・・ 177

特集
環境の実在を
質的心理学はどうあつかうのか

　心理学，医学，看護学をはじめ，人間を対象とする科学は，ともすると人間側にばかり目を向け，その人が置かれている具体的な環境の存在・あり様に無関心のままであったように思われる。生体としてのヒトの身体とその機能を研究するとき，刺激とそれへの反応を調べるという方法が用いられ，その際にヒトが生きている環境は捨象されるか，「要因」といった形でごく単純化してモデルに入れられてきた。クライエントの生きてきた現実に寄り添う臨床心理学においても，例えば「対象喪失」という概念が表すように，実際に失われた「もの」が具体的に何であるか，それは深く問われないまま対象への心的な構造の探求に関心が向けられる。ここでも環境は，当然の前提として研究の背景に退いている。現実に生きている人間が，震災という経験をするときには，心的な喪失感と共に，それまでに在った具体的な「身のまわり」のもの全てやそれらとの関係が問題となるであろう（三浦，2006)*。

　看護の現場においては，環境も含めて患者を癒すことが意図されるであろうが，ではその際の環境とは具体的に「何であり」，それのどこがどのように回復過程に関与するのかについて，記述と分析の用語法をまだわれわれは手にしていないように思われる。物理的環境と対人的環境といった粗い分類軸がいまだにものを言っている。目に見えない「こころ」が一方で膨大なターム（学術用語）を生み出している（心理学の辞典を見れば分かるように）のに対し，目の前にあるはずの環境が固有名以外に案外と言葉になっていないのではないか。環境に関する限り，われわれは意外なほど失語症状態にある。

　環境の実在を質的心理学はどのように捉えるのか？　これが本特集の立てた問いである。

　身のまわりの環境をあらためて質的に——すなわち「それは何であるか」「どのようであるか」という点から——問い直してみることが，学のラディカリズムとして求められているように思われる。ゲームのプレイヤーの片方にばかり目を向け，フィールドのもう半分に対してスクリーンが立てられた試合を観戦するような状況にいるのが今のわれわれである。

　事態（ゲーム）のもう一方のプレイヤーである環境とはどのようなものか。環境が「こころ」の主題となるのはどのような形においてか，そしてどのような原理によってか。ヒトを語ることが環境を同時に語ることであるようなジャンルをはじめられないか。建築家や土木の専門家やプロダクト・デザイナーが考えているはずのヒトのことも心理学にできないか。生が営まれる「場」であり，人間を含む生きものを取り囲む「環境」がどのようなものであるか，今一度リアルに問い直す論文，質的でしかできない「モノ—ヒト」に迫る論文，「環境の心理学」を根本的に捉え直す斬新なアイデアを含む論文を求めたのが本特集である。

　結果として特集に掲載されたのは，3つの論文群であった。いずれもギブソン（Gibson, J. J.）の系

譜に連なる「行為とそれを取り巻く環境」に関わる観察研究である。これらの論文をどのように読むか，本特集の立てた問題にどう応えるものであると考えるかは，当然ながら読者に委ねられている。環境をどのように扱うかという問いへのアプローチの仕方は，まだ尽くされていないであろう。コメント論文その他の形での，応答に期待したい。

〔注*　三浦研.（2006）.被災者の住まいへの働きかけから考える心と環境．南博文（編著）．環境心理学の新しいかたち（pp.240-273）．誠信書房．〕

特集　責任編集委員　　**南　博文**（上記文責）・**佐々木正人**

乳児期におけるつかまり立ちの生態幾何学的記述
—— 姿勢制御と面の配置の知覚に着目して

山﨑寛恵　東京大学大学院教育学研究科
Hiroe Yamazaki　Graduate School of Education, The University of Tokyo

要約

四足性から二足性への姿勢の移行期に頻繁に観察されるつかまり立ちが，環境構造とどのような関わりを持っているのかについて，環境を面とその配置として記述する生態幾何学的方法を用いて検討した。1名の乳児の8～11ヶ月齢にわたる日常場面でのつかまり立ちを観察し，垂直方向にある面に対する上肢の最初の接触，つかまり立ち開始後の四肢の経路，立位後の姿勢の点から場面毎に記述した。その結果，上肢の最初の接触は手を最大限に伸ばすと「ぎりぎり」届くか届かないか，といったところで行われる傾向があること，つかまり立ちやそれに先行するハイハイを通して経験する，垂直方向の配置に対する見えの変化が，つかまり立ちの出現そのものに関わっている可能性があることが示された。加えて，四肢の動きが識別される環境の特徴に関係し，その識別自体にも動きが伴っていることも明らかになった。全事例の結果から，つかまり立ち動作における知覚の役割の重要性が確認された。

キーワード

つかまり立ち，面の配置，姿勢制御，知覚

Title

Standing up with Support in Infancy in the Context of Ecological Geometry: Postural Control and Perception of Surface Layout

Abstract

The purpose of this study was to examine the postural control involved in standing up with support in the context of an environmental structure. The occasions on which an infant 8-11 months of age stood with support were observed at his home. The routes followed by his four limbs were analyzed separately in terms of perceived surface layout and divided into three phases: the first contact with the vertical layout, the trajectory of standing up, and the subsequent trajectory. The results showed that the infant detected several kinds of vertically organized surface layouts and discriminated accordingly for each postural change. The data suggested that detection of vertical surface layouts and their related edges contributed both mechanically and visually to the emergence of standing up with support.

Key words

standing up with support, surface layout, postural control, perception

背 景

　生態心理学は動物やヒトの身体と環境との関係や，彼らが見出す環境の特質を同定することによって，彼らの行為を説明しようとしてきた。その代表的な切り口の一つは，身体の重さや大きさを擬似的に変更することによって，あるいは身体スケールが大きく異なる被験者群を比較することによって生起する知覚判断の違いをもとに検証する「アフォーダンス知覚」の研究であった。

　発達研究の領域でも同様の観点から，成長に伴う身体変化と知覚判断との関連を明らかにする研究がなされてきたが，乳児期に特有の制限が研究方法に大きな影響を与えてきた。先のような成人を参加者とした実験では，知覚対象を言語化可能なものとして扱い，報告させるという方法を用いえたが，乳児が研究参加者の場合は知覚判断に言語を用いることができない，という点である。こうした問題点に対して，近年のアフォーダンスおよびそれに隣接する発達研究では，この制限を逆に活かす方法を用いており，歩行やリーチングといった運動を遂行する場面が設定され，そこでは周囲の環境への注意が入れ子になったものとして全身の組織化が詳細に分析されている（Adolph, Joh, Franchak, Ishak, & Gill, 2008 ; Rochat & Goubet, 1995）。

　乳児研究で示されたそれらの方法は，生態心理学の基本視座の再確認を促すものとなっている。その一つは，知覚が「動」そのものを基本単位とするという考えである。ギブソン（Gibson, 1985/1979）によると，知覚過程で利用される包囲光や包囲音といった包囲エネルギーの差異構造（エネルギーそのものではない）は，知覚者と知覚対象との関係の動的変化（包囲エネルギーの流動）において検知され，知覚過程が成立する。動くことと何かに気づくことは表裏一体の関係にある。2点目は，個々の器官を分離したものとして扱う感覚入力の理論とは異なる，「知覚システム」という考えである（Gibson, 1966, 1985/1979）。例えば，視覚は眼で見ることではなく，眼球運動，頭部の回転，頭部を支える体幹，全身……というように，入れ子化した身体システムを取り扱うことによって，見回すことによる周囲への注意がどのように行われているのかが明らかになる。「知覚システム」とは周囲にたいする注意の様相である。したがって，これまで運動制御の領域で扱われてきた基本的な運動スキルにたいして，動きの推移を注意の入れ子化として扱い，周囲への気づきの水準で記述することは，ギブソンの考えに忠実であり十分に意義があるといえる。

　しかし，現在の生態心理学を背景とした行為発達の研究では，全身が組織化された身体システムとして運動スキルを捉える方法が見出されている一方で，その入れ子化を可能にする環境とは一体どのようなものなのか，注意の対象となる環境構造はどのように記述されるべきなのか，という点については十分に議論されていない。先述のような観点から運動発達をみるとき，運動は周囲の環境への気づきと分離できず，知覚対象となる環境構造の記述方法は非常に重要である。その検討には自然な知覚が行われている日常場面がふさわしく，そこで観察される乳児の運動，すなわち身体と周囲との関係の動的変化（推移）を記述することが必要となる。このような関心は，「環境の実在をどう扱うか」という本特集のテーマと深く関係しているものであり，以下ではその一試みとして議論を展開する。

目　的

　つかまり立ちは生後1年目の終わり頃に初めて観察される。従来の研究では，つかまり立ちは，ヒトという種を特徴づける直立姿勢や二足歩行に先行する運動発達の指標とされ，その説明の多くは身体の解剖学的または神経学的見地によるものであった（Peiper, 1999/1963）。しかし，ヒトが地表上のある場所で生活，生存していることを踏まえると，この動作の獲得を，動作が進行している環境から切り離すことなく記述するという方法も妥当であると考えられる。つかまり立ち動作の出現にたいして，そこで知覚されるものとして何があるのかという問いが成立しうる。

　もちろん，つかまり立ち動作が周囲にあるものを利用して行われることは既に認められている。ブライ（Bly, 1998/1995）は，この運動が「周囲の環境を詳

しく調べる能力」と，「不慣れで，凸凹で，不安定な面に対して，いかにして体を動かすかという問題解決能力」に関連していると述べている。しかし，こうした指摘はあるものの，それは家具や階段につかまって身体を引っぱりあげるといった水準での記述であり，つかまり立ち動作において乳児が知覚している環境構造の説明としては曖昧で不十分である。

つかまり立ちが生起する環境構造を，先に獲得されるハイハイのそれと比較してみると，その違いは顕著である。ハイハイの場合，四肢が接触するものは，地面または支持面とよばれる。この面は，通常平坦な（凹凸があってもわずかな）広がりまたは，緩やかな傾斜を有する面である。それに対して，つかまり立ち動作では，垂直方向にあるものへの接触が伴う（山﨑・関，2008）。一般的な発達的順序としてハイハイの後につかまり立ちが獲得されることを踏まえると，こうした垂直方向にあるものの知覚は，つかまり立ち動作に関わる重要な環境構造であると考えられる。では乳児の知覚する環境構造はどのように記述できるのだろうか。

ギブソン（Gibson, 1985/1979）は，知覚－行為研究にふさわしい生態学的用語を用いた環境の幾何学を考案し，「面の幾何学　surface geometry」と名づけた。これは，抽象幾何学で用いられる「平面　plane」と「面の幾何学」で用いられる「面」との比較を通して以下のように説明されている。

> 面は実体のあるものであるが平面にはない。面は肌理があるが平面にはない。面は決して完全に透明であることはないが，平面は完全に透明である。
> 面というのはただ一方の側だけをいうが，平面には両側がある。……幾何学的平面は，媒質と物質の界面または境界ではない。
> 面の幾何学では，2つの平坦な面の接合部は縁か隅であるが，抽象幾何学では平面の交叉部は線である。面は光源や観察点に面するという性質を持っているが，平面にはない。

さらに物体の位置や運動についても次のように扱われている。

> 抽象幾何学では，物体の位置は等方性の空間内の3つの選ばれた軸ないしは3次元の座標によって特定されるが，面の幾何学では，対象の位置は上下という固有の極をもつ媒質における重力および地面との関係で特定される。同様に，抽象幾何学における物体の運動とは空間の1次元ないし数次元上での位置の変化，またはこれらの軸上の物体の回転（旋廻）である。しかし面の幾何学での対象の運動は常に面の配置全体の変化であり，まだある意味で，環境の形の変化である。そして環境の物質の面は……しばしば変形する。

以上のような面の幾何学で記述される面とその配置は，光や音などのエネルギーに差異構造をもたらす知覚可能な実体である。さらに言うと，「水平な，平たい，広がっている，堅い面」の配置を知覚することは，それが支えになることの知覚である。

このような面の配置と知覚行為の関係に着目したアプローチは，建築計画分野において「生態幾何学的分析」としてしばしば用いられている。例えば加藤・森（2006）は，ある場所で移動者が利用する経路を数パターン選定し，各経路を歩くときに見える面の肌理の質の変化と，面が視界に占める割合の変化を抽出することによって，それぞれの経路の特徴を明らかにしている。また，橋本・鈴木・木多・幸山（2005）は，3パターンの曲がり角を曲がるときに経験される壁の流動を比較し，さらにそれぞれの見えの変化と移動者の動きとの対応を調べることで，「角を曲がる」という行為がどのように制御されるのかを考察している。これらの研究では，面の配置が知覚－行為にとって意味を持ち，それを制御するものであることが示唆され，知覚－行為をそれが生じている環境の面の配置との関係で記述できることが示されている。

周囲の面の配置の知覚と姿勢制御に関連があることについては，既に明らかになっているが（Lee & Lishman, 1975），それを発達的に検討したものはいまだ少ない。知覚と行為の発達に関する研究は数多くあるが，それらと上述のアプローチの最も異なる点は，知覚と行為の扱い方にある。従来の研究では移動経験がある乳児は空間認知に優れている，あるいはハイハイの前後で空間認知が大きく転換する，といった議論はこれまで多くなされてきた（三島，1993；Kermoian

& Campos, 1988)。しかし，こうした研究の多くでは知覚と行為が切り離されて扱われ，乳児が移動しているまさにそのときの乳児の知覚と行為を扱っていない。乳児期に出現する様々な行為と知覚の関係を検証するのであれば，それらの獲得期における当該の行為中の知覚を問題にする必要がある。

したがって，本研究ではつかまり立ち動作の獲得と環境の構造の関係を明らかにするため，普段の生活場（家）で生起するつかまり立ちを観察対象とし，生態幾何学の方法を援用し，知覚される面とその配置と，そこでの姿勢の変化を記述する。

方　法

対象児

本研究は1名の男児K（2001年11月生まれ）を対象として行われた。Kの発達に関して，生後2年間の乳児健診では発育発達上の問題は指摘されず健康であり，同内容が母子手帳でも確認された。

観察手続き

観察は生後1ヶ月から開始され，週2,3回のペースで，養育者が日常生活のKの様子をビデオカメラで撮影するという方法で行われた。対象児の保護者には事前に書面で，撮影協力と，それをもとにした研究発表についての承諾を得た。撮影する出来事や場面について，研究者から養育者に特に指示することはなかった。

撮影記録からKの四足から二足への姿勢転換に関連する出来事は，以下のような経緯であることがわかった。

7ヶ月12日齢	立つという経験。祖父がソファを利用した直立姿勢をつくらせる。
8ヶ月16日齢	立ち上がるという経験。他者の腕につかまって立つ。
8ヶ月20日齢	座卓を利用してつかまり立ちができる。
9ヶ月1日齢	つたい歩きが開始する。
9ヶ月15日齢	ひとり立ちができる。
11ヶ月4日齢	独立二足歩行が開始する。

つかまり立ちが開始した生後8ヶ月20日齢から，ハイハイが見られなくなるまでの80日間分の記録からつかまり立ち場面を抽出した。

記述方法

つかまり立ち動作を環境との関係で記述するにあたり，まず，関・山﨑（2008）による立ち上がり動作の定義を基に，予備観察を通して本研究におけるつかまり立ちの定義を確認した。日常場面における乳児のつかまり立ちのパターンは多様であるものの，

・少なくとも一方の上肢が垂直方向にある面（以下では，「垂直面」と呼ぶ）に接触すること
・膝が地面から離れ，両足の裏が地面に接触すること
・頭部が体幹よりも上にあること（体幹が垂直方向になること）

が共通して含まれている。この定義をもとにビデオ撮影された動画から抽出されたつかまり立ちは36場面あった。

全場面中でつかまり立ちの四肢の配置が観察可能なものは32場面で，1回毎のつかまり立ちの経路を記述するために，動作の開始と終了を定義した。開始については，座位からつかまり立ちをする場合は既に体幹が垂直方向になっていることを考慮し，「一方の上肢の垂直面への接触，または一方の足裏の地面への接触が観察されたとき」と設定した。終了は，「先の3つの状態が全て満たされたとき」と設定した。

32場面中，足裏が地面に接触することから開始するつかまり立ちは1場面のみで，それは既にひとり立ち，二足歩行が獲得され，つかまり立ちが終了する直前の時期（11ヶ月9日齢）であった。それを除く31場面は全て，地面に足裏が接触する前に手が垂直面に接触しており，こうした場合には上肢の垂直面への接触がつかまり立ちの先導的な役割を担っていると考え

られた。また，つかまり立ち動作の四肢の動きが，立位成立後の動きと連続していることがうかがわれた。

よって，1回のつかまり立ちを，「垂直面への最初の接触」，「つかまり立ちの経過」，「立位後」の3フェーズに分けて記述し，それに基づいて各事例の特徴をまとめた。以下に続く結果と考察では，これらの場面から環境構造と動作のパターンが異なる11場面を選んで検討する。

結果と考察

事例1　複数の段

場面概要

8ヶ月21日齢（つかまり立ち開始5日後）。部屋の周辺には，テーブルや本棚がある。本棚には雑誌が積み上げられ，本が並んでいる。さらに本棚の上には花瓶や大小の箱がある。テーブルの上には広告と箱が置かれている。

〈垂直面への最初の接触〉

平坦な地面をハイハイで移動する。左上肢を垂直方向の面に伸ばす（図1-a）。図1-bに示すように，その軌道は途中で胸部の高さにある水平な面（段）に向かって降下し，水平面の縁に接触する。

〈つかまり立ちの経過〉

右上肢も同じ段の縁に接触し，膝立ちになる。ここで左上肢がより高い別の段へと向かい，その面や縁に接触して，再び元の段へと戻る（図1-b）。

〈立位後〉

左上肢が異なる段へと向かい，右上肢もさらに高い段の上へと向かう（図1-c）。その間，両下肢は前後左右へと頻繁に位置を変える。

ここでは複数の水平面がなす段差を探索する姿勢が，つかまり立ちの動作に入れ子化されていた。動作の進行に伴って，段差をつくっている水平面が見えてくる，また触れるようになる。こうした上方への注意は垂直面への最初の接触に至る軌道にも観察された。

事例2　段／その水平面の凸部

場面概要

8ヶ月21日齢（つかまり立ち開始5日後）。ハイハイで窓辺に近づき，窓の桟を利用して立ち上がる。

〈垂直面への最初の接触〉

不透明な堅い垂直面に向かって，ハイハイで移動する。ハイハイをやめ，右上肢を伸ばし，垂直面の上端の，水平で（Kに対して左右に）広がった面（段）に手をのせる（図2-a）。手を置いた段には凸部があり，指先がひっかかる。このリーチングには左下肢の移動と，見上げる動作が伴った。

〈つかまり立ちの経過〉

両上肢とも最初に接触したところから移動せず，両下肢も前後の動きがない，非常にシンプルな軌道である（図2-b）。

〈立位後〉

左手がより遠くに伸び，段上の凸部にたいする細かな接触がある。両下肢の位置は全く変わらない（図2-c）。

垂直方向にある面の上端の縁が，移動中の見えの変化に関わっている。ハイハイで垂直面に接近しているとき，立ち上がっているときを通して，窓の外の見えなかった景色が見えてくる。垂直面への最初の接触は，立ち上がりを可能するところであり，見えの変化が生ずるところである。

事例3　段／水平に延びる凸状の縁

場面概要

8ヶ月23日齢（つかまり立ち開始7日後）。ベッドとタンスの間に座布団が立てかけられ，タンスの引き出しが下から数段，等しく開いて壁をなしている。引き出しにはわずかな取っ手がついている。

〈垂直面への最初の接触〉

ハイハイで垂直面に接近し，右手を最大に伸ばして垂直面上に接触する（図3-a）。それに伴って両足が垂直面から離れる。

〈つかまり立ちの経過〉

a 垂直方向にある面への最初の接触

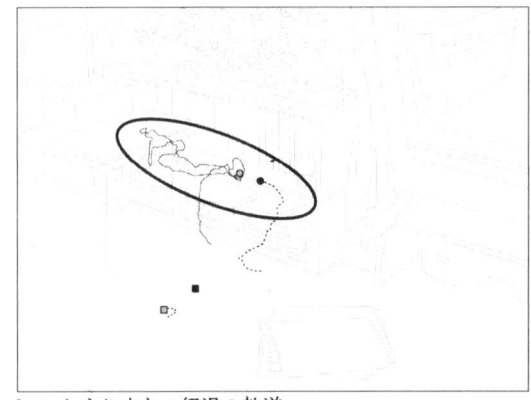

b つかまり立ちの経過の軌道

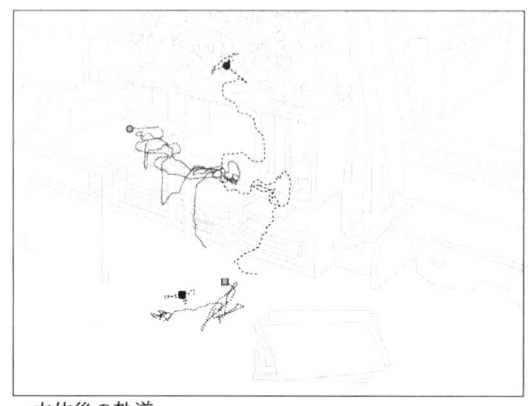

c 立位後の軌道

● ……右手
○ ……左手
□ ……右足裏
■ ……左足裏

図1　複数の段を利用したつかまり立ち

左手が垂直面に向かい，同時に右手が垂直面の上端へと移動して凸部をつまむ（図3-b）。この凸部は水平方向に長く延びており，右手がそれにそって移動し，両手の間隔が広くなる（図3-b）。両下肢に関して，一旦膝立ちになった状態で垂直面に接近してから，地面に足裏を接触させる。

a 垂直方向にある面への最初の接触

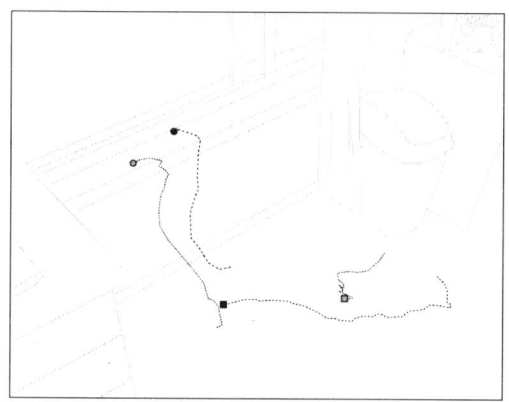
b つかまり立ちの経過の軌道

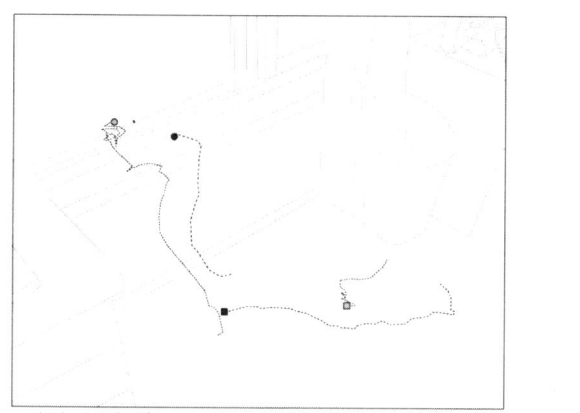

●── 右手
○── 左手
□── 右足裏
■── 左足裏

c 立位後の軌道

図2 段／その面上の凸部を利用したつかまり立ち

〈立位後〉
垂直面の上端の縁にそって上肢が移動し，下肢も同方向に移動する（図 3-c）。

垂直面が平坦で，手を伸ばしてもあと少しで届かないところに上端がある。このような場所では，四肢

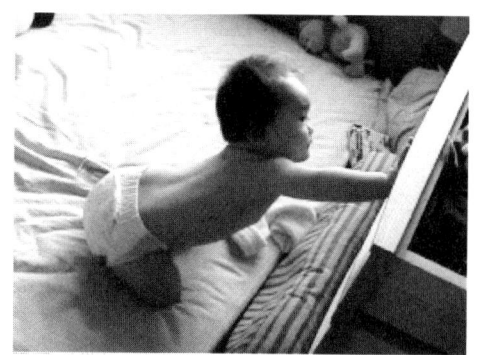

a 垂直方向にある面への最初の接触

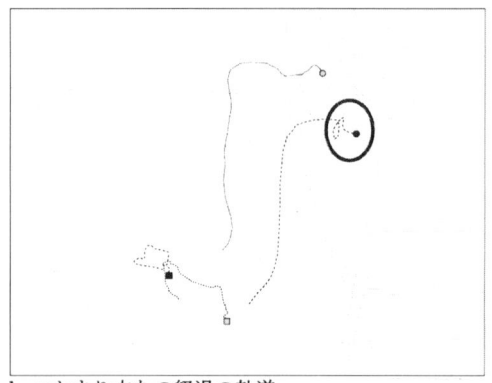

b つかまり立ちの経過の軌道

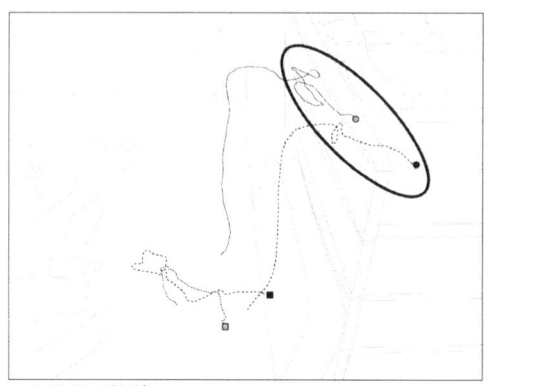

●──右手
○──左手
□──右足裏
■──左足裏

c 立位後の軌道

図3　垂直面の上端にある凸状の縁を利用したつかまり立ち

間の細かな調整が観察された。上肢の移動の前後に下肢の移動が観察され，それが上肢の移動を可能にし，また上肢の移動によって足裏の地面への接触が可能になった。垂直面の上端にある，水平に延びた凸状の縁の発見は，動作全体を通して，身体の部位同士の調整と関係し続けている。このような面の配置をギブソン（Gibson, 1985/1979）は「とっかかり」と呼んでいる。

a 垂直方向にある面への最初の接触

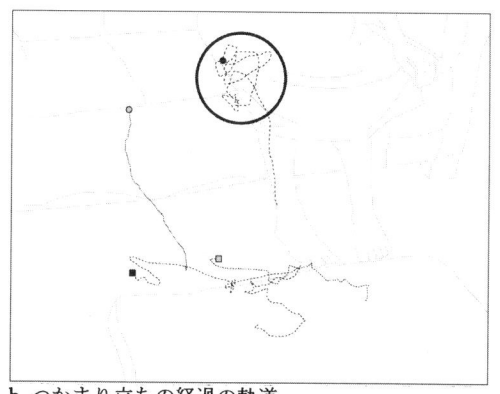

● ──右手
○ ──左手
□ ──右足裏
■ ──左足裏

b つかまり立ちの経過の軌道

図4 段と付着した変形する凸部を利用したつかまり立ち

事例4 段／付着し変形する面

場面概要

8ヶ月27日齢（つかまり立ち開始11日後）。床上にソファがあり，その一部を母親（のスカート）が占めている。またソファ近くには座布団があり，Kは座布団をハイハイで通過し，ソファのところで立ち上がる。

〈垂直面への最初の接触〉

垂直面をもつ段に向かってハイハイで移動する。段に付着した，湾曲し，複雑に変形する柔らかいシート（Gibson, 1985/1979）に右手を伸ばして接触する（図4-a）。

〈つかまり立ちの経過〉

右手でシートをつかんだまま両下肢を垂直面に近づけて，左手を伸ばし垂直面に接触する。両下肢を左右に動かしながらさらに垂直面に近づけて，左手を段上にのせた後，両足裏を地面に接触させて立ち上がる（図4-b）。

〈立位後〉

左下肢がさらに垂直面に近づき，両上肢が段の平坦な面を滑って移動する。

母親の衣類は変形するシートであり，つかむことができる。段をなす面の配置に付着したこのシートは，ある程度可動であるが完全に切り離すことはできない。これを利用するとき，不安定な姿勢にあっても身体各部位はある程度の範囲で動くことができる。また，片方の手の垂直面から段上の水平面への移動は，立ち上がり動作とその後の立位の維持を可能にする。

a 垂直方向にある面への最初の接触

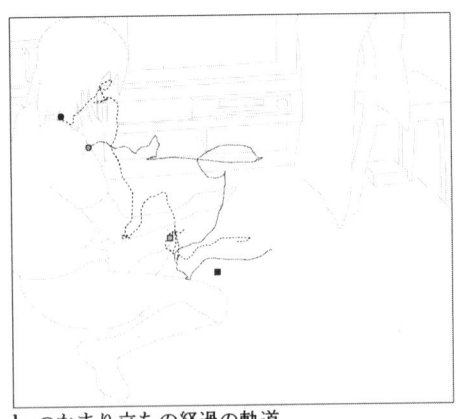

●……右手
◐……左手
◻……右足裏
■……左足裏

b つかまり立ちの経過の軌道

図5 低い段差でのつかまり立ち

事例5 湾曲した面／低い段

場面概要
9ヶ月15日齢（つかまり立ち開始29日後）。座位から母親の膝に手をついて立ち上がる。

〈垂直面への最初の接触〉
座位で前傾しながら両手で低い段に接触する（図5-a）。段はせまい湾曲した面で縁がなく，右手は接触後に地面に滑り落ちる。

〈つかまり立ちの経過〉
右手が再び段に接触し，足裏が地面に接触する。その後，体幹が垂直に向くとともに両手が段から離れる（図5-b）。

〈立位後〉
より高く切り立った垂直面に両手が接触する（図5-b）。

他者の身体は，湾曲し変形する面からなる垂直の面や段として利用されることがある。ここで利用された段は湾曲し低く，つかまり立ち動作を通して上肢との接触を維持することが困難であったが，低い段差がつかまり立ちに利用され達成されるとき，その姿勢転換はひとり立ちに近い軌道になる。

事例6 平らな垂直面

場面概要
9ヶ月27日齢（つかまり立ち開始41日後）。2つの棚が隣接しており，棚の側板を利用して立ち上がる。

a 垂直方向にある面への最初の接触

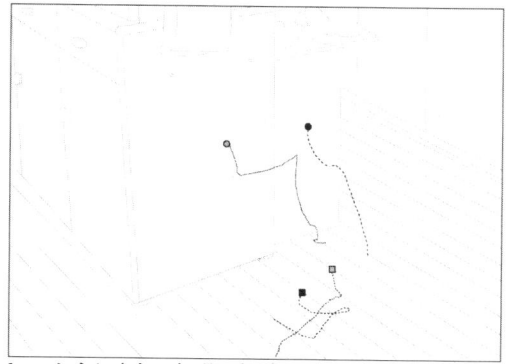

b つかまり立ちの経過の軌道

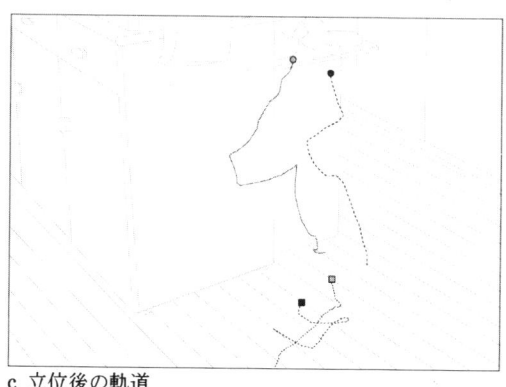

c 立位後の軌道

●……右手
○……左手
□……右足裏
■……左足裏

図6 平らな垂直面でのつかまり立ち

棚の上には複数のものがある。

〈垂直面への最初の接触〉

平らに広がった垂直面にハイハイで近づく。垂直面に対して体幹が横向きになっている。左手が垂直面に接触する（図6-a）。

〈つかまり立ちの経過〉

右手が垂直面に接触する。その前後で両足が移動し、垂直面に対する全身の向きが変わる（正面を向く）。両上肢が移動する。両手間の幅が広がり、より高いところで垂直面と接触する（図6-b）。両足裏が地面

に接触する。
〈立位後〉
垂直面の上端の縁に接触する（図6-c）。

平らな垂直面を利用したつかまり立ちは稀であるが，手のひらで垂直面を押すことと，それを可能にするように下肢の位置を調整することができればつかまり立ちは可能である。またこのような場面では，立位後の姿勢が，先行する上肢の垂直面への接触に大きく関係しているようである。

事例7　複数の段／湾曲し凹凸のある動く面

場面概要
10ヶ月0日齢（つかまり立ち開始45日後）。円形のビニルプールの中で座位になっている。外に父親が座っており，父親の脚が正面にある。
〈垂直面への最初の接触〉
前方にある低い段に両手を接触させる（図7-a）。前傾とともに両足裏が地面に接触し，臀部が地面から離れてしゃがみ座りになる。
〈つかまり立ちの経過〉
左手がより高いところにある段に移動する（図7-b）。段は湾曲し，角がなく，平坦に広がっていない。左手が向かう途中で，段が動く。それに伴って両手が移動し，段を抱え込むような構えになる（図7-c）。右足裏が地面から離れ，膝が地面に接触する。左手が段の凸部に移動し右足裏が地面に接触する。
〈立位後〉
右手が段から離れる。

低い段と，変形し動き，凹凸のある段が，座位から開始するつかまり立ちの動作の進行に伴って識別されていく。

事例8　複数の凸部／付着し遊離する面

場面概要
10ヶ月24日齢（つかまり立ち開始69日後）。吸盤のおもちゃが付着したガラス戸にハイハイで近づき，つかまり立ちをする。

〈垂直面への最初の接触〉
ハイハイで垂直面に接近し，右手を伸ばして面上の凸部をつかむ。これは手を伸ばして届く凸部のうち，最も高いところである（図8-a）。
〈つかまり立ちの経過〉
両下肢を垂直面に近づけて，左手を垂直面の別の凸部に接触する。左足裏を地面に接触した後，左手がより高いところにある別の凸部に移動する（図8-b）。右足裏が地面に接触する。
〈立位後〉
左手が接触していた凸部が垂直面から分離し，落下する。それを追って，両手が地面から離れ，座位になる（図8-c）。

垂直面上にある複数の凸部は上肢がつかまる「とっかかり」であり，それらは動作の進行に伴って識別される。また，その凸部が遊離するとき，それは立位を支持するものではなくなり，姿勢が転換する。

事例9　柔らかい変形する支持面／段の角と面

場面概要
10ヶ月27日齢（つかまり立ち開始72日後）。ハイハイで座布団の上を移動してベッドに近づき，つかまり立ちをする。
〈垂直面への最初の接触〉
傾斜面上をハイハイで移動し，垂直面とそれに隣接する面からなる角に右手を伸ばして接触するが，傾斜面に落下する（図9-a, b）。
〈つかまり立ちの経過〉（図9-c）
変形する傾斜面上に右足裏が接触し，踏ん張ることで全身がさらにベッドに近づく。再び右手を角に接触させる。座位に近い構えになり，段上がより見えるようになる。右足が垂直面にさらに近づき（足裏の接触は維持されている），左手が段上に接触する。右手が角から段上の水平面へと移動する。左足裏が地面に接触する。
〈立位後〉
右足がベッドに近づく。

最初の上肢の接触が垂直面の上端にある角であると

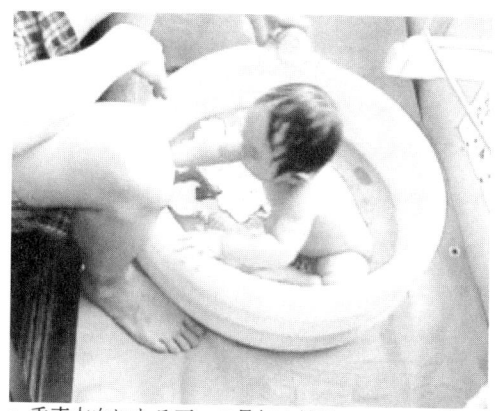
a 垂直方向にある面への最初の接触

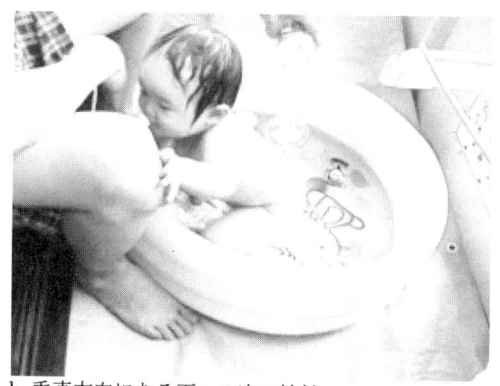
b 垂直方向にある面への次の接触

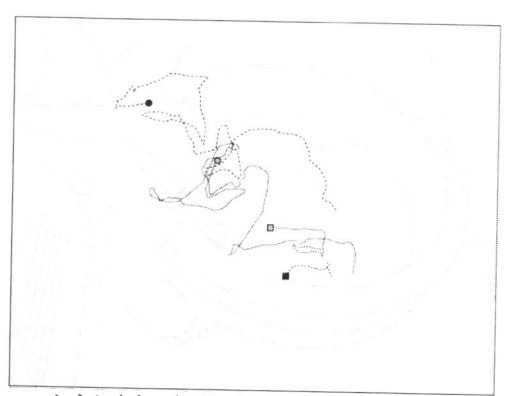

● ——右手
○ ——左手
□ ——右足裏
■ ——左足裏

c つかまり立ちの経過の軌道

図7 湾曲し動く面を利用したつかまり立ち

き，立ち上がることが困難な場合もある。そのような場合，異なる面の配置と性質が利用されるようである。ここでは，下肢と垂直面との距離を調整して，角から段上の水平面へ手が移動した。また，その下肢の調整との関連において，支持面の性質も利用された。柔らかく変形する傾斜面では，四つ這い位でも足裏が地面

a 垂直方向にある面への最初の接触

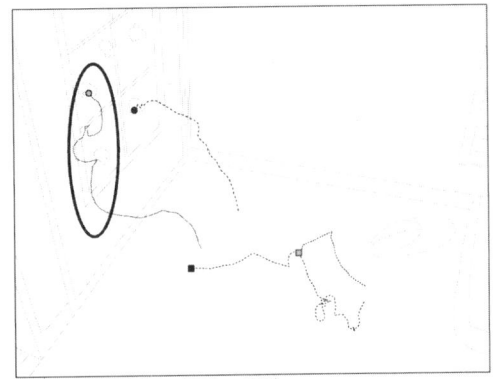
b つかまり立ちの経過の軌道

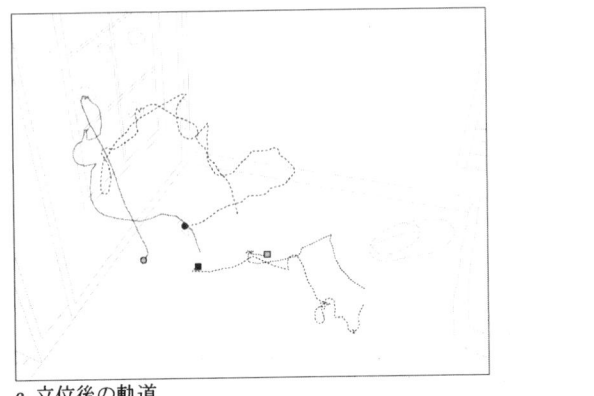

● 右手
○ 左手
□ 右足裏
■ 左足裏

c 立位後の軌道

図8 垂直面上の複数の凸部を利用したつかまり立ち

に接触することがある。このような場合には，両手を垂直面に接触させる前に，地面に対する足裏の接触による「踏ん張る」という動作が観察される。

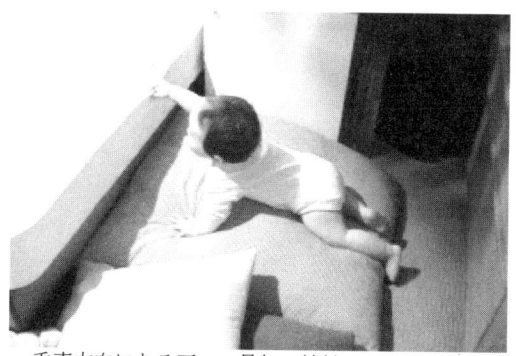

a 垂直方向にある面への最初の接触

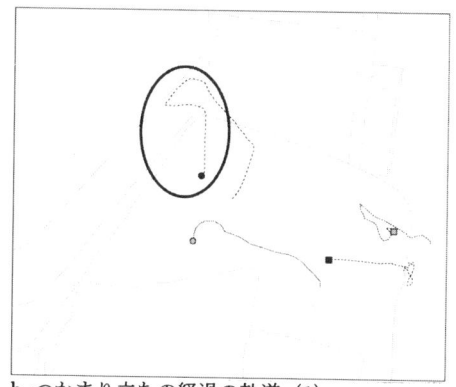

b つかまり立ちの経過の軌道 (1)

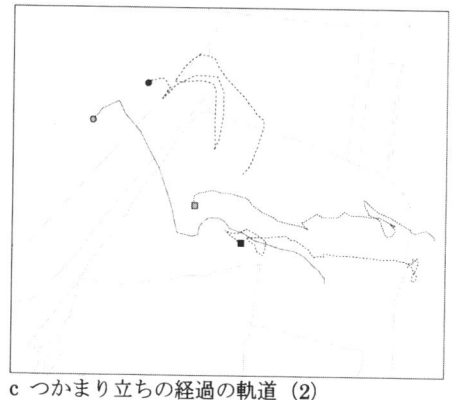

● ……右手
○ ……左手
□ ……右足裏
■ ……左足裏

c つかまり立ちの経過の軌道 (2)

図 9 段と柔らかい支持面を利用したつかまり立ち

事例 10 低い段／凹凸の面の配置

場面概要

11 ヶ月 3 日齢（つかまり立ち開始 79 日後）。床上をハイハイで移動し，ソファの側面に近づく。ソファの周辺にはおもちゃやかばんが散在し，ソファの側面には布製の雑誌入れがある。

〈垂直面への最初の接触〉

ハイハイで垂直面に近づき，凸部に右手を伸ばすが，

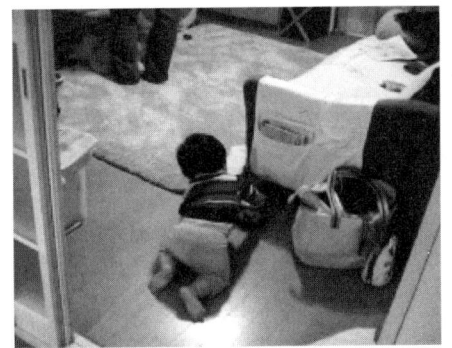
a 垂直方向にある面への最初の接触

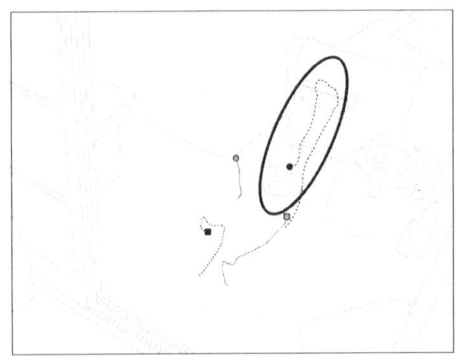
b 最初の接触までの軌道

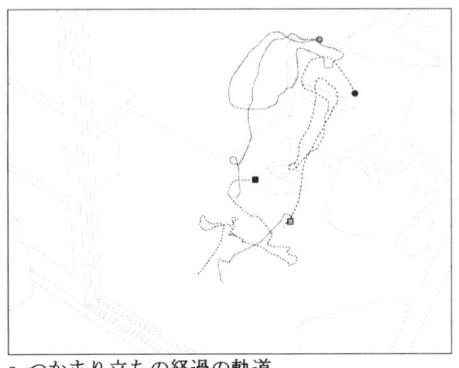

●……右手
○……左手
□……右足裏
■……左足裏

c つかまり立ちの経過の軌道

図 10 低い段と凸部のある垂直面を利用したつかまり立ち

接触せずに落下して低い段の上に置く（図 10-a, b）。手を伸ばすときに右足が垂直面に近づく。

〈つかまり立ちの経過〉
右足が低い段に近づき，同時に左手が前進する。右足裏が地面に接触する。右手が低い段から離れ，再び垂直面に向かって凸部に接触する。左手も垂直面に向かい上端に接触する。全身が右側に傾いて左手が垂直面から離れる。左足が右後方に移動し，ここで足裏が地面に接触する（図 10-c）。

〈立位後〉
左足が垂直面に近づき安定した構えに戻る（図 10-c）。

垂直方向にある低い段と，乳児の身体に比して高いところにある凸部は，それぞれ単独で利用した場合では立ち上がることは困難である。この2つの配置に加え，より高いところにある上端の縁の識別の進行は，動作の進行に関わっている。また，垂直面上の凸部と垂直面上の上端への接触において，身体が非常に不安定であっても，つかまり立ちが達成されることがある。

結果と考察

本研究では，1名の乳児のつかまり立ち動作を，それが行われるときに何が知覚されているのか，という観点から記述してきた。日常場面では，乳児は周囲にある垂直方向のさまざまなものを利用していた。そして事例別にみてきたように，一回一回の動作パターンは全く異なっていた。このことは，つかまり立ち動作における身体各部位の組織化のパターンが一様ではないことを示しており，このような姿勢制御がどのようになされているのか，という問いにつながる。以下では，観察の結果と考察を踏まえながら，この点について議論する。

結果の冒頭で述べたように，つかまり立ち動作を四肢が接触する面の配置や性質とともに記述してみると，全場面を通して，識別された垂直方向にある面の性質や配置が，多重に利用され，つかまり立ちに重要な役割を担っていることが示唆された。

まず，つかまり立ちが開始する前にハイハイが頻繁に観察された。このことは，そもそもつかまり立ちが，部屋の真ん中から周辺にハイハイしていき，本棚につかまって立ち上がり，伝い歩きをするといったように，ある観察点から別の観察点への移動の一部をなしていることを改めて気づかせる。このように考えると，ソファの角や窓の桟といった部分は，つかまって全身を引っぱり上げるために利用されるだけではなく，つかまり立ちを含む一連の移動において，見えの変化が生じる縁としての役割を担っていることが示唆される。座位状態から開始する場合もあったが，立位後の姿勢と合わせて考察すると，つかまり立ちとそれに先行する姿勢の変化は，その上端の向こうに何かがあること（例えば窓の外に景色が広がっていることや，引き出しに何かが入っていること）に気づくことと関わっている。

そのような垂直面への接近を経て，垂直方向にある面との最初の接触が行われる。この最初の接触の多くは，手を最大限に伸ばして達成された。容易に接触できる面があるにもかかわらず，何故「ぎりぎり」のところに手を伸ばすのか。前述の見えの変化との関連で考えると，それはより上方への注意と関連していることを示唆する。また，低いところに接触した場合，動作が進行すると手が届かなくなってしまうことを踏まえると，立位後の姿勢に向けられた予期的性質を帯びた接触である可能性もある。しかし，本観察のみで結論を出すことは早計に過ぎ，今後さらなる分析が必要とされるが，非常に興味深い事実である。

一方，この最初の接触が低い段であった事例も少数であったが注目すべき事実である。先述のように，低いところで上肢が接触することで，手を離した不安定な姿勢を調整する必要が生じてくる。これはひとり立ちとしては未完成であるが，それと発達的な連続性を持つものと考えられる。

また，垂直面への上肢の接触に続く動作の経過からは，識別される面の配置や性質の多重性が確認された。垂直面の上端につまめる凸状の部分があってそれが両手間の幅の調節可能な広がりをもっている事例に代表されるように，ほぼ全ての事例において，発見され利用された面の配置や性質は2つ以上あり，動作と識別が一体となって進行していることが示唆された。この動作と識別の関係は，つかまり立ち動作が一回一回異なることの根拠の一つであり，またそれを可能にする方略の一つであると考えられる。

本研究で観察された事例から，つかまり立ちは，それが進行することによって知覚されることに制御される，という仕方で達成されていることが明らかになった。このことは，基本的な動作であっても，個体の内部機構の成熟に限定された説明や，知覚発達と行為発達を分離した上でそれらの関係を検証する方法では，十分に扱うことができないということを示唆しており，その研究方法を改めて問う必要がある。

引用文献

Adolph, K. E., Joh, A. S., Franchak, J. M., Ishak, S., & Gill. S. V. (2008). Flexibility in the development of action. In J. Bargh, P. Gollwitzer, & E. Morsella (Eds.), *The psychology of action* (Vol. 2, pp.399-426). New York: Oxford University Press.

ブライ, L. (1998). 写真でみる乳児の運動発達――生後10日から12カ月まで（木本孝子・中村勇，訳）．東京：協同医書出版社．(Bly, L. (1994). *Motor skills acquisition in the first year: An illustrated guide to normal development*. Tucson: Therapy Skill Builders.)

Gibson, J. J. (1966). *The senses considered as perceptual systems*. Boston: Houghton Mifflin.

ギブソン, J. J. (1985). 生態学的視覚論――ヒトの知覚世界を探る（古崎敬・古崎愛子・辻敬一郎・村瀬旻，訳）．東京：サイエンス社．(Gibson, J. J. (1979). *The ecological approach to visual perception*. Hillsdale, NJ: Lawrence Erlbaum Associates.)

橋本祐典・鈴木毅・木多道宏・幸山真也. (2005). 遮蔽現象と空間把握に関する生態幾何学的分析. 日本建築学会近畿支部研究報告集（計画系），*45*, 317-320.

加藤吉雄・森傑. (2006). モエレ沼公園における視覚現象の生態幾何学的分析. 学術講演梗概集. E-1, 建築計画 I, 各種建物・地域施設, 設計方法, 構法計画, 人間工学 0, 計画基礎, 1079-1080.

Kermoian, R., & Campos, J. (1988). Locomotor experience: A facilitator of spatial cognitive development. *Child Development, 59*, 908-917.

Lee, D. N., & Lishman, J. R. (1975). Visual proprioceptive control of stance. *Journal of Human Movement Studies, 1*, 87-95.

三島正英. (1993). 発達初期の空間認識. 山口女子大学文学部紀要, *3*, 18-31.

パイパー, A. (1999). 乳幼児期の脳の機能――よくわかる乳幼児期の発達（三宅良昌，訳）．東京：新興医学出版社．(Peiper, A. (1963). *Cerebral function infancy and childhood*. New York: Consultants Bureau.)

Rochat, P., & Goubet, N. (1995). Development of sitting and reaching in 5- to 6-month-old infants. *Infant Behavior and Development, 18*, 53-68.

関博紀・山﨑寛恵. (2008). 乳児期の立ち上がり動作に関する縦断的観察（1）――利用された環境特性に基づく整理と検討. 日本生態心理学会第2回大会発表論文集, 1-2.

山﨑寛恵・関博紀. (2008). 乳児期の立ち上がり動作に関する縦断的観察（2）――身体の配置の多様性とその推移. 日本生態心理学会第2回大会発表論文集, 3-4.

謝　辞

本研究の観察にご協力いただいたご家族の皆様，記述分析の貴重なアドバイスを頂いた東京大学大学院学際情報学府の関博紀氏に感謝します．

（2009.11.6 受稿，2010.12.4 受理）

食事における容器操作の縦断的研究
―― 容器の発見と利用の過程

青木洋子　東京大学大学院教育学研究科
Yoko Aoki　Graduate School of Education, The University of Tokyo

要約

乳幼児の容器操作の発達を分析するため，容器を用いる日常行為である食事場面を，食器への接触が最初に観察された生後8ヶ月27日から12ヶ月間縦断的に観察した。その結果，分析1では出現した操作の種類が明らかとなった。また，観察期間中に特に［入れる］，［食具を入れる］，［戻す］，［入る］操作の増減の割合が高かったことが分かった。そこで分析2では，これらの食器に食物や食具を入れる操作を，容器が持つ異なる意味の利用過程として検討した。生後10ヶ月30日から，食器に偶然食物が入る時期があり，その後テーブルと食器内の両方で食物をいじる様子が観察された。1歳1ヶ月22日からは，食器に食物を入れる，盛り付けてあった食器に戻す，食具を置く，食器間で出し入れする，食器内で入れ替える，食べる食物を入れ食べない食物を出す，食べた後の食物を食器に戻す，自分の食器に入れるといった容器利用のバリエーションが観察された。月齢によって，食器は異なる意味を持った場所として利用されているようであった。

キーワード

容器，操作，境界，環境，縦断的研究

Title

A Longitudinal Study of Container Manipulation in Meal Settings: The Discovery and Utilization of Containers

Abstract

We conducted a longitudinal study of the meal-time behaviors of an infant to examine the development of object manipulation. At the age of 8 months, 27 days, this infant began to touch containers. Analysis 1 revealed different types of manipulation. Analysis 2 examined the manipulations involved in placing food or cutlery in containers and investigated the process of using manipulations in accordance with the different meanings of various containers. Upon reaching 10 months and 30 days of age, the infant began accidentally putting food into a container and playing with it both in containers and on the table. When the infant reached 1 year, 1 month, and 22 days of age, we began to observe a variety of ways in which containers were utilized, such as putting food in containers, returning food to the containers in which it had been served, placing cutlery into containers, moving food between containers, moving food on a plate, inserting and removing food from the mouth, taking and returning food, and placing food into the infant's own dish.

Key words

container, manipulation, boundary, environment, longitudinal study

問題

　人は環境中の対象を用いて生活している。中でも窪みを持ち，他の対象を収めることのできる対象は容器と呼ばれ，様々な場面で利用されている。うがいをする時にはコップと呼ばれる対象に水を入れ，机はペン立てと呼ばれる対象に筆記具を挿して整頓され，食事の時には食器に料理を盛りつける。我々がこのように頻繁に利用する容器という対象は，いつからどのようにして容器となるのだろうか。

　リード（Reed, 2000/1996）によれば，環境は動物に利用可能な資源であり，動物はそれらの意味と価値を発見し利用し，その過程を進化させていくものとされている。容器を用いて行為を行うことは，正にこの環境中に散在する容器の意味と価値の発見と利用の過程と言えるだろう。

　対象を用いて行為を行うことは，心理学分野においては道具使用と対象の操作に区別される場合がある。一般的には目標が明確な場合は前者，そうでない場合には後者を指し，後者は前者へと至る前段階と見なされている。その中でも，ある対象を他の対象や人に方向づけて行う定位操作は，道具使用へ重要な役割を果たすものだと考えられている（竹下，2001）。ロックマン（Lockman, 2000）は，発達初期に現れる手の活動と後の道具使用行動には関係があり，連続的に研究されるべきだと主張している。つまり，手の活動や対象の操作から，特定の目標を達成する方法で対象を用いる道具使用に至る過程を，一元的に捉える必要性があると考えられる。

　心理学分野における対象操作の研究は，大きく分けて2つのアプローチがある。一つは認知研究，そしてもう一つは運動研究である。認知発達の観点では，道具は知的発達の指標として捉えられており，どれだけの対象を階層付けて使用するかに注目している（例えば松沢，2000）。容器を用いた研究では，大きさの異なるカップを重ねて階層付ける課題の遂行と，言語産出における単語の階層付けの関連を指摘したグリーンフィールドら（Greenfield, Nelson, & Saltzman, 1972）の研究，また2つの同色あるいは色の異なる容器に積み木を入れ分ける課題を行った田中ら（田中・田中，1984）の研究がある。

　運動発達の観点からは，発達段階による道具の持ち方の類型化や上肢の関節の協調として，筆記具（尾崎，2000；Greer & Lockman, 1998 など）や食具（Connolly & Dalgleish, 1989；河原，2005）の操作スキルの発達が縦断的に研究され，多くが明らかとなっている。また，食具においては，乳児の口の構造に合わせて食べ残しが少なくなるボール部の形状（石田・倉本・梶永・石川・向井，1998）あるいは幼児が自食しやすいスプーンの形状を検討した研究（大久保・田村・倉本・石川・向井，2002；倉本・田村・大久保・石川・向井，2002）や，作業能率の高い箸の長さや持ち方を検討した研究（向井・橋本，1978, 1981）など，道具の形状が操作に及ぼす影響に注目したものも見られる。これらの研究はいずれも，ある道具がある決まった用途で用いられることを前提としており，対象の意味を「発見」し「利用」していく過程は検討されていない。また，多数の容器が使用されているにもかかわらず，食事場面における道具研究は，より能動的に操作される食具である場合が多い。

　「何かがはじめて知覚されるとき，その意味は通常，曖昧すなわち不完全に把握されている。……意味を求める努力はほとんど常に学習過程であり，少なくとも鳥類と哺乳類においては，発達過程である。」とリードは述べており（2000/1996, p.223），道具は生まれた時から道具だったのではなく，徐々に道具として利用されることを示している。従って，容器も徐々に容器として利用されていくものと推測される。本論文では，このリードの予想に基づき，環境中の対象である容器の意味が発見され利用されていく過程を，乳児の食事場面の縦断的観察により検討する。食事場面を選定した理由は，多様な容器を頻繁に用いるからである。尚，本論文では，「利用」という言葉は，対象に意味を持たせて操作することを呼び表すのに用いる。また，乳幼児においては対象の操作と道具使用を目標の有無から判別するのが困難であること，また食具に関する先行研究では，食具を用いた行動を「操作」と呼ぶことが多いことから，本論文内では容器を用いること一般を，便宜的に「操作」と呼ぶことにする。加えて，食事に用いる容器は通常食器と呼ばれるため，どちらの

呼び方も適宜使用した。

> 分析1

1 目的

容器の利用過程を明らかにする準備として，先行研究に容器の操作の縦断的研究が少ないため，分析1では容器操作の種類と出現時期の把握を目的とする。

2 方法

対象児

本研究の対象児は，2001年11月に誕生した男児（以下K男）1名であった。観察対象期間中に発達上問題がないことは，母子手帳および乳児検診で確認された。また，観察データを論文作成や研究発表等に用いることに関して，事前に文書で養育者の承諾を得た。

観察手続き

本研究の分析対象データは，K男の日常生活の様子を，生後1ヶ月から3歳までの期間，1ヶ月に約1時間分，養育者にデジタルビデオカメラで撮影してもらった。撮影場面は養育者の選択に任せた。本研究では，食器を用いて食物を摂取している場面を分析対象とした。食事の献立や用いる食器具等，食事に関して，研究者から指示することはなかった。食器は一度の食事に複数の食器が使用された（表1参照。食器の形状は本文最後の図3の通り）。食具は1歳0ヶ月12日の食事で初めてフォークが導入された。観察期間中に対象児が箸を使用することはなかった。

観察期間

本研究の分析対象期間は，K男が初めて食器に自ら接触した0歳8ヶ月27日（以下0;8,27と表記）から12ヶ月間である。

分析対象場面

観察期間中，食物摂取場面は35回あり，ここから

まず食器を使用していないものは分析から除外された。食器が使用された食物摂取場面の多くには，次のような共通点があった（表2参照）。1つ目はベビーラックまたは椅子に着席している，2つ目はテーブルに食事が配置されている，3つ目は養育者（主に母親）が隣に座る，そして4つ目は食事の開始から終了までが記録されているというものであった。

食事の開始は対象児や母が「いただきます」を言う，食事がテーブルに運ばれてくるといったことから判断した。食事の終了は，母が「ごちそうさまするの？」などと訊ねたり，食器が空になったり，歯磨きを始めるといった様子から判断した。

中には，この特徴の幾つかを満たしていないものもあったが，検討の結果，次の6つは分析対象に含めることにした。まず（0;9,3）は配膳場所と着席状況が異なったが，食器への接触時間が長かったことから，分析対象とした。（0;9,20）は，食器の配膳場所以外の3つの特徴を有していたので分析対象とした。（1;3,9）は着席状況が異なる上，食事時間も短かったが，食器への接触時間が長かったので分析対象とした。（1;3,20）は，着席状況と食事の終了を示す行為が見られずに映像が終了していたが，食器への接触時間が長いことから分析対象に含めた。（0;11,14）と（1;5,10）は食事の終了が明確に示されていなかったが，食事時間が十分長く，また終了が記録されている食事と比較しても食物摂取量に遜色ないと判断できたことから，分析に含めることにした。最終的に，23回分の食事が分析対象となった。

分析方法

映像の中から，食器に対する身体及び食具での接触全てを操作とみなして，乳幼児の対象に対する動作の分類を行った先行研究（西崎，2007）に倣い，［叩く］，［引き寄せる］といった動詞で表し分類した。食器に入っている食物に対する接触も食器操作に関連する手の活動と見なし，分析対象に含めた。動作は主に，動き，強度，操作対象の3点から分類した。例えば［叩く］や［つつく］といった繰り返し対象に接触する類似した動きでも，強度が異なるため，違う操作に分類した。

表1　食器使用状況および名称

		識別番号																										
月齢		18	5	20	10	13	19	1	2	3	14	21	6	17	22	9	11	7	12	25	23	26	27	4	16	24	8	9	15
	0;8,27							○										○											
	0;9,3	○																											
	0;9,20			○										○															
	0;10,30				○								○																
	0;11,14				○	○																							
	1;0,12				○				○																				
	1;0,25		○		○	○			○																				
	1;1,22				○					○						○	○												
	1;2,7	○			○	○				○						○	○												
	1;2,15									○	○																		
	1;2,26	○			○		○			○																			
	1;3,9					○												○	○										
	1;3,20									○										○	○	○	○						
	1;4,3	○		○		○				○																			
	1;5,10		○		○					○																			
	1;5,20	○					○			○	○														○				
	1;5,24		○				○	○																					
	1;5,27	○					○		○																		○	○	
	1;6,10				○					○	○																		
	1;6,13						○			○		○																○	
	1;7,14			○		○																							○
	1;7,21									○																			
	1;7,26		○																										

番号	食器の種類	材質	番号	食器の種類	材質
1	把手付きコップ	プラスチック	15	ご飯茶碗	磁器
2	蓋付ストローカップ	プラスチック	16	母用ご飯茶碗	陶器
3	ストロー付カップ	プラスチック	17	把手付ボウル	プラスチック
4	ガラス製コップ	ガラス	18	深皿	プラスチック
5	紙カップ	紙	19	持ち手付深皿	プラスチック
6	プラスチックカップ	プラスチック	20	プレート	プラスチック
7	透明カップ	プラスチック	21	持ち手付平皿	プラスチック
8	黒小鉢	陶器	22	平皿(小)	陶器
9	白小鉢	陶器	23	平皿(中)	陶器
10	黄色小鉢	陶器	24	平皿(大)	陶器
11	水色小鉢	陶器	25	角皿	陶器
12	サラダボウル	磁器	26	シチューボウル	磁器
13	お椀	漆器	27	マーガリン容器	プラスチック
14	お椀	木			

3　結果と考察

観察された操作は，全部で45種類に分類された（表3,4）。

観察期間中の各操作の現れ方の変化を見るため，前半と後半の操作の出現数を比較した。食事の回数で前半と後半に分けると，観察期間の長さの差が大きくなることから，(1;2,15)までの10回の食事を前半，それ以降の13回を後半とした。前半と後半の各操作の出現回数を食事の回数で割った操作の出現率を比較したところ，20%以上増加した操作は［食具を入れる］，

表2 食事の状況表

月齢	食器の配膳場所	着席状況	献立	時間(分)
0;8,27	テーブル	ベビーラック	ひじき粥、ヨーグルト	15
0;9,3	畳	畳に座位	卵ボーロ	10
0;9,20	母が手に持つ	ベビーラック	五目粥、ヨーグルト	10
0;10,30	テーブル	ベビーラック	トースト、卵焼き、野菜、苺ヨーグルト	17
0;11,14	テーブル	ベビーラック	フレンチトースト、野菜、ヨーグルト、バナナ	14
1;0,12	テーブル	ベビーラック	白身魚、マカロニ、バナナ、ヨーグルト	27
1;0,25	テーブル	ベビーラック	じゃこにぎり、白身魚、野菜、スープ、ヨーグルト	25
1;1,22	テーブル	ベビーラック	さけにぎり、けんちん汁、りんご	20
1;2,7	テーブル、ラックのテーブル	ベビーラック	ご飯、煮魚、玉ねぎのみそ汁、苺	29
1;2,15	テーブル	ベビーラック	うどん	14
1;2,26	テーブル	ベビーラック	胡麻ご飯、クリームシチュー、苺	24
1;3,9	テーブル	床に立位	みそ汁	2
1;3,20	テーブル	床に立位	パン、サラダ、シチュー	4
1;4,3	ラックのテーブル	ベビーラック	鮭ご飯、卵と野菜炒め、豆煮込、豆腐のみそ汁	15
1;5,10	テーブル	ベビーラック	じゃこにぎり、ハンバーグ、野菜炒め、なめこ汁	18
1;5,20	テーブル	ベビーラック	さけいくら丼、豚汁	22
1;5,24	テーブル	ベビーラック	スナックパン、ヨーグルト、リンゴジュース	14
1;5,27	テーブル	ベビーラック	パスタ、野菜スープ、苺	18
1;6,10	テーブル	椅子	鮭にぎり、ハンバーグ、ほうれん草、野菜ジュース	12
1;6,13	テーブル	椅子	トースト、ミネストローネ、ヨーグルト	15
1;7,14	テーブル	ベビーラック	ご飯、鮭と野菜、卵とじ、みそ汁、すいか	16
1;7,21	テーブル	椅子	グレープフルーツ	8
1;7,26	テーブル	ベビーラック	ヨーグルト	10

［戻す］，［添える］，［すくう］，15％以上増加した操作は［蓋を閉める］，［食物に触れる］，［食物をつつく］，［入れる］，［飲む］，［取り出す］であった。20％以上減少した操作は［入る］，［叩く］，［握る］，12％以上減少した操作は［引き寄せる］，［持つ］であった。減少した操作よりも増加が見られた操作の方が多かった。

これらの操作を，類似性の見られるグループにまとめて考察を行った。［食具を入れる］，［戻す］，［入れる］，［入る］は共に食器の中に何かを入れる操作として一括りとした。［すくう］，［飲む］，［取り出す］は，いずれも食器から食物を出す操作なので，同じグループとした。また，［食物に触れる］，［食物をつつく］は食器内の食物に対する単数または複数回の接触，［叩く］は食器に対する複数回の接触という点で類似しており，同一グループにまとめた。増加の見られた［添える］，［蓋をする］，そして減少した［握る］，［引き寄せる］，［持つ］はその他としてまとめた。

（1）［食具を入れる］，［戻す］，［入れる］，［入る］

このグループは，他のグループと比べて増減の割合が高いものが最も多かった。この4つの操作の中では［入る］のみが減少し，他の操作は増加していた。出現時期を確認すると，(0;11,14)以前に偏っており，他の操作と出現時期が重ならないことが分かった。［戻す］，［入れる］はともに(1;1,22)に最初に出現し，遅れて(1;2,26)に［食具を入れる］が出現したが，その後いずれかが消失することはなく，これらは出現時期が重なっていた。ここに挙げた操作は，食器に入れるものやどの食器に入れるかが異なっており，観察期間中の食器の利用の仕方が一様ではないことを示していると言える。

出現時期以外にも，［入る］とそれ以外の操作では，手の構えと視線が異なっていた。映像を確認すると，前者は食物を握った手を顔の高さに上げ，手を開いた時に食物が落下し，食器に入ることもあれば入らない

表3　観察された容器の操作の定義

行動	定義
入る	食器の上方で手を離した食物が食器に入る
入れる	食物を食器に入れる
投げ入れる	食物を食器に投げて入れる
戻す	食物が元々盛りつけてあった食器に食物を入れる
食具を入れる	食具を食器に入れる
スープをかける	食器内の食物に、スプーンでスープをかける
浸ける	食器内の液体に食物を浸す
取り出す	食器内の食物を手で取り出す
すくう	食器内の食物を食具ですくう
飲む	食器内の液体を飲む
触れる	手を食器に接触させる
押す	食器を手で押す
刺す	食具で食物を刺す
叩く	手を食器に繰り返し勢い良く接触させる
食物を叩く	手または食具を食物に繰り返し勢い良く接触させる
食物を押す	手または食具で食物を押す
食物に触れる	手または食具を食物に接触させる
食物をつつく	手または食具を食物に繰り返し接触させる
食物をずらす	食物を食器内で移動させる
中身をいじる	食器内の食物を手で握りつぶしたりこねたりして変形させる
擦る	手または食具で食器の表面を擦る
摘む	指で食器を摘む
握る	手全体を使用して食器を握る
固定する	食器を動かないように手で押さえる
添える	食具で食物をすくう時に空いている手で食器に触れる
顔を覆う	食器を顔に被せて覆い隠す
口を付ける	食器に口を接触させる
なめる	食器をなめる
噛む	食器を噛む
持つ	食器をテーブル面もしくは床面から持ち上げる
置く	食器をテーブル面もしくは床面に置く
引き寄せる	食器を身体の方向に引き寄せる
押しやる	食器を身体と反対方向に押しやる
払う	食器を左右方向に押しやる
はたく	食器を主に上下方向に勢い良く払う
落とす	食器をテーブル面の下に落下させる
テーブルを擦る	食器でテーブル面を擦る
渡す	食器を養育者に渡す
倒す	食器の上下方向をテーブル面もしくは床面上で90°回転させる
ひっくり返す	食器の上下方向をテーブル面もしくは床面上で180°回転させる
起こす	倒れた食器を元の向きに戻す
振る	食器を手に持って振る
回す	食器を手に持って回転させる
箸を取り去る	食器に置かれた箸を取り去る
蓋を閉める	蓋のある食器の蓋を閉める

こともあった。視線は，自分の手や食物にあり，食器を見ていなかった。対して［入る］以外の操作の時には，手が食器に接近し，視線も食器にあった。

（2）［すくう］，［飲む］，［取り出す］

これらの操作は，食器から食物を口へ運ぶ役割を果たす，食事において重要となる操作と考えられる。これらの操作に増加が見られたことは，食器の操作と食べることが結び付いていくことの表れと解釈できるだろう。また，自食の割合の増加も反映しているものと考えられる。

［すくう］の増加に関しては，運動発達に起因する食具操作の発達によるものと考えられる。映像からは，［すくう］時には，養育者が対象児のスプーンを一緒に動かしたり，対象児がスプーンを動かす時に食器を押さえる様子が見られた。他にも，ストロー付きのカップではない場合，［飲む］時には母や父が食器を持って傾ける様子も見られた。また，［取り出す］時に，養育者が食器を押さえることがあった。［取り出す］は食具の導入により減少するものと予想されたが，この操作の増加はパンなどのように手で直接掴んで食べる食物もあるためだと考えられる。

（3）［食物に触れる］，［食物をつつく］，［叩く］

これらの操作も［叩く］が減少し，［食物に触れる］，［食物をつつく］が増加するという，（1）と同じパターンが見られた。この結果は，身体の発達に伴い，上腕の制御がより微細により正確に行えるようになったことを反映しているものと考えられる。まず，食物の外側にある食器へ向けた手の動きが，食器内の食物へ向かっていくものと推測される。また，対象への接触を探索活動と仮定するならば，観察初期には食器に向け探索活動が行われ，その対象は食物へ変化していったと説明することもできるだろう。さらに，食物への接触は，自食の割合の増加に関連するものである可能性も考えられる。しかしその増減の割合は，入れる操作に比べて小さかった。

（4）［添える］，［蓋を閉める］，［握る］，［引き寄せる］，［持つ］

［添える］操作は，［すくう］，［刺す］といった食具の操作が出現した後，（1;4,3）で初めて観察された。もし，食具を持つ手と食器に添える手を両手の分業（Bruner, 1970）と見なすならば，片方の手で行う操作（食具の操作）がまず発達し，それを補助するようなもう一方の手の操作が加わるものだと考えられる。河原（2005）は食事における協応動作を，スプーンを使おうとする意図はあるが，腕，手首の制御が間に合わない場合に，補助的にもう一方の手を使用すると述べている。つまり，［添える］は運動発達との関連で現れる補助的操作と言える。

［蓋を閉める］は2回観察され，蓋付きのコップとマーガリンのケースに対して行われたが，いずれもぴったりと合わせてはめ込むに至らなかった。どちらの場合にも，蓋に上から力をかける様子が見られたが，溝を合わせたり蓋の向きを合わせることはなかった。

［握る］は食器の縁に対して行われていたが，この減少は，食器を掴む際に縁を使うことが少なくなったことによるものと考えられる。観察期間の後半になると，食器の側面に手を添えてお椀を持ったり，持ち手を握って深皿を持ち上げたりする様子が見られるようになったことから，掴む部分は変化していったようであった。食器のどの部分を掴むかは，食事のマナーにおいてだけでなく，操作性において重要となる。例えば，液体を飲む場合に，縁を握るよりも食器の縁と高台に指を掛けた方が，手が顔にぶつからずに食器を傾けることができる。従って，食具研究にも見られるように，食器についても，今後掴み方や掴む部分に注目した研究を行う必要性があるだろう。

また，［引き寄せる］が減少した理由には，食器の置かれ方が挙げられる。観察初期には，食器は養育者の周囲に並べられ，養育者によって適宜対象児の前へ置かれていたものが，段階的に対象児の前に配膳されるようになった。この変化が［引き寄せる］の減少と関連したのではないかと考えられる。

［持つ］操作は，大人が食器を持って使用する様子とは異なっており，顔の高さ程まで持ち上げたり，持ったままひっくり返したりするものだった。こういった様子は減少していった。特に，食器の中に食物が入った状態で［持つ］が見られたのは，観察のごく初期においてだけであった。

以上が増減の多かった操作である。(2)と(3)の

表4　観察された操作と出現時期

特徴	操作の種類／月齢	0;8,27	0;9,3	0;9,20	0;10,30	0;11,14	1;0,12	1;0,25	1;1,22	1;2,7	1;2,15
入れる・出す	入る				●	●					
	入れる								●	●	
	投げ入れる									●	
	戻す								●		
	食具を入れる										
	スープをかける										
	浸ける									●	
	取り出す		●		●	●	●		●	●	
	すくう										
	飲む	●						●			
接触	触れる		●								
	押す	●									
	刺す							●	●	●	
	叩く		●	●		●					
	食物を叩く										●
	食物を押す										
	食物に触れる										
	食物をつつく										
	食物をずらす										
	中身をいじる		●	●				●	●		
	擦る								●		
	摘む										
	握る	●		●			●				
	固定する										
	添える										
	顔を覆う						●	●			
	口を付ける						●	●			
	なめる						●				
	噛む						●				
	持つ	●	●	●	●	●	●	●	●	●	●
	置く	●		●	●						
配置を換える	引き寄せる		●	●	●		●	●		●	
	押しやる										
	払う		●								
	はたく										
	落とす								●		
	テーブルを擦る										
	渡す						●				
向きを変える	倒す										
	ひっくり返す		●								
	起こす										
	振る								●		
	回す										
その他	箸を取り去る										●
	蓋を閉める										

1;2,26	1;3,9	1;3,20	1;4,3	1;5,10	1;5,20	1;5,24	1;5,27	1;6,10	1;6,13	1;7,14	1;7,21	1;7,26

操作の増減については，運動発達と自食の割合の高まりに関連するものと推測でき，(4)グループの［添える］も食具操作の発達に伴うものと考えられる。しかし，(1)のグループに挙げた操作はそれらとは異なり，食器の利用の仕方が変化していったものと予想された。これらの操作は増減の割合も高かったことから，本論文の後半で再び扱うことにした。

また，養育者の介入が見られた操作は，(2)のグループの操作と，食器の配置替えであった。(2)の操作は食器から食物を取り出す操作で，食物摂取に必要不可欠な操作である。また，食器の配置替えは，養育者が子どもの自由になる範囲の拡大や縮小をコントロールする意味で行うとの研究もあり（外山，2008），今後詳しく研究していく必要がある。(1)の操作に関して養育者の介入が目立たなかったのは，食器に食物を入れることが(2)の操作のように直接食物摂取に結び付かないからではないだろうか。つまり，養育者の介入は，子どもの食物摂取と関連するものにより多く見られる傾向があると推測される。

各操作の変化を見たところで，次に操作の現れ方に類似性や変化をもたらす要因を検討するため，献立，食器，月齢の観点から新たに分析を行った。

セッティングが類似する食事の比較

まず献立が似ている食事を選定した。おにぎりのものが(1;0,25)と(1;5,10)，ご飯が(1;2,7)，(1;4,3)，(1;7,14)，パンが(0;10,30)，(0;11,14)，(1;6,13)であった（表1参照）。出現した操作の一致数（比較する2つの食事で，どちらにも同じ操作が出現した場合と，どちらにも同じ操作が出現しなかった場合をそれぞれ1点とした，45種類の操作の現れ方の一致数。以下操作の出現一致数と表記。）を計算したところ，その平均は34.9であった。

食器についても，食器が共通した数の最大が3つだったので（表1），これに該当した(1;0,12)と(1;0,25)，(1;2,7)と(1;2,26)，(1;2,7)と(1;4,3)，(1;2,26)と(1;5,20)，(1;2,26)と(1;5,27)，(1;4,3)と(1;5,10)，(1;5,20)と(1;5,27)について操作の出現一致数を出したところ，平均33.6であった。

これと比較するため，献立および食器の類似する食事に該当しない(0;8,27)と(0;9,3)，(1;7,26)，(1;2,15)と(1;3,9)，(1;7,21)，(1;7,26)と(1;3,20)，(1;7,21)の操作の出現一致数を出したところ，その平均は37.8であった。

月齢による比較

今度は，月齢による違いを検討した。これまで比較した食事を，月齢の近いものと遠いものの2つのグループに分け比較した。サンプル数を合わせるために，比較する食事の間隔が4ヶ月未満を月齢の近いグループ，4ヶ月以上を月齢の遠いグループとした。食器が類似した食事は，いずれも月齢の間隔が4ヶ月未満だったので，献立の類似した食事と類似していない食事を比較した。その結果，献立の共通する食事では，月齢の近いグループの操作の出現一致数の平均が36.5，月齢の遠いグループでは平均が33.0だった。似ていない食事では，月齢の近いグループの平均が38.3，月齢の遠いグループが平均37.0だった。全体では，月齢の近いグループの操作の出現一致数の平均が37.3，遠いグループは平均34.7であった。いずれも月齢の近いグループの操作の出現一致数が，遠いグループよりも高かった。

以上の結果をまとめると，月齢の間隔が近い食事ほど操作の出現一致数は高くなり，間隔が遠いと低くなった。献立が似ている食事の方が，食器が共通する食事よりも操作の出現一致率が高かったが，その差は僅かであった。献立や食器が似ている食事の操作の出現一致数の平均が，似ていない食事よりも低かった理由はこの分析からは明らかにならなかった。

献立，食器，月齢はそれぞれ独立ではなく，緩やかに相互に関連していた。例えば，同じ食器を使用した食事の献立を確認すると，主食が米で，汁物と組み合わされた献立が多かったことが分かったが，反対に献立が似ているからと言って同じ食器が使用された訳ではなかった。

これらの結果を踏まえて，増減の大きかった(1)の操作に注目し，月齢を主軸として，食器がどのように発見され，どのような意味を持って利用されていたかを，関連するエピソードから詳しく検討することにした。

分析2

1 目的

分析1の結果を踏まえ、容器の操作の中でも、対象の利用の仕方が異なると推測される、食器に食物や食具を入れる操作、及びそれに関連する操作のエピソードから、容器をどのように利用し、それがどう変化していくのか詳細を明らかにすることを目的とする。

2 方法

対象児、観察手続きおよび観察期間
分析1と同様であった。

分析方法
映像の中から、食器に食物や食具を入れる操作、及びそれに関連する操作のエピソードを抽出し、それぞれのエピソードにおいて容器をどのように利用していたかを、その特徴から10のカテゴリーに分類し、初出順に分析を行った。必要な場合は、食器に食物及び食具を入れる操作の前後の様子も併せて記述した。食器の呼称も、「汁椀」や「プレート」など、事例を理解するのに必要と判断された場合には、適宜呼び分けた。

3 結果

（1）食器に偶然食物が入る：(a)

（以下〈 〉内の数字は表1の食器の識別番号）

観察1（0;10,30）

プレート〈20〉の中に入っているトーストを握り持ち上げると、そのまま手を開いてプレートの中に落とす。これをもう一度繰り返す。

観察2（0;10,30）

トーストをプレート〈20〉から取ると、テーブルの上に落としたり置いたりする。

観察3（0;10,30）

トーストを取ると、一口食べて手のひらを食器〈20〉に向けて手を離す。食器の手前に落ちる。トーストをまた手に取り、顔の高さまで持ち上げ、手を離して落とす。下にあった食器の中に入る。

観察4（0;11,14）

手に持ったブロッコリーが、手から滑り落ちて食器〈20〉に入る。

いずれの事例でも、食物を落として食器の中に入れる様子が観察されたが、食器を目がけて食物を落とすというよりも、食物から手を離すと、たまたま真下にあった食器に入るといった表現がふさわしい様子だった。落とした食物が食器に偶然入ったことで、容器が持つ〈他の対象を収める〉特性が現れていた。

（2）テーブル面と食器内で食物をいじる：(b)

観察5（1;0,12）

輪切りにしたバナナを深皿〈10〉に入れたものが用意されており、K男は手で取って食べている。母がK男にフォークを持たせ、時折手を添えて刺してやるが、K男は刺さったバナナを手で取って口に運ぶ。深皿の外にこぼれたバナナを手で繰り返し叩く。つぶれたバナナをテーブルの下に落とす。

観察6（1;0,25）

プレート〈20〉の中で、おにぎりをスプーンで潰したり転がしたりする。

観察7（1;0,25）

食器内〈20〉の2つのブロッコリーのうち1つを食器の外のテーブルの上や両手の中でいじり、

> もう一つはプレートの中でいじる。

観察 8 (1;1, 22)
> りんごを手で小鉢〈10〉から取り出し，テーブルの上に並べる。

観察 9 (1;1, 22)
> りんごをテーブルの上に出して食べる。りんごの入った小鉢〈10〉にフォークを逆さに突き刺し，両手を食器の中に入れたまま引き寄せ，手でりんごを食べる。

観察 12 (1;2, 26)
> いちごを食器〈10〉から出し，テーブルの上で潰す。

(1;2, 26) までは，食物をテーブルに出していじる様子が観察された。分析 1 の結果を確認すると，この時期には食器の中の食物を変形させる［中身をいじる］も観察されていることから，食器内，食器外いずれも食物をいじる場所として利用されていたことが分かった。おにぎりは食器の中だけでいじる，ブロッコリーといちごは食器の内外両方でいじる，そしてりんごは食器の外のテーブル面に並べてから口に運んでおり，食物の種類によっていじる場所は異なっていた。

（3）食器に食物を入れる：(c)

観察 10 (1;1, 22)
> りんごが入っている小鉢〈10〉を母が K 男に近づけ，おにぎりの入った皿と隣り合わせに並べる。おにぎりを手で食べた後，りんごの入っている小鉢に入れる。

観察 13 (1;2, 26)
> エプロンに落ちていた食物を，いちごが入っていた食器〈10〉の中に入れる。

観察 16 (1;5, 10)
> エプロンのポケットの中の野菜炒めをプレート〈20〉（3 つに仕切られている）の一番広いところへ入れる。野菜炒めは小さく区切られたところに入っている。

観察 17 (1;5, 10)
> おにぎりを掴み，同じプレート〈20〉内の野菜炒めが入っているところにおにぎりを入れて，手のひらで潰す。そのおにぎりを K 男がまた掴むと，母が腕を押さえておにぎりが盛りつけてあった仕切り内に落ちるようにする。K 男はまたそのおにぎりを掴んで，野菜炒めの入った仕切りの中に移動する。続いてハンバーグ，テーブルの上に置いてあったフォークの順にプレートに投げ入れる。

観察 20 (1;5, 20)
> ご飯を 3 回立て続けに右手で食べた後，手を食器〈18〉の上に固定し，指を擦り合わせて指に付着したご飯粒を取り去る。

食器外のテーブルの上やエプロンのポケットに入った食物を，食器に入れる様子が観察された。(b) の事例では，食器とテーブルの面はどちらも同じく食物をいじる場所として利用されていたが，ここでは，前者は〈他の対象を収める〉場所として利用され始め，両者の利用のされ方に違いが出てきた。

（4）食器から出た食物を戻す：(d)

(c) に挙げた食器に食物を入れることと平行して，元々食物が盛り付けてあった食器に食物を戻す様子も観察された。食器が単に食物を入れる場所であるだけではなく，特定の場所に特定の食物を入れるという特徴が付加された利用も見られた。

観察 11 (1;1, 22)
> 3 つあるおにぎりのうち一番左にあるものに対し，左手のスプーンで切るような動きをするが，のりが巻いてあって切れない。続いて真ん中のおにぎりを向こうへ押しやる。一番左のおにぎりを

切るような動きを繰り返すうち，おにぎりはスプーンに押されて皿〈22〉から転がり落ちる。すぐにおにぎりをスプーンで皿に戻すと，力を込めてスプーンを突き刺そうとしたために，おにぎりは勢い良くテーブルの下へと落下する。

観察 15（1;4, 3）

プレートのいり卵を両手でいじり口へ持っていくが，食べずにプレート〈20〉に投げつけるように戻す。

観察 18（1;5, 10）

エプロンのポケットに入ったハンバーグを手で拾い，プレート〈20〉に戻す。フォークでハンバーグを刺し，母に渡す。プレート内のおにぎりを手で持ってずらし，手のひらを押し付ける。母がおにぎりを手に持たせる。K は一口食べてプレートの元々盛り付けてあったところへおにぎりを戻す。

観察 21（1;5, 20）

みそ汁の具の油揚げを右手で掴み，端を口に入れようとするが長過ぎて落としてしまう。エプロンに落下した油揚げを右手で食器〈19〉に戻す。

（5）食具を置く：(e)

観察 14（1;2, 26）

フォークをご飯の入った食器〈18〉の中に入れる。

観察 30（1;5, 27）

スパゲッティをすくった後，フォークを食器〈19〉の中に置く。

観察 35（1;6, 13）

スープの入った食器〈19〉に，スプーンを置く。柄の方を食器内に入れる。母が逆さに入れ直す。

観察 38（1;7, 14）

「トト（魚）。」と言いながら，右手のフォークで空中を 7 回，続けてプレート〈20〉内を 5 回突き刺す動きをする。フォークをプレートに入れ，取り出し，また軽く 3 回おかずを突き刺す。

観察 39（1;7, 14）

母が渡したご飯が入ったスプーンを受け取って食べる。食べ終わったスプーンをプレート〈20〉の広い所に置く。

観察 42（1;7, 26）

ヨーグルトをスプーンですくって食べ，スプーンをヨーグルトのカップ〈5〉に置く。

(c)，(d) の事例はいずれも食物を食器に入れるものであったが，(1;2.26) からは，食具も食器に入れる様子が観察された。事例 39, 42 では，食物を口へ運んだ後の食具を食器に置く点が特徴的であった。(i) では，口に運んだ後の食物を食器に戻す様子が観察されており，類似性が窺えた。

（6）食器間で出し入れする：(f)

食器の外にこぼれた食物を食器に入れたり，元々盛り付けてあった食器に戻したりする様子は以前にも見られたが，(1;5,10) からは，食器に入った食物を別の食器に入れるという，食器間で出し入れする様子が観察され始めた。複数の食器を〈食物を収める場所〉として利用しているようだった。

観察 19（1;5, 10）

おにぎりを掴んで，空のお椀〈13〉に入れる。母がプレート〈20〉に戻す。

観察 22（1;5, 20）

ご飯にかかった鮭をみそ汁の食器〈19〉に入れる。続いてご飯の入った食器〈18〉に置いていたフォークを取ってみそ汁の椀に入れる。再び鮭をご飯の食器から取り出してみそ汁に入れる。その後で口に入っていた食物を手に出して，ご飯の食

器に入れようとするが，母がそれを取って捨てる。

観察 23（1;5,20）

みそ汁の具をご飯の食器〈18〉の中に入れる。口の中に残っている食物を手の中に出してみそ汁に入れる。ご飯の食器に入っていたフォークをみそ汁の食器〈19〉に入れる。先程ご飯の食器に入れたみそ汁の具を食べる。テーブルに落ちているみそ汁の具を拾って口に運ぶ。

観察 24（1;5,20）

みそ汁のニラを摘んでストロー付きカップ〈3〉のストローの上に置く。「おかしいよ，そんなこと。」と母が怒りながらニラをみそ汁の食器に戻す。再びニラを摘んで母の顔を見ながらストローに上に置くが，すぐにみそ汁の食器〈19〉に戻す。

観察 31（1;5,27）

食器〈19〉からスパゲッティをすくい，スープの入った食器〈18〉に入れる。これを3回繰り返す。

（7）食器（プレート）内で入れ替える：(g)

観察 17（1;5,10）

（前掲）おにぎりを掴み，同じプレート〈20〉（3つに仕切られている）内の野菜炒めが入っているところにおにぎりを入れて，手のひらで潰す。そのおにぎりをK男がまた掴むと，母が腕を押さえておにぎりが盛りつけてあった仕切り内に落ちるようにする。K男はまたそのおにぎりを掴んで，野菜炒めの入った仕切りの中に移動する。続いてハンバーグ，テーブルの上に置いてあったフォークの順にプレートに投げ入れる。

観察 40（1;7,14）

すいかをフォークで刺し，そのすいかを手で取ってプレート〈20〉内の広い所に置く。

観察 41（1;7,14）

すいかはプレート〈20〉内の広い所に入れ替えられている。フォークで刺そうとしてもすべっていってしまうすいかを，プレート内の狭い所へ手で移動して一度フォークで刺す。そしてまた広い所で深くフォークを差し込んで口に運ぶ。

プレート内の仕切りを跨いで食物を入れ替えたのは，(1;5,10)が初めてだった。この日はおにぎりを汁椀に入れる様子も観察されたが（観察19），同じ食器（プレート）内の別の食物が入っていた仕切りにもおにぎりを入れており，食器内を異なる場所として利用していると考えられる。また，観察41での食物の移動は，異なる性質の刺す行為を可能にするものであった。まず初めの移動によって，食器の垂直面で食物を押さえてフォークを差し込むことを可能にし，続いて手前の広い仕切り内に食物を移動することにより，食物をフォークで深く差し込むことが可能となっていた。同一の食器の内部が有する異なる機能を発見し利用していたと言えるだろう。

（8）食べる食物を入れ，食べない食物を出す：(h)

観察 25（1;5,20）

口に入れたが飲み込めないみそ汁の具のきのこを口から出して，テーブルの下に捨てる。

観察 26（1;5,20）

みそ汁の具のきのこを手に吐き出してテーブルの上に置く。

観察 27（1;5,20）

みそ汁のきのこを食器から取り出しテーブルの上に置く。

観察 36（1;6,13）

飲み込めなかったパンを母の手に出す。

観察 25，26 では，数種類あるみそ汁の具の中からきのこを口に運ぶが，吐き出して食器の外に出した。その後きのこを選んで取り出した（観察 27）。(1;6,13) の食事では，パンを食べた後食器に戻していたが（観察 37），口に入れ過ぎて飲み込めなかった分は，観察 36 にある通り，母が手を差し出してくれるまで口から出さずいた。食べる食物と食べない食物を，食器の中と外を利用して分類しているようであった。食器に入れることと食べること，食器に入れないことと食べないことが対応していた。

(9) 食べた後の食物を食器に戻す：(i)

観察 28 （1;5,24）

パンを皿〈19〉から取り，食べた後，右隣に座っている母に渡す。

観察 29 （1;5,24）

パンを食べた後，皿〈19〉に戻す。

観察 32 （1;5,27）

口からラムネを出し，食器〈8〉に入れる。それをまた取り出し，食べる。

観察 37 （1;6,13）

パンを手で食器〈19〉から取り，一口食べて食器に戻す。

(1;5,24) 以前に観察されていたのは，食器外にこぼれた食物を食器に戻す様子だったが，ここでは一度口に運んで残った食物を食器に戻すようになった。口と食器の間を食物が往復するようになり，食器に食物を入れることと，食事において必要不可欠な食物を口へ運ぶ動きに結び付きが見られた。食器に戻さない時は，観察 28 のように母に渡し，テーブルの上には置かなかった。

(10) 自分の食器に食物を入れる：(j)

観察 33 （1;5,27）

父のスパゲッティを手で取り，自分の食器に入れる。父が食器を引き戻すと K 男はぐずり始める。先程父にもらったスパゲッティを，母が K 男の口元へ運ぶと，両手を左右に繰り返し振り，スパゲッティをフォークから飛ばしてしまう。

観察 34 （1;5,27）

父が食器を近づけてくれ，泣き止む。スパゲッティを手で取って，一度自分の食器に入れ，それを手で取って口へ運ぶ。

(f) では食器間で入れ替えする様子が観察されていたが，ここでの事例は，ある決まった食器に食物を入れるという点で異なっていた。(1;5,27) の食事では，父が隣で大きな食器でスパゲッティを食べ，K 男は子供用の深さのある食器で食べていたが，父の食器から取った食物を一度自分の食器に入れてから食べる様子が特徴的であった。父の食器から自分の食器に入れ，その後口に運ぶという決まった経路で食物が口に運ばれていた。またこの日は，自分でスパゲッティを食べたがり，母が食べさせようとすると拒否することがあったが（観察 33），一緒に出されたスープは，父がスプーンで口元に運ぶと拒否せず食べており，食物の種類によって自分で食べるものと食べさせてもらうものに差が見られた（本研究とは別に，K 男の食物別の自食の割合を調べると，観察期間の初期では差はあまりないが，固形物は自分で食べる割合が次第に高くなっていき，液体もしくはそれに近い食物ほど，養育者に食べさせてもらうことが多い傾向があった）。(i) では口に運んだ後食物を食器に戻していたが，ここでは食物を口に運ぶ前に一度食器に入れていた。

4　考察

以上の 10 のカテゴリーから，次のことが言える。
(a) の観察 1, 2, 3（ともに (0;10,30)）では，食物から手を離し，偶然食物が食器に入ったことで，容

器が持つ〈他の対象を収める〉特性が現れていた。これは，行為によって明らかとなった環境の特性すなわち環境がもつ意味の発見と見なすことができるだろう。続いて，（b）の（1;0,12）の観察14から，食器の内外で食物をいじる期間が継続した。この時点では，食器の内部と外部の区別は明確になっていないが，〈他の対象を収める〉特性を利用し始めることで，両者のもつ意味は異なり始め，分化していったようであった。これら2つが観察された後に，(c)以降の食物や食具を食器に収める利用が観察されたことから，(a)(b)は環境の探索すなわち容器の意味の発見過程と位置付けることができるだろう。

（1;1,22）からは，(c) 食器に入れることと，(d) 特定の食器に戻す様子が観察され，容器が持つ〈他の対象を収める〉特性が利用され始めたと考えられる。すなわち，食器は食物を収める場所として利用され始めた。（1;2,26）からは，(e) 食物に加えて食具も食器に入れるようになった。観察11では，おにぎりが食器から飛び出すと直ちに食器内に戻し，また（1;2,26）の観察13では，食事途中にこぼれた食物を食器に入れ，そして観察20（1;5,20）では，手を食器の真上に構えて指に付着したご飯粒を食器内に落としていたことから，〈他の対象を収める〉という容器の特性を，より積極的に利用するようになったものと考えることができるだろう。

(d) の口に運んだ後の食物を食器に戻した観察28, 29（いずれも（1;5,24））,（1;5,27）の観察32,（1;6,13）の観察37では，食物を単に食器内に収めておくというだけでなく，ある食物の置き場所は元々盛りつけてあった食器であるという，特定の食器に特定の食物を収めるという意味を持たせて利用していたと理解できる。この特定の場所に特定の対象を配置することを，無藤（2008）は秩序感覚と呼び，主に片付けといった場面で必要となると主張している。食事において［戻す］という秩序感覚は，味覚の面でも重要である。何故なら，一度の食事に複数の食物（料理）が出された際に，おかずを食べた後にご飯を食べ，またおかずを食べるといった具合に，食物とおかずを交互に食べ，口腔内の味覚を調整する口腔調味を行うには，食物同士が混じり合ってしまっていては味を調整できなくなってしまうからである。

（1;6,13）の観察41から，分析対象期間最後の（1;7,26）の観察42まで，食器に食具を置く (e) 様子が観察された。これは，食物だけでなく，食物が付着した食具も食器内に入れることで，食物をテーブルに付着させずに済むことから，食器内に食物を入れることの延長線上にある操作と位置付けることができるだろう。食器に入れる対象が，食物だけでなく食具も加わり増加したとも取れるが，食物を収める場所は食器の内部とする傾向が強まり，それが食物の付着した食具にまで拡張されたと解釈することも可能だろう。これもまた，容器が持つ〈他の対象を収める〉特性を利用した操作である。

(f) の観察22, 23（ともに（1;5,20））では，ご飯茶碗とみそ汁椀の間で，食物や食具の出し入れが行われた。乳幼児の食事中のこういった行動は，遊び食べとして研究されており，1歳児に多く見られ，2歳以降に減少していく遊びと食事の分離過程（八倉巻・村田・森岡・大森・高石，1997）あるいは食器具の扱い方の学習（佐々木，1999）と言われている。本研究ではこれを，食器に食物を入れるという容器利用のバリエーションの一つとして考える。ご飯茶碗と汁椀という異なる食器が共に有する〈他の対象を収める〉特性を利用することは，2つの対象間の同型性を同時に知覚していることを示していると考えられる。この同型性の知覚は，食事において複数の食器が同時に使用されることからも重要になるものと思われる。また，定位的操作の研究では，より多くの対象を関係づけることが複雑で高度な操作だとされているが，その解釈では，観察22および観察23では，以前と比較して操作が複雑になったと説明できるだろう。

(g) の食器（プレート）内で入れ替えは，1つの食器内を複数の異なる場所として利用していたものと考えられる。観察17, 40, 41はいずれもプレートを使用していた。食器が持つ仕切りに従って，内部が区切られ異なる場所として利用されるようになった。観察40と観察41（どちらも（1;7,14））は，すいかをプレートの内部で入れ替えている場面だった。すいかの移動によって，結果的にすいかは食器の面で押さえられて滑らず，フォークに深く差し込むことができていた。これ以前に観察されたのは，食器間での入れ替えだが，同様のことが仕切りの付いた食器の内部でも起

こっていた。E. J. ギブソン（2005/1997）は，ボールを歩いて持って行き，交換して帰ってくる課題を乳児に行い，目的と手段の分化により，行動の予期性が及ぶ範囲が延長されて，タスクの内部構造内での制御が新たな階層となることを主張している。観察40と41では，食物を移動させることが食物を刺すことの下位にあり，食物を刺すことが食物を口へ運ぶことの下位にある。つまり，食物を口へ運ぶというゴールの下位タスクとして食物を食器内で移動させており，この下位タスク内で，食器内の仕切りが意味を持つという構造になっていた。また，先に挙げた（i）と（e）に見られる，口に運んだ後の食物や食具を食器に入れること（食具については観察39，42が該当）も，食物を口に運ぶ食具の操作や食物を持った手の動作が後に続くことから，これらの動作も含めた系列として容器の操作を研究していく必要があると考えられる。

さらに食器に食物や食具を収める利用だけでなく，食器に収めないという利用の仕方も観察されるようになった（(h) 参照）。(1;5,20) の観察25，26，27では，食べるものと，口に合わず食べないものを分類するのに，食器の内部と外部が利用されるようになっていた。この場合，食器の内部と外部が持つ意味は異なる。前者は食べる食物，後者は食べない食物を置く場所であった。K男の味覚的選好性が食器に食物を入れる操作に反映され，新たなバリエーションとなっていた。

(j) の観察33と34（どちらも (1;5,27)）では，自分で食べる，父のスパゲッティを自分の食器に入れるという2つの特徴が見られた。これらの観察も観察22，23，24で行われていた食器間の入れ替えと似ているが，K男が自分の前に置かれた食器に対し，口に運ぶ前にその食器内に食物を一度入れていた点が異なった。積み木を2つの容器に入れ分ける課題を行うと，1歳後半の子どもはどちらか一方を選択しているかのように入れることが報告されており（田中・田中，1984），K男は自分の食器という意味を明確にある一つの食器に与えていたとも考えることができる。また，筆者が行った大人の食器操作研究の予備観察では，食物を一旦他の食器（多くはご飯の入った茶碗）に入れてから口へ運ぶ，食物を口に運ぶ前の経由地とも呼べるような場所としてある特定の食器が利用される様子が頻繁に観察されていたことから，K男も自分の前に置かれた食器を，口に運ぶ前の経由地として利用していた可能性もある。いずれの場合でも，容器が持つ〈他の対象を収める〉特性を利用した操作である。

以上より，食物及び食具を食器に入れる操作は，動きとしては同じであるが，容器を異なる意味を持つ場所として利用していた。偶然食物が入ったことに始まり，食物を食器に入れるという単純な操作が，特定の食器に食物を戻したり，食物を分類するといった意味を持つ操作へと変化していっていた。(a) では食器に食物が偶然入ったことで，〈他の対象を収める〉特性が現れ，(b) では，食器の内部も外部のテーブル面も，食物をいじる場所として同様に利用されていた。(c) では食器は〈食物を入れる場所〉として利用され始め，それと平行して (d) では食器に特定性を持たせた［戻す］操作が見られるようになった。その後観察された食器に食物や食具を収める操作は，特に決まった食器には入れる訳ではない (c) と，その食物が盛り付けてあった食器に入れる (d) の2つの流れを汲むものがあった。本研究での結果を整理したものが図1である。また，初出の月齢が高い程，食事場面において重要となる，食物を口に運ぶ動きと関連した形で入れる操作が現れる傾向が見られた。

(e) では食物に加え，食具も食器に入れられるようになり，(f) では食器間で出し入れがされ，複数の食器を収める場所として利用していた。(g) では，食器間で行われていた出し入れが，同一の食器内でも行われるようになり，一つの食器の内部が複数の収める場所として利用された。(h) では，食器に入れないことも利用して食べるものと食べないものを分類する様子が見られた。(i) では，口に運んだ後の食物を食器に戻し，食物を口に運ぶことと食器の操作の関連が窺えた。(j) では，父の食器から取った食物を，一度自分の食器に入れるという，決まった経路で食物を口に運んでいた。食器は口へ入る前に食物を収める場所となっていた。

これらは全て，容器へ他の対象を入れる操作のバリエーションと位置づけられるだろう。このようにK男は，環境中の容器に異なる意味を発見し利用していた。

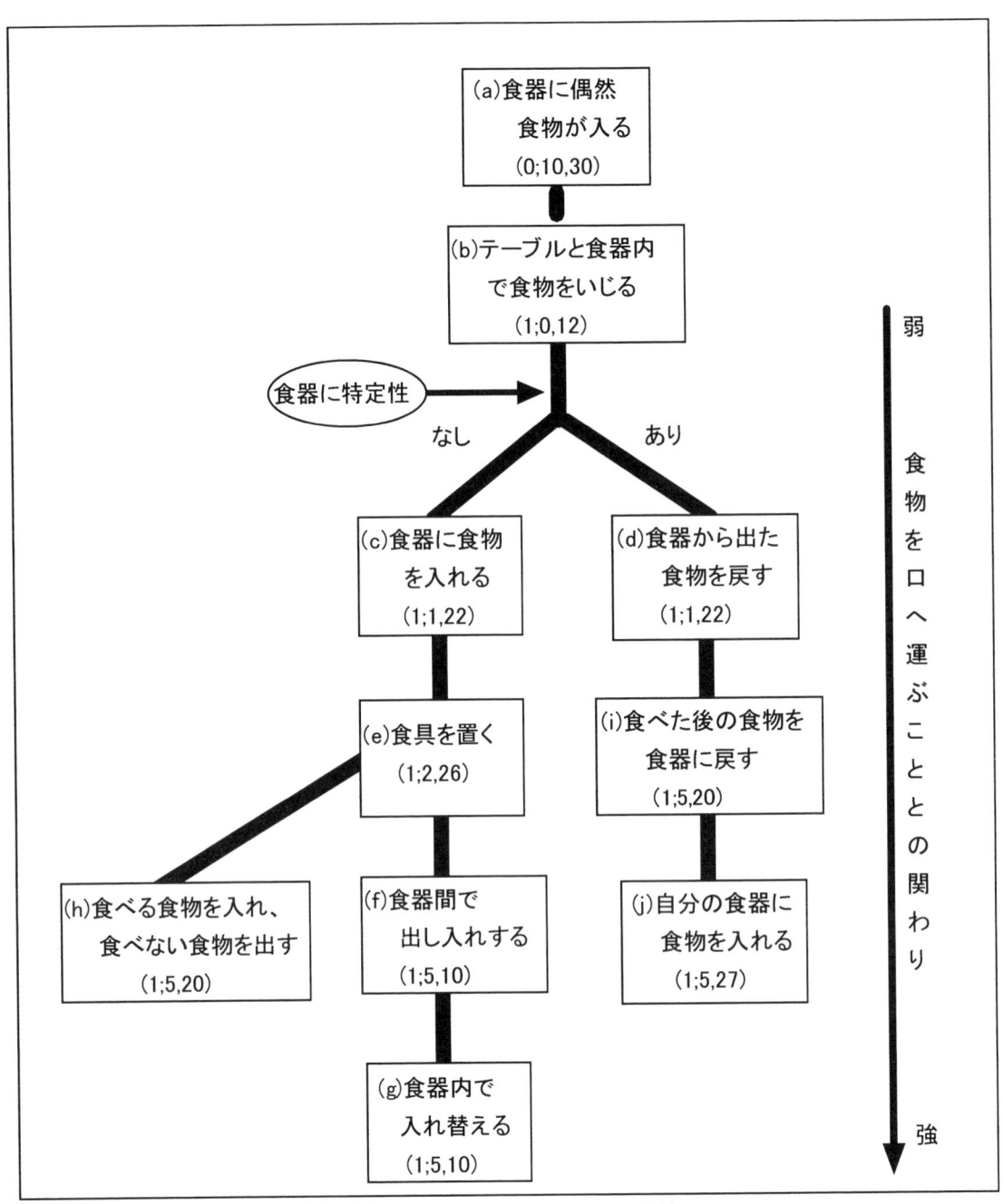

```
                    ┌─────────────┐
                    │(a)食器に偶然 │
                    │  食物が入る  │
                    │  (0;10,30)  │
                    └──────┬──────┘
                           │
                    ┌──────┴──────┐
                    │(b)テーブルと食器内│
                    │ で食物をいじる │
                    │  (1;0,12)   │
                    └──────┬──────┘
       ┌──────────┐        │
       │食器に特定性│───→    │
       └──────────┘  なし  / \  あり
                         /   \
              ┌─────────┐   ┌─────────┐
              │(c)食器に食物│   │(d)食器から出た│
              │  を入れる  │   │  食物を戻す  │
              │ (1;1,22) │   │ (1;1,22) │
              └─────┬────┘   └─────┬────┘
                    │              │
              ┌─────┴────┐   ┌─────┴──────┐
              │(e)食具を置く│   │(i)食べた後の食物を│
              │ (1;2,26) │   │  食器に戻す   │
              └─────┬────┘   │  (1;5,20)   │
         ┌──────────┤        └─────┬──────┘
         │          │              │
┌────────┴──┐  ┌───┴─────┐   ┌─────┴──────┐
│(h)食べる食物を入れ、│(f)食器間で│   │(j)自分の食器に│
│食べない食物を出す│ 出し入れする│   │  食物を入れる │
│ (1;5,20) │  │(1;5,10) │   │ (1;5,27) │
└──────────┘  └────┬────┘   └──────────┘
                   │
              ┌────┴────┐
              │(g)食器内で│
              │ 入れ替える│
              │(1;5,10) │
              └─────────┘
```

図1　容器利用のバリエーションの分岐

(縦軸: 弱 ← 食物を口へ運ぶこととの関わり → 強)

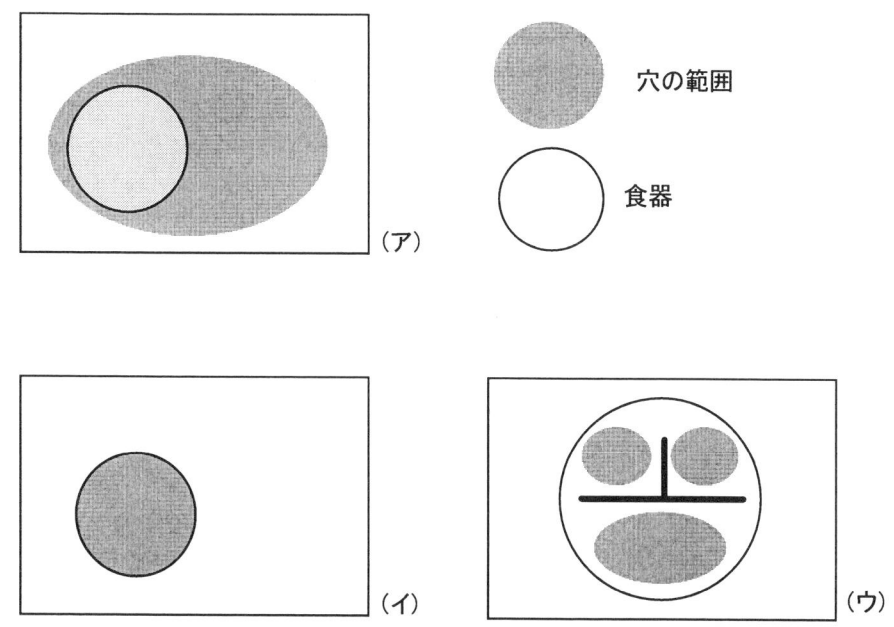

図2 穴の境界模式図

総合考察

本研究では，まず分析1では，容器操作の種類とその出現時期を明らかにし，続く分析2では，容器に対象を入れる操作とそれに関連する行為が持つ意味の変化を分析した。分析2の結果から，容器の窪みが持つ意味が明らかとなったが，それはどのような場所として利用されていたかであると言い換えることができる。

容器が持つ穴の境界の発達的変化

J. J. ギブソン（1985/1979）は，場所とは座標軸上の点とは対照的に，広がりのある面もしくは配置であり，はっきりとした境界を持つ必要はないと定義している。しかし，容器自体は境界を持つ物理的対象である。

存在論の立場から環境の考察を行っている加地（2008）は，「穴自体は境界を持たず，ホストのみが境界を持つ。」（p.162）と述べている。ここで言うホストとは，穴を持つ対象を指している。穴は充填可能性（fillability）を有する。つまり加地の定義に従うならば，本研究で見て来た容器の操作は，穴の利用ということになる。形而上学的に「非分離部分」と呼ばれる部分の境界は，任意に設定されているものに過ぎない（加地，2008）と考えられており，もし穴を「実体と仮定し」ホストの非分離部分とするならば，その境界を複数設定することが可能となるだろう。ここでは，分析2の考察と照らし合わせ，どのような場所として穴が利用されたかという観点から，容器がもつ穴の境界を考察する。

まず，（1;0,12）から観察された，食器の中でも食器の外でも食物をいじっていた時期には，（ア）食器の中の穴がそのまま外部と連続して，1つの食物をいじる場所として存在していた（図2）。依然としてテーブル面で食物をいじることは続いた。それとは遅れて，食器内に食物や食具を入れるあるいは戻すという操作が見られるようになった。この時，食器は収める場所として利用され始め，（イ）テーブル面と区別され始めたと見なすことができるだろう。そして（1;5,10）には，（ウ）食器内の仕切りを区別しており，食器の内部を異なる意味を持つ場所として利用していた。

総合すると，食器が持つ穴は，当初外部と連続して

図3 食器の形状イラスト
左上が食器の識別番号1（表1参照），縦に下に進み，最後27が右下。

いるが，それが容器の境界に対応した境界を持ち始める。そして，さらには，容器内部の形状（仕切り）が持つ境界も利用され始める。このことは，容器がテーブル面と分化し，さらに容器内部が複数の場所として分化する過程とも言える。食器とテーブル面は，物理的には非連続的な対象だが，観察期間当初の幼児にとってそれは自明ではなく，むしろ1つの連続する穴として利用されているようであった。ある対象と他の対象の非連続性は，環境の探索（(a), (b)）の中で発見し利用されていくものであった。プレート内部の仕切りも，最初から仕切りとして意味を持って利用された訳ではなかった。

容器に対象を入れる操作のバリエーションは，容器が持つ穴をどのような場所として利用するかによって生まれ，そして穴の境界は，操作によってその輪郭が明らかとなっていくようであった。

以上本論文では，容器操作の発達を環境中の対象の意味を発見し利用するというリードの予想に基づき考察した。対象操作の発達は，従来の認知発達や運動発達の観点に加え，対象をどのように利用するか，環境利用の観点からも検討することが有意義であることが示唆された。分析1で増減の多かった他の操作や，その操作をめぐる養育者の関わりなどは今後の課題として残された。

引用文献

Bruner, J. (1970). The groth and structure of skill. In K. Connolly (Ed.), *Mechanisms of motor skill development*. London: Academic Press.

Connolly, K., & Dalgleish, M. (1989). The emergence of a tool-using skill in infancy. *Developmental Psychology, 25*, 894-912.

ギブソン, E. J. (2005). 知覚の発達のための生態心理学者のプロレゴメナ. 堀口裕美（訳），佐々木正人・三嶋博之（編），生態心理学の構想（pp.41-63）. 東京：東京大学出版会. (Gibson, E. J. (1997). An ecological psychologist's prolegomena for perceptual development: A functional approach. In C. Dent-Read & P. Zukow-Goldring (Eds.), *Evolving explanations of development: Ecological approaches to organism-environment systems* (pp.23-45), Washington D.C.: American Psychology Association.)

ギブソン, J. J. (1985). 生態学的視覚論（古崎敬・古崎愛子・辻敬一郎・村瀬旻, 訳）. 東京：サイエンス社. (Gibson, J. J. (1979). *The ecological approach to visual perception*. Boston: Houghton Mifflin.)

Greenfield, P. M., Nelson, K., & Saltzman, E. (1972). The development of rulebound strategies for manipulating seriated cups: A parallel between action and grammar. *Cognitive Psychology, 3*, 291-310.

Greer, T., & Lockman, J. J. (1998). Using writing instruments: Invariance in young children and adults. *Child Development, 69*, 888-902.

石田瞭・倉本絵美・梶永弥千代・石川光・向井美惠. (1998). 離乳初期・中期乳児の口唇機能に適したスプーンボール部形態の検討. 小児保健研究, *57*, 829-834.

加地大介. (2008). 穴と境界――存在論的探究. 東京：春秋社.

河原紀子. (2005). 1〜2歳児における道具を使って食べる行動の発達過程. 応用心理学研究, *31*, 98-112.

倉本絵美・田村文誉・大久保真衣・石川光・向井美惠. (2002). スプーンの形態が幼児の捕食動作に及ぼす影響――ボール部の幅と把柄部の長さの検討. 小児保健研究, *61*, 82-90.

Lockman, J. J. (2000). A perception-action perspective on tool use development. *Child Development, 71*, 137-144.

松沢哲郎. (2000). チンパンジーの心. 東京：岩波書店（岩波現代文庫）.

向井由紀子・橋本恵子. (1978). 箸の使い勝手について――箸の持ち方. 家政学雑誌, *29*, 467-473.

向井由紀子・橋本恵子. (1981). 箸の使い勝手について――箸の持ち方（その2）. 家政学雑誌, *32*, 622-627.

無藤隆. (2008). 発達心理学の見地から『動く赤ちゃん事典』を解剖する. 佐々木正人（編著）, アフォーダンスの視点から乳幼児の育ちを考察（pp.86-99）. 東京：小学館.

西崎実穂. (2007). 乳幼児期における行為と「痕跡」――なぐり描きに先立つ表現以前の"表現". 質的心理学研究, *6*, 41-55.

大久保真衣・田村文誉・倉本絵美・石川光・向井美惠. (2002). 摂食機能発達に考慮した自食スプーンの研究――ハンドル部とボール部の角度の違いによる捕食動作への影響. 小児保健研究, *61*, 503-511.

尾崎康子. (2000). 筆記具操作における上肢運動機能の発達的変化. 教育心理学研究, *48*, 145-153.

佐々木聰子. (1999). 集団保育における幼児食のあり方（その1）――1〜2歳児の食事. 東京家政大学研究紀要, *39*, 89-97.

竹下秀子. (2001). 赤ちゃんの手とまなざし. 東京：岩波書店（岩波科学ライブラリー）.

田中昌人・田中杉恵. (1984). 子どもの発達と診断3 幼児期Ⅰ. 東京：大月書店.

外山紀子. (2008). 食事場面における1-3歳児と母親の相互交渉――文化的な活動としての食事の成立. 発達心理学研究, *19*, 232-242.

リード, E. S. (2000). アフォーダンスの心理学（佐々木正人, 監修・細田直哉, 訳）. 東京：新曜社. (Reed, E. S. (1996). *Encountering the world: Toward an ecological psychology*. New York: Oxford University Press.)

八倉巻和子・村田輝子・森岡加代・大森世都子・高石昌弘. (1997). 幼児の食行動に関する研究――「遊び食べ」行動分析の事例 第一報. 小児保健研究, *56*, 749-756.

謝　辞

本論文を作成するにあたり，撮影に御協力頂いた御家族の皆様へ感謝申し上げます。また，貴重な助言を下さいました佐々木正人教授，佐々木研究室の皆様，ならびに査読者の先生方に厚く御礼申し上げます。

（2010.2.9 受稿，2010.12.4 受理）

「起き上がるカブトムシ」の観察
―― 環境－行為系の創発

佐々木正人　東京大学大学院教育学研究科
Masato Sasaki　Graduate School of Education, The University of Tokyo

要約

床の上に仰向けに置いたカブトムシが，様々な物など，周囲の性質を使って起き上がる過程を観察した。床の溝，タオル，うちわ，鍋敷，チラシ，爪楊枝，リボン（細，太），ビニルヒモ，ティッシュ，Tシャツ，シソの葉，メモ用紙，割り箸，フィルムの蓋を起き上がりに利用する虫の行為が記録された（図1～17）。周囲の性質で起き上がりに利用されたのは，物の網目状の肌理，床とその上に置かれた物の縁・隙間，穴上の陥没，抱え込んで揺らすことのできる物，床とひも状，棒状，円形状の物がつくる隙間であった。これらの観察をまとめるとカブトムシの起き上がりが，1)「地面－単一の脚」（図18a），2)「変形する物－複数の脚・湾曲した背－地面」（図18b），3)「固い物－複数の脚・湾曲した背－地面」（図18c）の3種の環境－行為系の創発として記述できることが明らかになった。

キーワード

カブトムシ，起き上がり，柔軟性，環境－行為系

Title

Observations of Rolling Over Behavior of Beetles: The Emergence of Environment-Action Systems

Abstract

The purpose of this study was to observe the rolling over behavior of beetles in relation to several objects.　The insect was placed on the floor in a supine position and an object was set beside it.　14 objects were used in this study; the trench of the floor, a towel, a fan, a pan mat, a piece of newspaper, a toothpick, a thin or thick ribbon, a plastic string, a sheet of tissue paper, a T-shirt, a perilla leaf, a sheet of scratch paper, a chopstick and the lid of a film case (see Fig.1 to 17).　The insect was able to roll over taking advantages of several environmental properties; an edge, the texture or the hole of the ground, the weight of an object which affords centrifugal force to insect's swinging motion and the gap between solid objects and the ground.　Altogether, we found the emergence of three kinds of environment-action system: (1) a single limb - the ground system (see Fig.18a), (2) a soft object - multiple limbs-the round back - the ground system (Fig.18b) and (3) a hard object - multiple limbs-the round back - the ground system (Fig. 18c).

Key words

beetle, rolling over, flexibility, environment-action system

問 題

　本稿では動物のふるまいを行為とよぶ。行為には周囲があり，通常そこは環境とよばれる。行為は環境と密接に関わって進行する。おそらくこのことは議論する余地の無い事実である。行為について知ることは，環境を知ることと同時に生ずるはずである。

　しかし，心理学における行為の記述は，行為自体に焦点を当てるあまり，行為の周囲にまで注意を向けることが稀であった（Holt, 2005/1916）。20世紀を振り返ってみても大部分の心理学の歴史は，せいぜい行為に先行する刺激や随伴する結果（とくに快や不快），行為者が予期しているイメージなどとして行為の周囲を問題にしたにすぎない。私たち動物の行為が不可避に出会わざるを得ないこと，例えば，歩行する路面の凹凸，椅子の座面の広さや背もたれの傾き，枕や衣服の襟口の固さのような瑣末ではあるが，しかし行為者の意識が中心的に捕らえている周囲の具体に，心理学者は注意を注がなかった。それらは物つくりに関わるプロダクト・デザイナーや建築家などの知識であり，心理学者の知識ではなかった。

　「生物と環境の相互作用に関する科学」と自らの領域を定義する生態学も同様である。生態学は温度，湿度，風速，土壌酸性度などの外部条件や，光エネルギー，栄養塩類などの資源を問題にしており（生態学事典，2003），動物が「噛みつくこと，噛み砕くこと，突き通すこと，掘ること，そしてそれらのさまざまな組み合わせ」としての行為に対応する環境は問題にしていない。だから「生態学者は，資源は分子であると——つまり，栄養素もしくはエネルギー補給である，と考えている。こう考えることで，定量的な計測や分析が可能になるという大きな利点もあるが，それは生態学上の過度な単純化という代償を払って獲得された利点である」（Reed, 2000/1996）と批判される。すべての動物が日々の生活の中で出会っている，あたりまえの環境を研究の俎上に上げることはどの領域でも意外に困難だったのである。

　ただ，わずかではあるが例外的に，まさに行為の周囲とよべるだろう環境に注目した研究の試みはあった。その一例がダーウィン（Darwin, 1994/1881）のミミズの研究である。ダーウィンは，多種の形をした葉（針葉のような形状を含む），葉柄など，ミミズの周囲にもともとあった物，三角形に切った紙片など，観察者がわざとフィールドに置いた物をたくさん調べ，それらの形のどのような性質がミミズによって使用されたのか，その確率を示すことで，ミミズが住まうところである「穴」の入口をふさぐ行為をあらわした。これらの物に備わる性質の総体で，ミミズの穴ふさぎ行為の輪郭を示した。しかし，残念ながらダーウィンは，周囲と関わるミミズの行為過程についてはほとんど記していない。ある形の葉がどの部分から引き込まれたかを示すことで，あるいは三角形の紙片のどこにミミズの唾液が付着して汚れているかなどから，ミミズの行為がしたことは間接的に明らかである。しかしそれらはあくまで行為が残した痕跡であり，多様な周囲にある物（動物の毛，小石なども使われた）を，ミミズが実際どのようにして地面の穴に引っ張り込んだのかは読者の想像にゆだねられた（佐々木，2005）。

　本稿はこのダーウィンが書かなかったことに踏み入ることを第一の目的にする。ダーウィンが100年以上前に開拓した，周囲に留意しつつ行為を記述するという方法，もう少し言えば「環境と行為の両方を同時に記述すること」を試みてみたい。穴ふさぎに利用された多様な物に生じた選択についてのダーウィンの記録を読むことで，私たちはミミズの行為について，はじめて知る事実に出会うことができた。本稿の対象はカブトムシであり，この昆虫の起き上がり行為である。カブトムシの起き上がりを環境と関連させて知ることで，この昆虫についての見方は少しは変わるのだろうか，試してみたい。

　さて冒頭に「動物のふるまい」と定義した行為という用語には，難題がつきまとっている。たとえば『広辞苑（第五版）』で行為は「明らかな観念または動機を有し，思慮・選択・決心を経て意識的に行われる意志的動作」と概説されている。この記述が示すようにそこには心理学者ならばややたじろぐだろう多くの理論的前提が含意されている。大部分の心理学はこのような，説明に負荷のかかる用語を避けてきた。しかし本稿ではあえてこの語を用いてみたい。ふつう，私たちは動物の行為の結果に，意志や意図を見てとり，た

いがいはそれらが行為に先立ってあったのだろうと考える。このような常識以外の仕方で行為に意志や意図を認める方法はあるのだろうか，ということを本稿の第2の問題としてみたい。筆者は行為と環境の，のっぴきならないかかわりあいを観察することで，広辞苑が行為について書いた「思慮・選択・決心」の一端を垣間見ることができるのではないかと期待している。行為と環境を複合させる記述は，意志や意図とよばれていることを，その一部ではあっても具現させることのできる，一つの方法となりうるのではないかと考えることも観察の動機の一部である。

観　察

対象と方法

　甲虫目の昆虫カブトムシ（学名 *Trypoxylus dichotomus*）で，角を持たないメス。1996年夏，筆者の住居前の路上にて捕獲（埼玉県入間市狭山丘陵周辺）。1週間飼育箱にて飼った。観察は午前と午後に行ったが，午前中は動きが鈍く，物への能動的アプローチが微弱だった。したがって以下の観察記録の大部分は午後遅くか夜にビデオ撮影されたものである。虫は捕獲から1週間後に屋外に放った。

　カブトムシなど昆虫は，頭部，胸，腹の3節からなる身体をもつ。身体の最前部に一対の複眼と触角が位置している。蕾のような形の触角は飛翔時に開く。視覚などに比してとくに嗅覚が鋭く，振動は身体に分布する毛で感ずる（海野，2000），とされている。

　床の上に仰向けにしたカブトムシが周囲にある様々な事物を使って起き上がる過程を観察した。周囲とは床の溝，タオル，うちわ，鍋敷，チラシ，爪楊枝，リボン（細，太），ビニルヒモ，ティッシュ，Tシャツ，シソの葉，メモ用紙，割り箸（2回），フィルムの蓋（2回）の15種。虫の行為過程がビデオで記録された。

結果と考察

　虫を手で裏返し，そのそばに物を置いた。その後の行為の経緯をビデオで記録した。はじめ裏返っていた虫の全身がひっくり返り，6脚のすべてが床面についた状態になることを「起き上がり」と定義した。以下，結果は1週間をかけた観察をそのままの順で示した。

1　床の溝（図1）

　フローリング床の上に仰向けにされて置かれると，虫の両前脚は頭の前方にあるものをつかむように対称に，両中脚は左右に同時に下げ開くように，両後脚は非対称にキックするように動く（一応このように記したが仰向けにされた時の6脚の動きはより複雑である。前脚，中脚，後脚の各2脚がそれぞれローカルに協調して対称あるいは非対称に動いていることはすぐ見てとれる。前脚と中脚の動きは「探索的」で頭部周辺と腹部両横の周囲を探っているように見える。後脚は探索よりは移動のモードで，その方向と速度を調整しているように見える。この3種の2脚協調が複合して6脚に1つの動きをつくるので一見バラバラに動いているように見える。以下では上記以外の特別な動きの傾向が部分あるいは全体に見えた時には，それに触れて記すことにする。他の場合にはほぼ上記のように動いていることになる）。

　後脚が動いて床とこすれた。十分な摩擦が得られず後脚はカリカリと音をたててわずかな移動が生じた。右後脚が幅と深さが1ミリメートル程度の床の溝にひっかかる①（数字は対応する図の上からのコマ順を示す）とそこに力を入れて押した。しかし力余って右後脚は溝からはずれた②。もう一度溝にさし入れ③力を入れて押し，全身が前方に動いた④。その時左後脚も同時に大きく伸ばされていた。

　虫は仰向けにされると6脚を床につくように下げて触れようとする。長い前・後脚は片方あるいは両方ともに床につくことがある。とくに後脚は床と長く接触することで移動を可能にする。床面にある凹部は後脚を用いた移動を容易にする。しかし図の溝のように凹

図1　床の溝

図2　タオル

部の幅と深さがわずかな場合は姿勢の転換をもたらすことはない。つまり固く平らな床面では虫は起き上がることができない。(34秒。観察した時間。起き上がりに成功した場合は，起き上がりまでの時間。以下同じ)

2　タオル（図2）

フローリング床の上で仰向けにされ，ゆっくりと6脚を動かしていた虫①の左頭部前側からタオルを床をすべらせて接近させた。その接近に合わせるように頭部がタオルに向けられ②，両後脚が移動をつくり出すように素早く対称に伸ばされた。移動しながら左前脚がさし出され，その先端がタオルにかすかに触れた③。虫の脚の先は先端脚に枝分かれしており，それがタオ

ルにからまった。虫はこの左前脚を支点にして全身をタオルに近づけた。すると全身が回った④。中脚と後脚の先端でもタオルを「つかみ」起き上がり姿勢は確実なものとなった⑤。

カブトムシは床を滑って微かに音をたてて向かってくる布のような物の接近を知覚する（おそらくは包囲する光の一部に翳りが加わることや，わずかな空気の流れも加わって）。接近するものに近い側の脚に，接近を予期した脚伸ばしが起こる。繊維のように表面の肌理が網目状の物には脚の先を容易にからめることができるので，そこは姿勢を転換するための支点となる。タオルのように厚みやうねりがあればその肌理の利用は一層容易である。いったん絡みついた布は容易に脚から離れるが，それがどのように行われているのかは，はずす動きが細かすぎて，よく見ていてもわからな

った。(3秒)

3　うちわ（図3）

　うちわの上に仰向けに置かれた虫はしばらく6脚を床上と同様に動かした①。右後脚がうちわの竹製の骨にふれ，虫の身体は回転し前進した。すぐに両後脚を突き出してうちわの表面を蹴り，前進は勢いのあるものになった②。何度かその動きをすると回転も加わり方向が変わり頭部がうちわの外に出た③。さらに両後脚を強く蹴ると全身はうちわの外に出た。その時，蹴り出した右後脚の先がうちわと床の隙間にわずかに入った④。するとすぐさまそこを支点にして全身が一気に起き上がり⑤床上に着地した⑥。

　虫は何かの上に仰向けに置かれると，そこにあるうちわの骨のような凸部を後脚で押して前進する。両後脚にかかる力の差は前進に回転を付け加える。それを継続していると，そこでは起き上がることのできない表面（うちわ）が他の表面（床）に代わるところまで来る。そこには2つの異なる表面が隣接する縁がある。たとえば床の上に置かれたうちわはその表面が床と隣接するところにわずかな隙間を作っていた。その隙間は後脚の先端をさし入れられる幅をもち，うちわには虫の全身の転換でかかる力にたえる重みがあった。そこで縁が起き上がりの支点となった。虫の下に広がる移動可能な表面と，その下あるいは横にある表面の隣接から生ずる性質には，起き上がりを虫に与えていることがある。(15秒)

4　鍋敷（図4）

　図4に示されているように虫の背の丸みの部分が埋まる程度の深い堀が並んだ，木製円形の鍋敷の上に虫が置かれた。6脚すべてを大きく広げ伸ばし脚の先端で鍋敷表面に触れ右に回転した①。背が溝に埋まり，左後脚が穴に落ちた②。その脚をテコにして全身が大きく前に立て起こされた③。一旦横向きになり④，起き上がった⑤。この間わずかの時間であった。

　置かれた面に穴状の陥没がある場合には，そこに背を落とし入れ，穴の側面に脚を引っかけて起きることができる。(4秒)

図3　うちわ

5　チラシ（図5）

　数ページの厚さの新聞折り込みチラシがふたつに折りたたまれた上に虫が置かれた①。図の上部方向が折り目で，そこは丸まり，盛り上がっているので，紙面にはわずかな傾斜がある。虫は後脚を後ろに，同時あるいは交互に押し出し，方向を変えながら紙面を上へと登っていった②。紙の傾斜がもっとも大きいところにさしかかると頭部を起こす動きが繰り返し見られた③。この頭部起こしで姿勢を転換しようとしているよ

図4　鍋敷

図5　チラシ

うだったが，それを可能にするには傾斜は十分ではなく，結局虫は傾斜のある部分を横断し紙面と床の縁まで到達した④。そのままの勢いで紙面から床面に出たが，全身が紙面から出ると中・後脚の動きが大きく変化した⑤。まず中・後脚は内側に抱え込むように曲げられ，次いで後脚は交互にゆっくりと下から上へ何かをすくい上げるような動きを行った⑥。すくう動きをする左後脚先端がすぐにチラシの縁に引っかかり⑦，そこを支点にして全身が大きく回り⑧，姿勢が転換した⑨。移動と探索に比較的長い時間を要した。

　虫は下に広がる面の傾斜や，それが他の面に変わったことを知覚している。面の傾斜部を利用して起き上がろうとする。そして，それら起き上がりにかかわる周囲の性質に応じた動きを体部の分節や脚が行う。(2分56秒)

図6 爪楊枝

図7 リボン（細）

6 爪楊枝（図6）

虫が生息する森には多数散乱しているだろう棒状の物のうち，細い小枝に似ているだろう楊枝を仰向けの虫の腹の上に置いた①。後脚で引っかけ②，中・後脚ではさみ③，なんとか脚全体で把握しようとして腹上を楊枝が移動した④。図に見られるように脚の動きにつれて床上で虫の全身が回転した。楊枝をうまく腹の上で抱えこめることもあった⑤が，それ以上に棒の利用を探ることはできず，この小さな棒では結局起き上がることができなかった。

失敗して楊枝を落とした時，再び楊枝を腹に乗せると虫は何度も上記のような抱え込み，持ち換え，全身の回転を行い，なんとか楊枝を利用しようとし続けた。

つまりこの細く短く軽い棒に，それを用いて起き上がることのできる可能性が部分的には知覚されているようであった。棒状の物は起き上がりの可能性を虫に知覚させる。しかし棒で起き上がるためには，それはある程度の長さ，太さ，重さが必要のようである。（1分49秒）

7 細いリボン（図7）

棒状の物と同様に生息場所には多くあるだろう植物の蔓に似ているだろうビニル製のリボンを虫の横に置いた①。虫は6脚のすべてを用いてリボンを手繰り寄せ②，抱え込んだ。リボン全体が大きな球状になるまで抱え込みは続けられた③④⑤。抱え込み，リボンをまとめる過程で全身が少しずつ床の上を移動したが，

それは姿勢を転換するような大きな動きにはならなかった。固まったリボンを抱えていても，姿勢転換の兆しは訪れなかった。やがて虫はそれ以上のリボンを扱う動きを起こさなくなった。

　柔らかい蔓状の物は仰向けの腹の上でまとめられ丸められ大きな固まりにされるが，その重さ大きさが不十分な場合は姿勢の転換をもたらさない。(33秒)

8　太いリボン（図8）

　ラッピングに用いられる幅太のリボン。化学繊維素材に金色のコーティングがしてある。腹の上にリボンを置かれた虫は6脚で全体を抱え込み持ちかえた①。リボンの片端を抱え込むところまで次第に移動し②，リボンを抱えたまま右側へゴロリと倒れこんだ③。この横倒しの姿勢から起き上がることはできなかった。横倒しの姿勢と，床に背全体をつける仰向けの姿勢を交替しながら，つまり背の丸みを用いて全身を左右に揺らしながらリボンをどんどん手繰り寄せ，リボンの折れ曲がるところを抱え込んだ④。この部分にはリボン2枚が重なる厚みがあり，そのせいでリボンは床から浮き上がって，床との間にわずかな隙間ができていた。虫はその隙間の下へ，肩を押入れるようにして，左へ回り込みながら，まるで穴から抜け出るかのようにして，背で這う姿勢を徐々に起き上がり姿勢へとずらし⑤，姿勢は転換した⑥。

　幅，厚み，重さがあり，虫がそこに身体をあずけてもその形が変わらないヒモ状の物の部位で，とくに，そこと床とに「筒状の隙間」があるような場合，虫はその隙間に身を入れて，あずけ，まず横倒しになる。つぎにその「中」を移動しながら起き上がる。

　ヒモの端のようにそこを抱え込んで横倒しになることのできる部分が，必ず起き上がりをもたらすとは限らない。虫ははじめから太いヒモのどの部分が，起き上がりに至る動きを与えるのかを，知っているわけではないようだ。虫はヒモのいろいろな部分で左右への横倒しを試しながら，各所に生じるヒモと床とのつくる隙間が起き上がりに利用可能かどうかを探り，そしてついに可能な場所を見つけ出す。(31秒)

図8　リボン（太）

9　ビニルヒモ（図9）

　ビニル糸を束ねた固くて変形しにくい梱包用のヒモ。左後脚（とツメ）でヒモを持ち上げ①②，自ら腹の上に置いた。ちょうどヒモが2本重なるところを下から抱えることになった③。抱えながらヒモの下を左に回り，全身の方向を変え④，図の下方向に向かってヒモを手繰りながら移動した⑤（ヒモが輪状になり床から浮いている図の上方向には行く素振りも示さなかった）。ヒモが直角に屈曲している角部分に至り，そこ

図9　ビニルヒモ

図10　ティッシュ

で,「肩を抜く」ようにして上向きに姿勢を転換した⑥。

　固いヒモと床のつくる隙間は起き上がりに利用できる。ヒモに直角部のような形状があると起き上がりはより容易になる。直角部が姿勢転換への「抜け道」となる。(22秒)

10　ティッシュペーパー（図10）

　薄いティッシュペーパーの上に仰向けに置かれると,たぐり寄せたり移動したりする①②。ティッシュペーパーと床との縁に後脚をさし入れるが軽くて起き上がることはできない③④⑤。その後,比較的長くティッシュペーパーを手繰り寄せ,丸めて抱え込むことを繰り返した⑥。

　薄く軽いシート状の物を虫は丸めて重くしてそれに身をあずけて姿勢を転換しようとする。しかし重さが十分になければ起き上がることはできない。(2分28秒)

図11 Tシャツ

図12 シソの葉

11 Tシャツ（図11）

木綿のTシャツの上の虫①を仰向けにした②。右に傾き両後脚と左中、前脚を大きく宙で泳がせるように動かした③。すぐに右前・中脚のツメがTシャツの繊維に絡み、あっという間に姿勢は転換した④⑤。（4秒）

12 シソの葉（図12）

仰向けにされた虫の左横に一枚のシソの葉が置かれた①。虫は左中・後脚で葉に触れそれを引き寄せ、持ち上げ②、全身を丸め、葉を6脚で抱え込み左へと倒れこんだ③。この倒れこみが起き上がりに至ることはなかった。はじめの抱え込みでは、葉の柄につながる部分が胸に近く抱えられていた。その状態で葉を左右へと揺すり、葉の回転と共に起き上がろうとしたが成功しなかった。虫は左右へと全身をわずかに揺らしな

がら，葉の柄につながる部分が胸から遠くなるようにすぐに持ちかえた④。ちょうど張られたヨットの帆のように葉柄部が上になった。虫は下向きに大きく開いたシソの葉先を抱え，左へ倒れ込んだ⑤。全身が回転する葉の勢いに乗って姿勢が転換した⑥。

はじめ葉は束ねるようにたたみ込んで抱えられ，その状態で左右へと揺らされた。つぎに葉柄部が身体から遠ざけられたが，すると遠心力が増し，姿勢が転換した。葉を抱えての起き上がりには，虫の背の形が，回転に強い勢いをもたらす曲面であることも関与していた。身体の形状，抱えた物と身体との配置（重心の位置），そしてこの2つの複合を意味あるものにする動き（左右回転）が一体となって起き上がりが生じた。

はじめ，葉を持って全身を左へ揺することと，葉の持ちかえは同時に進行した。その後葉がヨットの帆のような状態で抱えられると，全身の左右へと揺れる勢いがそれまでに比して明らかに大きくなり，起き上がりに至った。虫は抱えている葉の配置が自身の姿勢にもたらすことを予期して，全身の揺らし方を変えたように見えた。(34秒)

13 メモ用紙（図13）

薄いメモ用紙一枚の上に仰向けに置かれる①。6脚を活発に動かし，後脚で紙を蹴った②。脚で紙の縁を持ち上げようとしたが，軽い紙は飛んでしまい姿勢は変わらなかった③④。

物の縁に脚を差し入れて起き上がるためには，物が虫の身体に相対してある程度大きく，重くなければならない。上述のシソの葉のように軽い物の場合，虫は抱え込んで物と共に回転して起きようとするが，メモ用紙は抱え込むために変形させられるほど柔らかくはなかった。また紙の表面には脚が絡みそうな肌理はなかった。虫はそのことを知覚していたのだろうか，抱え込もうとする動きは一度も見られなかった。(13秒)

14 割り箸（1回目）（図14）

仰向けの虫の腹の上に割り箸を一本置いた①。両端の太さはわずかだが異なっていた。虫は6脚で割り箸をつかみ木登りをするようにスルスルと細い方の端に向かった②。端に至ると全身を左に傾け③，両前脚を割り箸からはずし，中後脚で割り箸をつかみ全身を左右へと揺らした④。起き上がりの体勢に近づくと右の前脚，左の前後脚を床に差し出し，とくに左後脚で数度床を蹴り，それらの動きで全身を割り箸から引き離し，起き上がった⑤。(9秒)

15 割り箸（2回目）（図15）

割り箸のやや太い側の端を虫の腹の上に置いた①。中，後脚で抱え左に回転したがすぐ元に戻った②。後脚で箸を蹴り前脚を宙で動かしていると身体の方向が変わり，前脚が箸の中央側をつかんだ③。すると虫はスルスルと箸の下を移動し④，一気に細い側の端まで行った⑤。中，後脚で端をつかんだまま前脚で宙をつかむ動きをしていると，また方向が変わり箸の中央側がつかまれ⑥，再び箸の下を移動して⑦，元の太い側の端まで戻った。6脚で端を抱えたまま全身をまず左

図13　メモ用紙

図14　割り箸（1回目）

図15　割り箸（2回目）

へ，そして勢いをつけて右へと回した⑧。回りきったところで前脚を床につき，そこを支点にして起き上がり姿勢になり，中，後脚を割り箸から離した⑨。

　虫は割り箸の端や中ほどを下から抱えると，左右へと全身を回転して姿勢を転換しようとする。しかしその動きのみでは起き上がることはできない。大きく回転してもそれに引き続いて前脚を床につき，そこに力を入れて回転で裏返りつつある姿勢を完全に起き上がりまで導かなければならない。虫はこの一連の動きを常に実現できるわけではない。回転後に前脚が床をつかめず宙に何かを探すような動きをする時には，全身の方向が変わりまた箸を抱えてしまうようなことになる。回転後の前脚がうまく床についた時にだけ起き上がりは成功する。

　割り箸のような，虫の身体よりも長い棒状の物の端を利用して虫は起き上がることができる。起き上がり

図16 フィルムの蓋（1回目）

図17 フィルムの蓋（2回目）

を可能にするのは棒の端とそれが置かれた床の間隙である。この隙間を使うためには前脚を床につけるための特別な動きを行う必要がある。虫は棒の端をつかんで回転した後に，前脚をうまく床につけることができないような場合には，そこで更に回転をくり返したりするのではなく，すぐさま他の端へと移動した。回転による起き上がりは，それを試みて失敗したときには，まずは移動するという一連の動きの流れに埋め込まれているかのように見える。（39秒）

16 フィルムの蓋（1回目）（図16）

蓋が腹の上に置かれるとすぐに抱え込む。はじめて抱えただろう蓋の形状と重さに対応しかねるように前脚と後脚が急に伸ばされたり，急にたたまれたりする①（このような驚愕した脚の動きはこの間，数日に及ぶ観察中はじめて見られた）。蓋を持ち変えながら②，前・中脚を蓋から離し③，ゆっくり起き上がろうとしたが，つかみそこねた蓋が急に飛び去り，その反動で虫の全身も飛ばされ，元の仰向けに戻る④。（25秒）

17 フィルムの蓋（2回目）（図17）

腹の上の蓋を抱え込んで右へ倒れる①。6脚で蓋をつかみ，くるくると回すように動かしながら，自身も蓋の回りを移動する②。左側の脚で蓋を上から床に押しつけるようにしながら③，右側の脚を蓋と床の隙間から抜きながら起き上がる④。

はじめて（1回目）のときには蓋の固さ，形，周囲のギザギザなどに対応できず脚は踊るように動き，結局は蓋をつかみきれず飛ばされてしまったが，2回目は蓋を抱える力の具合や身体の離脱のさせ方などがうまくいった。（12秒）

議　論

起き上がりの周囲

　観察から、カブトムシの起き上がりが周囲を利用することで可能となっていることは明らかである。本稿でいう周囲とは、虫が裏返しにされた所（床の上）であり、その状態の虫のそばに置かれた種々の物である。17の起き上がりの出来事は、カブトムシが、床と物の複合するなんらかの性質を用いて起き上がっていることを示した。以下に、起き上がりの成否にかかわりなく、それに用いられた周囲を6種にまとめてみた。行為は同一の起き上がりという機能を、周囲の異なる場所や物に探しあてていた。
○細かな網目状の肌理をもつ物の表面（タオル、Tシャツ）
○床面そのもの、あるいは床と床の上に置かれた物との縁のわずかな隙間（床の溝、鍋敷、うちわ、チラシ、メモ用紙）
○床面と床の上に置かれたヒモ状の物の隙間（太いリボン、ビニルヒモ）
○たばねて抱え込める、さらに揺らすことのできる柔らかい物（細いリボン、シソの葉、ティッシュ）
○床面と床の上に置かれた棒状の物の隙間（爪楊枝、割り箸）
○床面と床の上に置かれた円形状の固い物の隙間（フィルムの蓋）

3つの環境‐行為系

　上記の6種はカブトムシの起き上がり行為の特徴を一旦無視した物の側の性質である。これらの周囲の性質をカブトムシの身体の動きに関係させてみると、以下の3種の、環境と行為のつながりとしての起き上がりが見出されるのではないかと思われる。
　第1は、床の溝、床と物の縁、虫の下に広がる表面の細かな肌理などと、カブトムシのいずれかの脚の一本（そしてその先端のツメ）がしっかりと組み合い、その結合が強固な支点となる系である。この系では脚がテコの働きをして、虫の胴体の全体を一気に持ち上げ、起き上がらせる。これをここでは「地面‐単一脚系」とよぶことにする。図18（a）にこの系を描いてみた（ここで「系」という用語は、ハイフンで結んだことが「一つながりである」という程度の意味で用いる）。

　この系は、カブトムシの6脚のどれもがその先端にツメを持つことで地面の肌理や縁に容易に絡み、かつ脚が全身の大規模な回転をそれだけで支えることができるほどしなやかで強靭であることに基づいている。カブトムシの脚は胴体の付け根から腿節、頸節、ふ節とよばれる3つに分かれており、ツメはふ節の先端に付いている。頸節の先にも鋭い棘があり、これも縁などに差し入れられるとツメと同様に強力な支点になる可能性があると思われる。

　これら周囲と強く組み合う装置を備えた脚と、カブトムシの生息地の多くに植物が根を張り巡らせ、草などが繁茂し、地面にはきわめて多くの溝や網目状の肌理があること、この両者が第1の系の存在する根拠になっている。「地面‐単一脚系」は、カブトムシが生息するところを考えると、どこでもあらわれる汎用な起き上がり系であることが予想される。この虫の脚はその生息環境の中で、移動の器官でありかつ有力な姿勢転換の器官でもあることが示唆された。

　第2は、シソの葉やリボンのような蔓状の物と、それらの柔らかく、形状を容易に変えることができる物を抱え込むカブトムシの複数の脚と、全身が左右へとスウィングすることを可能にしている虫の背の湾曲が一体となった系である。それを図18（b）に示した。図の左には重さの配置に偏りを有する葉のような場合を、右には折りたたまれ抱えられた蔓状の物の場合を描いてみた。これを「変形物‐複数脚・湾曲背‐地面」系とよぶ。カブトムシの身体の大部分が楕円状に湾曲した背板（外骨格）に埋め込まれていること、その中に何にでもしがみつく6脚を配置していること、そして葉や蔓などの抱え込むと背面の揺れに大きな遠心力を与える変形物が周囲に多数あることを考えると、この系もまた汎用の起き上がり系であると思われる。

　第3は、枝が折れてできた棒や、樹木の固い皮が厚いまま剥がれ落ちた物のような、固く変形しにくい物

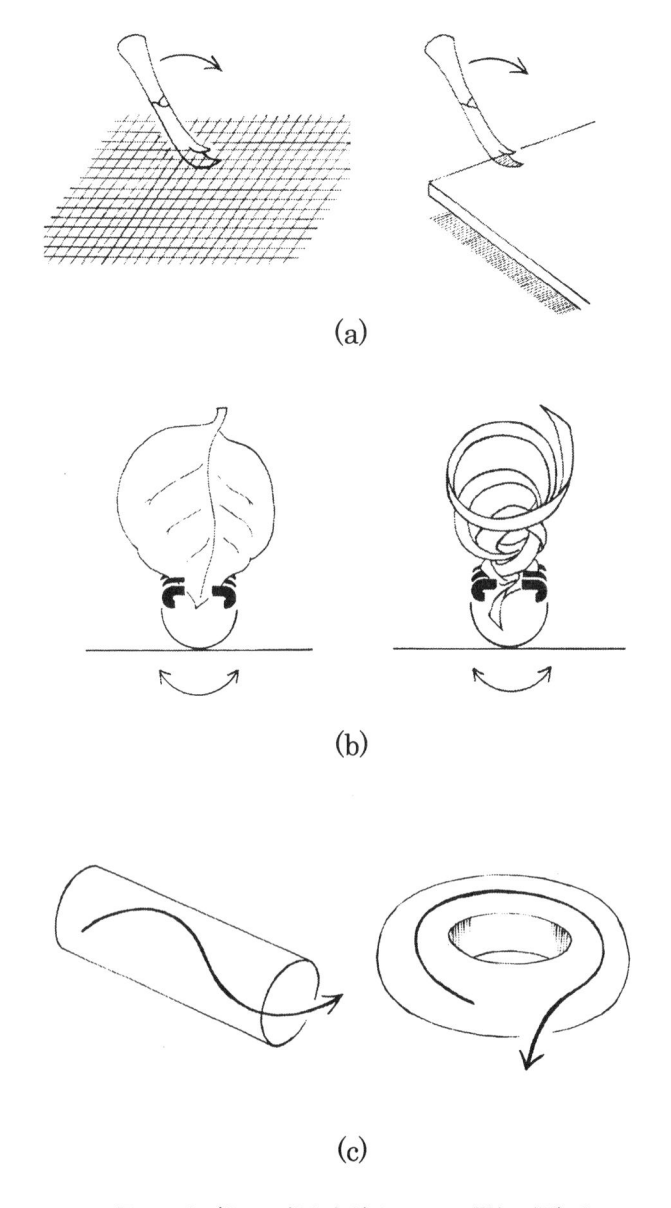

図18 カブトムシ起き上がり：3つの環境－行為系

と，地面がつくる筒状，あるいはドーナツ状の「壁の無い（仮想の）トンネル」と，トンネルの「中」を通過しながら全身を旋回し，上下反転状態にまで至る，背のスベリと複数の脚の動きからなる系である。図18（c）の左には棒状の物と地面，右には円形の固い物

と地面とがつくる筒状やドーナツ状の「トンネル」と，それを使った虫の起き上がりの経路を示してみた。これを「固い物－複数脚・湾曲背－地面」系とよぶことにする。「トンネル」を虫が潜り抜け，潜り抜けながら背の丸みと複数の脚で地面に接触し続けながら全身を

ねじり回すことにより起き上がりに至る系である。

3つの系の類似と異なり

　本観察が発見した3種の起き上がり系は，いずれも回転運動を基礎にしている。ただし，3種の系の回転には異なりがある。
　18図(a)，「地面－単一脚系」では回転の中心は身体の端（ツメ）と環境の縁の結合部にある。回転方向は下から上へと全身を持ち上げる一方向で，回転にかかる力は強く速い。図の(b)「変形物－複数脚・湾曲背－地面」系も点を中心とする回転であるが，中心は身体と，身体が抱えた物のかたまりがつくる重さの中心である。系aでは脚の端に中心が固定している。系bでは中心は虫が抱え込むものによってその都度決まる。おそらくはそのこともあり，系bでは起き上がりに至る回転に，身体の左右への探索的な揺れが先行している。したがって系bの回転の過程はやや長い時間を必要とし，回転は小さい揺れに始まり徐々に強くなり，加速するという特徴を持つ。さて，系a，bとは異なり，3つ目の(c)「固い物－複数脚・湾曲背－地面」系は，点を中心とした回転ではない。長い軸まわりの旋回を基礎にしている。旋回の軸は，棒や円形状の物と，それにつかまる虫の身体の間，つまり身体の外側にある。系cの回転はこの軸を描くように探る運動である。
　回るという運動からは，3つの系は共通しているが，それらには上記のような異なりがある。
　失敗も含めた17回の起き上がりの観察は，カブトムシが，ほぼ上述した3つの系として起き上がりを具現していることを示したが，この虫の起き上がり系はこの3種には限られないだろう。例えば「チラシ」で，紙面の傾斜の急な部分にさしかかった虫は，頭部・胸部体節を持ち上げ，姿勢を転換しようとした。この動きは起き上がりには至らなかったが，傾斜がもしさらに急ならば起き上がりが成功したかもしれない。このような事例の存在が予想させるように，カブトムシの起き上がり系はさらに異なるあらわれ方をするだろうと思われる。観察を広げることで，この虫の姿勢転換はより多様な系として記述できるだろう。ただ，起き上がり行為が姿勢の転換であることを考えれば，それ

がどのように実現しても必ず回転運動の一種であり，多様な系は回転群に所属し，それらの異なりを回転の性質から識別することが可能であると考えられる。

意図の創発

　観察中に一度だけ住居の裏の里山の野に出て，虫をそこで裏返しにしてみた（記録なし）。カブトムシは仰向けのままで，住宅内部とは比較できないほどの速度で勢いよく，細かな凹凸や砂や小石の散在する地面をすべるように移動した。上述した起き上がりの系は，森の中ではとりあえずその場をすばやく立ち去るという移動の後に，現れているのだろうと想像することができた。
　筆者は本稿の冒頭で，「行為と環境の，のっぴきならないかかわりあい」を観察することで，意志や意図とよばれ，行為の説明に不可欠と思われていることの一端を垣間見ることができるかもしれないと述べた。3種の系として記述したことはどれも私たちが意図とよんでいる過程に類似しているだろう。カブトムシは床面の上で，様々な物に遭遇し，強制された仰向け状態という危機をいつも回避しようとした。その結果，様々な探索と実行の持続として，起き上がりを複数の経路で具現した。ここで経路とよぶことは，ふつう私たちが意図とよぶ出来事に見ていることに近いだろう。
　本稿の17の事例では3種の系のどれかが選択された。ただし3つの系は相互に分離していたわけではない。たとえば「割り箸」の端で棒と床の間にできた「トンネル」を抜けるように起き上がった虫が，同じ「割り箸」の中心部では，それを下から抱え込み，左右へと棒をゆらすことで起きようとしていた。太いリボンでも同様なことが見られた。このようにたとえば「変形物－複数物・湾曲背－地面」系に特徴的な過程と，「固い物－複数脚・湾曲背－地面」系に特徴的な過程は，一つの物で共に現れた。行為が一つの環境と関わることで，複数の系が同時かつ系列的に探索されることがある。系は常に単独ではなく，系間の複合や分岐としてもあらわれる。このように，ここで環境－行為系とよんだこと，あるいはそれらの「入れ子」として，意図とよばれている行為の流れを部分的にではあるが記述できる可能性が示唆された。

系の競合や選択と，そこから生じる系の系列は多様な姿を示す。2つの系が同時に探され，なだらかに1つの系だけが具現する上記のような場合もあるが，たとえば移動し，いままでいた床面を出た虫が，移動を急に中断し，移動とは明確に異なる，床の縁を探す脚の動きをはじめるようなこともあった（チラシ，図5）。意図とよばれる過程は，このような複数の系からなる様々な系列のことであると思われる。

いうまでもないだろうが，多くの読者を楽しませる「昆虫記」などでは，動物（個体と種）の意図をより大きな生の持続のための長い活動として描いている。本稿の「起き上がり」行為はそうしたマクロな活動に埋め込まれているだろうほんのわずかな過程にすぎない。しかしそれは，本稿で示したように，柔軟な過程である。おそらく「起き上がり」は，カブトムシの行為研究の一事例として観察の俎上に上げてもよいくらいには，見逃せない部分なのだろうと思われる。

さて，冒頭の物，「床の溝」の稿で示したように，カブトムシの身体行為は，対を成す2脚の同時，あるいは交互のリズミカルな動き，それらが複合した3対6脚の肢の動き，さらに主に上下動による体節の動きなどを加えた複雑な運動協調であった。本稿では虫の行為の基礎であるその時系列的な挙動の細部については分析に踏み込めなかった。環境と行為が一つの系として意図を実現する際には，この動的な時間過程に備わる固有性が重要であることはいうまでもなく，そのことを焦点化した分析が今後の課題として残されていることを最後に付記しておく。

引用文献

ダーウィン，C. R. (1994). ミミズと土（渡辺弘之，訳）．東京：平凡社．(Darwin, C. R. (1881). *The formation of vegetable mould through the action of worms, with observations on their habits.* Honolulu: Reprinted in University Press of the Pacific.)

ホルト，E. B. (2005). フロイト流の意図――意図の生理学，およびその統合（本多啓，訳）．佐々木正人・三嶋博之（編訳），生態心理学の構想（pp.65-95）．東京：東京大学出版会．(Holt, E. B. (1916). The psychology of wishes; and their integration (Chapter 2). In *The Freudian wish and its place in ethics* (pp.47-99). New York: Henry Holt and Company.)

巌佐庸・松本忠夫・菊沢喜八郎・日本生態学会（編）．(2003). 生態学事典．東京：共立出版．

リード，E. S. (2000). アフォーダンスの心理学――生態心理学への道（細田直哉，訳・佐々木正人，監修）．東京：新曜社．(Reed, E. S. (1996). *Encountering the world: Toward an ecological psychology.* New York: Oxford University Press.)

佐々木正人．(2005). ダーウィン的方法――運動からアフォーダンスへ．東京：岩波書店．

海野和男．(2000). カブトムシの百科．東京：データハウス．

謝 辞

山本尚樹氏（東京大学教育学研究科）には図を作成していただいた。また青山慶氏（同学際情報学府）には系の考察について示唆をいただいた。お二人に記して感謝する。

（2010.2.25 受稿，2010.11.16 受理）

一般論文

一枚のデッサンが成立する過程──姿勢に現れる視覚の役割

西崎実穂　東京大学大学院教育学研究科
Miho Nishizaki　Graduate School of Education, The University of Tokyo
野中哲士　吉備国際大学保健福祉研究所
Tetsushi Nonaka　Research Institute of Health and Welfare, Kibi International University
佐々木正人　東京大学大学院教育学研究科
Masato Sasaki　Graduate School of Education, The University of Tokyo

要約

本研究は，高度な経験を有する描画者による，一枚のデッサンの制作過程を分析することを目的とした。対象の特徴を捉え，形状や質感，陰影を描くという客観描写としてのデッサンは，通常数時間を要する。本研究では，制作開始から終了までの約 2 時間半，描画者によるデッサンの描画行為の構成とその転換に着目し，制作過程に現れる身体技法を検討した。結果，描画行為を構成する複数の描画動作パターンの存在と時間経過に伴う特徴を確認した。特に，観察を前提とした客観描写に重点を置くデッサンにおいて，「見る」行為の役割を，姿勢に現れる描画動作の一種である「画面に近づく／離れる」動作から報告した。デッサンにおいて「見る」という視覚の役割は，姿勢の変化に現れると同時にデッサンの制作過程を支えていることが示された。

キーワード

デッサン，姿勢，視覚，制御，行為

Title

Creative Process Involved in Drawing: Role of Visual Perception in Changes of Posture

Abstract

This research attempts to analyze the creative process involved in drawing by examining the behavior of a skilled artist. Drawing usually requires several hours because a realistic rendering of structure, texture, and shadow involves the accurate perception and depiction of space in terms of both proportion and perspective. In this study, two and a half hours were devoted to creating a drawing. The operation and coordination of the actions that comprised the process of drawing were examined according to the points at which shifts in behavior occurred. The analyses revealed that drawing consists of movements and characteristic changes over time. The drawing of objects, in particular, involves "looking" clearly, which is reflected in postures that "close the distance or increase the distance from the picture". The results suggest that changes in posture for visual perception, underpin the positions assumed by the artist and control the process of drawing.

Key words

drawing, posture, visual perception, controlled movement skills, action

1　問題と目的

「デッサン」[1]という用語の本来の意味は、「事物の形象を線描で表したもの」である。制作者はモチーフ[2]を手がかりに、線の太さ、長さ、濃淡等、一本の線に含まれる諸要素の調節によって、画面に対象の形状や固有色、質感等の特徴を表現する。

これまで「デッサン」を含め描画の制作に関する研究は、美学や美術解剖学といった研究領域をはじめ、視覚芸術の心理学、教育学、感性工学、神経生理学、認知科学等、多様な分野において行われてきた（Berlyne, 1960；廣田, 2003；市野・田野, 1999；Moran & Schwartz, 1999；岡田・横地・石橋, 2004）。近年では、コンピュータを用いた描画方法への適応も進むが（本間・北浦, 1998, 1999；Igarashi, Matsuoka, & Tanaka, 1999）、いずれも手による描画行為に基づいており、いかに手の感覚を再現するかに重点が置かれている。

造形教育の分野では、デッサンは構図や姿態を研究するとともに鋭い把握力を養うために行うものであり、造形制作の基礎的なものとして位置づけられている（野間・谷, 1952）。したがって、日本では現在も美術教育機関における指導にデッサンが含まれる。こうした教育場面で行われる鉛筆や木炭を用いたデッサンの場合、主に「観察力、描写力、構成力」が評価の観点とされる。中でも、デッサンの制作における「観察力」に注目した研究は少なくない。例えば、熟達者と初心者の描画行為を注視時間や視覚的探索活動から比較した場合、熟達者の観察は「客観描写」と捉えられ、描写力と視覚的探索活動には密接な関係があり、描画の評価に結びついていることが示されている（吉田, 1981；佐藤, 2004）。また、子どもの描画活動における視点移動と評価の関係について、モチーフ各部位への視点の停滞時間や停留回数、視点移動を分析した結果、短時間の観察を繰り返す子どもの描画が高く評価されるという結果が得られている（橋本・中山・清水, 1995）。

デッサンにおける初心者と熟達者の違いは、完成した画面のみならず、その制作過程においても異なると考えられることから、描画の巧緻に係るスキルの特定化を目指す傾向が見られる。描画学習についての研究では主に、初心者がモチーフを正確に描けるよういかにデッサンを間違えずに正しく描くかというスキルが問題とされている（梶本・植田・三好・中村・松田・瀧, 2002；高木・松田・曽我, 2003；辻・坂口・高木・松田・瀧・曽我・岩崎・吉本, 2004）。こうした分析は、デッサンの画像データとそれに対するアドバイスの収集によって行われる。さらに、身体動作を含めた分析では、描画の巧拙は学習者の身体構造や腕動作の差異によって一様に決定されるものではないという、熟練者と初心者の動作や認識についての知見が得られている。一方、モチーフに対する「観察力」を測る視線動向の分析では、初心者の観察時間が長いという結果が示されている。しかし、この場合、熟練者は今までの経験から基本形状が描けるため、モチーフを見る時間が少ないと考えられることから、認識と行動の連動性について、モチーフの選択や経験の度合いも含めた検討課題が示唆されている（岩城・前野・六十谷・中田・曽我・松田・高木・瀧・吉本, 2005；和田・原・古賀・曽我・松田・高木・瀧・吉本, 2006）。

ここで注意したいのは、デッサンの課題設定である。熟達者と初心者の違いを探る実験では、課題に立方体や球体等の簡単な幾何学的形態、あるいはそれに近い自然物の単品（リンゴやレモン等）がモチーフとして採用される傾向がある。一般的に、デッサンの初心者は、まず簡単な幾何学的形態から学習を始める。物体の構造、遠近画法・透視図法や反射光[3]等、基礎的な絵画技術[4]の理解や知識の度合いが、描画に直接影響することは明らかである。したがって、モチーフが幾何学的形態等の場合、観察時間に生じる差はデッサンの制作過程初期の対象の形を捉える段階における認識の違いによる差であり、その後の展開において、デッサン上達への課題は多いと考えられる。

また、これまで挙げた実験の多くはデッサンを簡略化、あるいは部分化した分析であるが、観察によって対象の特徴を捉え、形態や量感、質感、陰影を表すという客観描写としてのデッサンは、通常数時間を要する。描画開始から終了に至るまで全体の進行過程を対象とした分析については、依然として検討の余地がある。したがって、モチーフの選定への配慮と制作過程

全体の分析を前提にすることで，より初心者と経験者の視覚的探索活動の違いが精査されると仮定できる。

　それでは，「見る」という視覚的探索活動の働きは，デッサンの進行過程に応じてどのように現れるのだろうか。デッサンに関する視覚の研究は，奥行き知覚や眼球運動，近年では，学習支援システムとしての提案がなされている。人間の眼球運動を記録する従来法として，角膜反射法，眼球電位法（E.O.G），ビデオ計測法の3つの方法が挙げられる。角膜反射法は，アイカメラを頭部に固定するなど，強力な頭部位置補正が必要である（坂井・中村，2002）。しかし日常における固視運動は眼球のみでなく頭位運動を伴う眼－頭位協調運動（eye-head co-ordination，以下EHCと略す）によるものであり，頭を固定しないで得られるEHCの方がより自然な視運動機能を示すと考えられる（田淵・福島・梶川，1983）。こうしたより自然な実験環境への移行も一部見られるが，現在も頭部移動補正や眼球の回転補正のために顔面固定や一点を注視して実験を行う研究は多い。

　知覚研究においては1970年代以降，「見る」ことについて，姿勢の制御と定位に関与する新たな研究が進められている（Lee & Lishman, 1975; Stoffregen, Smart, Bardy, & Pagulayan, 1999; Stoffregen, Bardy, Bonnet, Hove, & Oullier, 2007）。姿勢を制御する行為は，固視の安定化に用いられる（Stoffregen et al., 1999）。ここでいう安定化とは，静止して不動の状態を指すのではなく，他の活動を達成するために支持面に対して定位することを可能にする，自発的な「姿勢の揺れ」が制御されている状態を指す。例えば読書等，正確に見ることが課題となる場合，姿勢の最小限の揺れによって安定化が促進される（Stoffregen et al., 1999）。デッサンという課題であれば，「遠近法で画を描くためには，視覚の複雑な調整作業が必要であり，それは景色を見つめること，画像の表面を眺めること，視点を定めること，いくつもの比率を測定することなどを含む（Reed, 2006/1988）。」したがって，観察に基づくデッサンの制作過程を検討することは，描画者を取り巻く環境（どこで），行為の課題（何を），行為（どのように）の関係性の中で描画者の振る舞いを分析する必要がある。

　はじめに，本研究で用いる分析の単位として，描画行為と動作の違いについて定義を確認しておく。ベルンシュタイン（Bernstein, 2003/1996）によれば，行為とは，単なる動作ではない。行為の多くはある運動課題を協同して解決する動作系列全体である。それぞれの連鎖は，お互い系統的に入れかわる動作から構成され，これによって問題の解決を導く。連鎖の一部をなす動作はすべて，問題の意味によって互いに結びついている。課題を何度も繰り返す際に生じるその連鎖の構成と構造に適応的な変動がみられる（Bernstein, 2003/1996）。さらに，ベルンシュタイン（Bernstein, 2003/1996）は，巧みさ（デクステリティ）の本質的な特徴を「あらゆる状況ならびに条件下において利用可能な資源の中から解決策となる運動を見つけること」と定義している。デッサンの場合，描画行為の目的は，モチーフを描くことである。そして，この「描く」行為には複数の課題が含まれる。例えば，「構図をとる」，「形状をとらえる」，「陰影，質感／量感を出す」，「細部を描き込む」，「全体の調和をとる」等，描画の工程によって変化する。各行為の下，主目的となる意味によって結びつく各動作はさらに対象，道具などにより特定される。「描く」身体を取り巻く状況の違いによって各動作の連結は適応的な変動を遂げる。つまり描画行為とは運動の創造と調節を必要とする行為レベルにあり，こうした変動を必要とする。

　本研究ではこうした変動を，描画行為における動作の「転換」と捉え，「モチーフや画面に正対し，デッサンの制作過程に関わる描画行為を構成する動作に0.1秒以上の停止が生じ，次の動作に切り換えが生じること」と定義し，分析の単位とする。デッサンの制作過程における描画者の身体とデッサンとの結び付きを検証することによって，高度な経験を有する描画者が習得している巧みさの一端を吟味する。

　具体的には，描画行為を構成する動作の転換を抽出することで，以下の2点を明らかにすることを目的とする。第1に，従来の研究がデッサンの制作過程の簡略化，あるいは一部を細分化することで，ある特定のスキルを捉えようとするのに対し，本研究では，高度なデッサンの経験者の制作過程全体を時系列的に概観することによって，デッサンの連続的な行為そのものを捉え，描画制作過程における豊かな側面を記述する。第2に，観察に重きを置くデッサンにおいて，描画者

が習得している身体技法から「見る」という行為の働きを検討する。

2 方法

2.1 対象者

本実験は，芸術課程において描画に関する学習経験を有する1名を描画者として採用した。描画者の経験とデッサンの課題内容の妥当性を確認するため，デッサン終了後に，(1) デッサン経験（これまでの実技経験と制作に関する近況），(2) 課題の感想の2つの項目についてインタビューを行った。以下に示す。

(1) デッサン経験について：描画者は描画に関する教育を3年以上受けており，実験当初は芸術大学の大学院生であるということから，造形全般に関する知識と技術の習得過程は7年以上にわたる。

(2) 本実験の課題について：時間，内容ともにこれまでの経験と比較しても妥当であるとの了解を得られた。画面の寸法，使用した道具に関しても特に問題はない。特にイーゼルに関しては，「イーゼルを用いてのデッサンは集中できた」との発言が得られ，課題設定に関しても負荷は見られなかった。

2.2 装置

モチーフ デッサンの描画対象となるモチーフは，ブロンズ像（足）一体とその台座である。モチーフは描画者の任意の向きに設置された。本モチーフの選定には描画者の経験を考慮し，描画実験で用いられることの多い，初心者向けの単純な幾何学的形態（円柱や直方体等）ではなく，有機的な形態を採用した。

台，椅子 モチーフ台の高さは42cm，椅子は座面の高さ36cm。イーゼルは室内用のデッサンイーゼル（高さ120cm×幅60cm×奥行き10cm）を使用した。

カメラ 画面の変化を追うために描画者の後方から1台，身体の動きを追うために側方から1台の合計2台を配置した。

2.3 手続き

前実験 前実験として美術教育を6年以上受けた2名の大学院生（東京都内）を対象に課題の妥当性を検証した。モチーフとして，自然物（野菜），人工物（幾何学的形態，工業製品など），人体（全身，手など）を用いた。その結果をふまえ，本実験の課題，時間設定の有無，モチーフ等の諸条件を決定した。

デッサン課題 描画者は，「イーゼルを用いたデッサンを行い，デッサンの終了と開始を自ら申告してください」と教示された後，モチーフを台に設置し，画面をイーゼルに立てかけ，椅子に座りデッサンを行う。実験装置の計測の関係上，開始時点の椅子位置のみ，部屋の中央に指定された。イーゼルの高さと位置は描画者が任意に調節する。課題の所要時間の目安としては，通常，本実験で用いたような単体物であれば3時間前後である。しかし，描画者の経験を鑑み，時間制限の必要性がないことから，厳密な時間制限を設けなかった。使用する道具は鉛筆（6B～2H），練りゴム，B3画用紙である。デッサンの制作環境を図1に示す。

2.4 データの分析について

転換の定義 本研究において描画行為における動作の「転換」とは，モチーフや画面に正対し，デッサンの制作過程に関わる描画行為を構成する動作の各動作間に0.1秒以上の停止が生じ，切り換えが生じることと定義する。描画行為を構成する動作とは，描画を行う身体，描写対象となるモチーフ，用いる道具等における相互的な関係から生じ，本研究では以下の4種類に大別する。

a. 画面に近づく／離れる：身体の上体を画面に近づける，あるいは離すこと。描く姿勢を変更すること。
b. モチーフを見る：描画対象であるモチーフを見ること。
c. 描く：鉛筆や練りゴム，指などを用いて描くこと。
d. 画面を見る：描く際に画面を見ること。

図1 デッサンの制作環境

データの収集 データの収集は，制作過程をビデオ撮影した映像から，上述の描画行為を構成する動作の転換の定義に合致する地点を「転換点」として，評定者より抽出された。

評定者は，描画者と同等のデッサンの経験を持つ1名とデッサンの経験のない1名の合計2名による。本研究は，デッサン画の巧緻の評価を目的とするものではないことから，転換点を抽出する際デッサンの経験の有無に偏らない判断を行うため，経験を持つ者と持たない者の双方を評定者とした。両者の間で一致する点を転換点とした。具体的には，時間の記録単位を時間：分：秒とし，4種類の動作のうち，動作が確認された場合を「1」，されない場合を「0」に分類した。動作を判別するために，「動作」欄を設け，動作の内容を記載し，「備考」欄には画面上の描画部分や動作の特筆すべき内容を記録した。評定者間の一致率は90％であった。不一致は主に，モチーフを見る動作とデッサンの描画方法に関して見られた。再度映像を確認しながら協議した結果，最終的に一致した。

上述の観点に基づき，本実験のデッサンにおいて，2時間33分の描画時間の中で1107回の転換点が抽出された。表1に，開始後と終了前の各3分間の転換点を例示する（表1は，左から順に転換点の番号，開始からの経過時間，動作，描画部分を表示する）。

3 結果と考察

3.1 描画行為を構成する動作の転換の分析

3.1.1 描画動作の組み合わせによるパターン分類

はじめに，描画行為の時間的な変容を検討するため，デッサンの所要時間153分を均等に3分割し，デッサンの全工程を概観した。3分割をそれぞれ序盤，中盤，終盤とし，時間経過による描画動作の生起量の変化を追った。

描画を成立させる動作の転換点において，本研究で用いる4種類の動作の共起が観察されたことから[5]，描画動作の生起の組み合わせパターンを検討した。結果，12種類の組み合わせパターンが抽出された。その中の1種類（合計27回）は「鉛筆交換をする」という内容であり，その間描画が一時中断されることから分析の対象から除き，モチーフや画面に正対し，描写に直接関連する動作を含む11パターンの合計1080回を，表2に示す。

表2より，d「画面を見る」が関連するのが8パターンと最も多く，以下順にa「画面に近づく／離れる」が6パターン，b「モチーフを見る」6パターン，c「描く」4パターンという結果となった。全体的に

表1　描画行為の転換点

	転換点	経過時間 時:分:秒	動作 a.画面に近づく/離れる	b.モチーフを見る	c.描く	d.画面を見る	描画部分
開始後から3分間	1	0:00:00	0	0	1	1	
	2	0:01:01	0	1	1	1	全体
	3	0:03:02	1	0	1		
終了前から3分間	1084	2:31:02	1	0	0	1	
	1085	2:31:05	1	0	1	1	
	1086	2:31:09	1	0	0	1	
	1087	2:31:11	1	1	0	0	
	1088	2:31:12	1	1	1	1	
	1089	2:31:15	1	0	1	1	
	1090	2:31:19	1	1	1	1	
	1091	2:31:27	1	0	1	1	
	1092	2:31:28	1	0	0	1	
	1093	2:31:31	1	0	1	1	
	1094	2:31:34	1	0	0	1	
	1095	2:31:38	1	0	0	1	
	1096	2:31:42	1	0	1	1	
	1097	2:31:42	0	0	1	1	
	1098	2:31:57	1	0	0	1	
	1099	2:32:00	0	0	0	1	奥の床と足の境
	1100	2:32:03	0	0	1	1	
	1101	2:32:03	0	1	1	1	
	1102	2:32:14	0	0	1	1	
	1103	2:32:20	0	1	1	1	
	1104	2:32:23	0	1	1	1	
	1105	2:32:23	0	0	1	1	
	1106	2:32:56	1	0	0	1	
	1107	2:33:06	0	0	0	1	
合計	1〜1107		557	402	724	1009	

表2　描画動作の組み合わせパターン

	1	2	3	4	5	6	7	8	9	10	11
パターン	b+c+d	a+d	a+c+d	c+d	a+b+c+d	b	b+d	d	a+b+d	a+b	a
度数	232	224	220	204	69	46	27	17	15	14	12
割合	21.0%	20.2%	20.0%	18.4%	6.2%	4.2%	2.4%	1.5%	1.4%	1.3%	1.1%

注：a. 画面に近づく/離れる，b. モチーフを見る，c. 描く，d. 画面を見る
「パターン」は左より順に，1. モチーフと画面を交互に見て描く，2. 画面に近づく/離れて見る，3. 画面に近づく/離れて画面を見て描く，4. 画面を見て描く，5. 画面に近づく/離れてモチーフと画面を交互に見て描く，6. モチーフを見る，7. モチーフと画面を交互に見る，8. 画面を見る，9. 画面に近づく/離れてモチーフと画面を交互に見る，10. 画面に近づく/離れてモチーフを見る，11. 画面に近づく/離れる

は，11種のうち上位の4パターンがいずれも20%前後で全体の79.6%を占めていることが明らかになった。

3.1.2　描画動作の組み合わせパターンの生起量の時間的推移

　表2の結果より，上位4パターンに限定し，動作の生起量に時間的な違いがあるかどうかを検討した。1「モチーフと画面を交互に見て描く」は，全体での動作回数は232回（21%），2「画面に近づく/離れて見る」は224回（20.2%），3「画面に近づく/離れて画面を見て描く」は，220回（20%），4「画面を見て描く」は204回（18.4%）と全体の動作回数の比較では

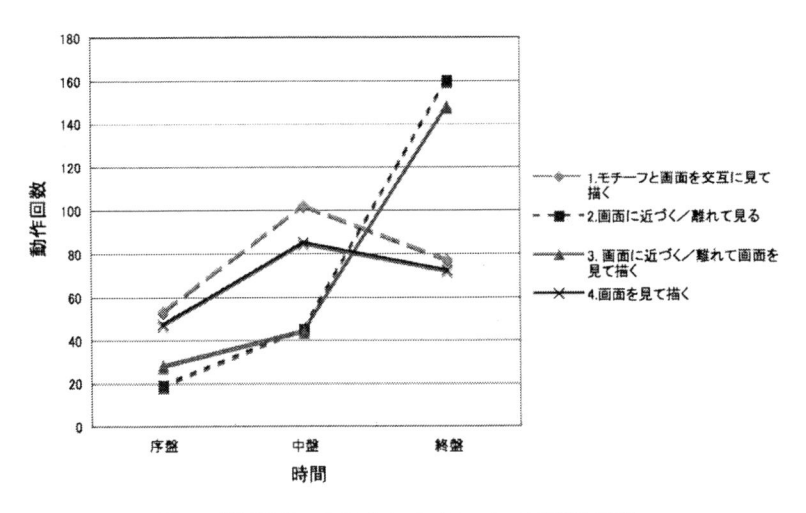

図2 描画動作の組み合わせパターンの時間的推移

しかし，図2に示すように各パターンを時間軸に沿って見ると，大別して2種類の傾向が示された。1つめが，「画面に近づく／離れる」が含まれない1と4である。2つめが，「画面に近づく／離れる」が含まれる2と3である。まず序盤・中盤においては，画面とモチーフを見ながら描く前者が多く，後者は少ない。一方，終盤になると，この差が逆転した。つまり，序盤から中盤にかけては，4動作全て増加の傾向にあるが，「画面に近づく／離れる」を含まない1と4に対し，「画面に近づく／離れる」を含む2と3の動作回数は緩やかな増加傾向にある。ここから序盤，中盤において描画の進行は，開始当初の観察点の保持と共に成り立っていることが示された。次に，終盤では，「画面に近づく／離れる」を含む2と3のみ，動作回数の増加が観察された。ここでは観察点の保持という姿勢の安定よりも，画面とモチーフとの距離を調節し，両者を見比べながらの描画が行われていることが示された。したがって，時間経過に伴う各描画動作回数の増減から，各動作が担う役割に生じる変化が示唆された。

3.2 描画工程と描画動作の分析

3.1までの描画動作の組み合わせパターンの分析から，時間経過に伴い，描画動作の役割に生じる変化が示された。この変化が起こる理由のひとつとして，デッサン画自体の進行具合による視覚的な制御がある。そこで次に，デッサン画の描画工程を手掛かりに分析を行った。

3.2.1で実際のデッサン画と共に描画工程を示し，3.2.2では各工程の切り換え場面に着目した分析を行い，描画動作の生起頻度から各特徴を捉え，描写過程を検討した。

3.2.1 描画工程の分類

表3に画面の進行状態から得られた描画工程の概要を示す。ここでは，一般的なデッサンの描画工程（絵画技法研究会，2004）を基に，全工程を描画動作の組み合わせパターンの変化と合わせ，6段階の描画工程に分類した。各段階に切り替わる際，描画の状態を現している場面を提示した。

表3より，デッサンの工程は，①まず構図を決め（〜0:14:35頃），②モチーフの全体の「形をとらえる」，「調子をつける」作業を繰り返し（〜0:56:21頃），③徐々に細部の形をとらえる（〜1:26:50頃）。ここでいう「形をとらえる」とは，稜線（形の変わり目）を意識して，立体的な形状を捉えることである。「調子をつける」とは，光の方向性，陰影，固有色，質感，量感などを濃淡やタッチを工夫して描き込むことであ

表3　描画工程の概要

描画工程	内容	転換点番号	経過時間 時:分:秒	持続時間 時:分:秒	動作	動作パターン	描画部分	備考
①構図を決める	モチーフを画面のどの位置に配置するか，あたりをつける。	1	0:00:00	0:01:01	開始	4		開始より約5分経過後（右写真）
		48	0:14:35	0:00:12	身体を離す	3	下	
②全体の形をとらえる，調子をつける	稜線（形の変わり目）を意識して，立体的な形状を捉える。陰影，固有色，質感，量感などをモチーフの面の方向性に合わせて，濃淡やタッチを工夫して調子をつける。	49	0:14:47	0:00:00	姿勢を直す	3	下	0:14:54から，調子のつけ方を変える（右写真）
		211	0:56:21	0:00:18	画面を見る（減速・停止）	4	親指・地面	
③細部の形をとらえる	細部のかたちを決める。全体に手を入れ描写のあたりをつける。	212	0:56:39	0:00:00	近づいて描く（鉛筆）	3	指先	鉛筆を立てて描く（右写真）
		386	1:26:50	0:00:14	モチーフを見る（減速・停止）	1	指・地面	
④描写	質感や量感など描写を進めながら，形を整える。	387	1:27:04	0:00:01	身体を離す	2	指の間	手の動きを止める（右写真）
		637	1:52:10	0:00:06	モチーフを見る（減速・停止）	1	親指上・下	
⑤細密描写，調整	画面の描写具合の強弱を調整する。	639	1:52:18	0:00:12	近づいて描く（鉛筆）	5	指先	膝に肘をのせて描く（右写真）
		805	2:10:17	0:00:03	モチーフを見る（減速・停止）	1	足先	
⑥仕上げ	完成に向けて細部の調整。	806	2:10:20	0:00:14	身体を離す	3	足先	2:10:33まで画面を見る（右写真）
		1107	2:33:06	0:00:10	終了	8		

る。さらに，④「描写」（～1:52:10頃）と細部を描き込む⑤「細密描写」を経て調整を行い（～2:10:17頃），⑥「仕上げ」となる（2:33:06）。

また，6つの描画工程の切り換え地点で観察された描画動作の特徴として，切り換えの前後で姿勢に変化が生じること（近づいて描く，身体を離す等）や，画面あるいはモチーフを見ることで描く速度の変化が挙げられた（表3の写真参照）。

動作とデッサン画を同時に参照した結果，表3に示したデッサンの工程は，時間的，内容的に均質ではないことが示された[6]。デッサン画は，一本の線から成る微細な変更が繰り返され，集積した結果であること

から，さらに各描画動作の転換に伴う詳細な変化を捉える必要性が生じた。

そこで，デッサン画の微細な変化と対照できるよう，描画動作のパターンの生起量を5分間隔で集計した結果を図3に示す。集計の内訳を示すため，図3は本実験で分析の対象とする11種類の動作パターンの組み合わせのうち8割を占める上位4パターンとそれ以外を「5. その他」として色分けされた積み上げ型棒グラフとなっている。

図3より，5種類の動作パターンの生起量は，全体としては完成に向かって徐々に増加する傾向が観察されるものの，その変動には増減の起伏が反復して見ら

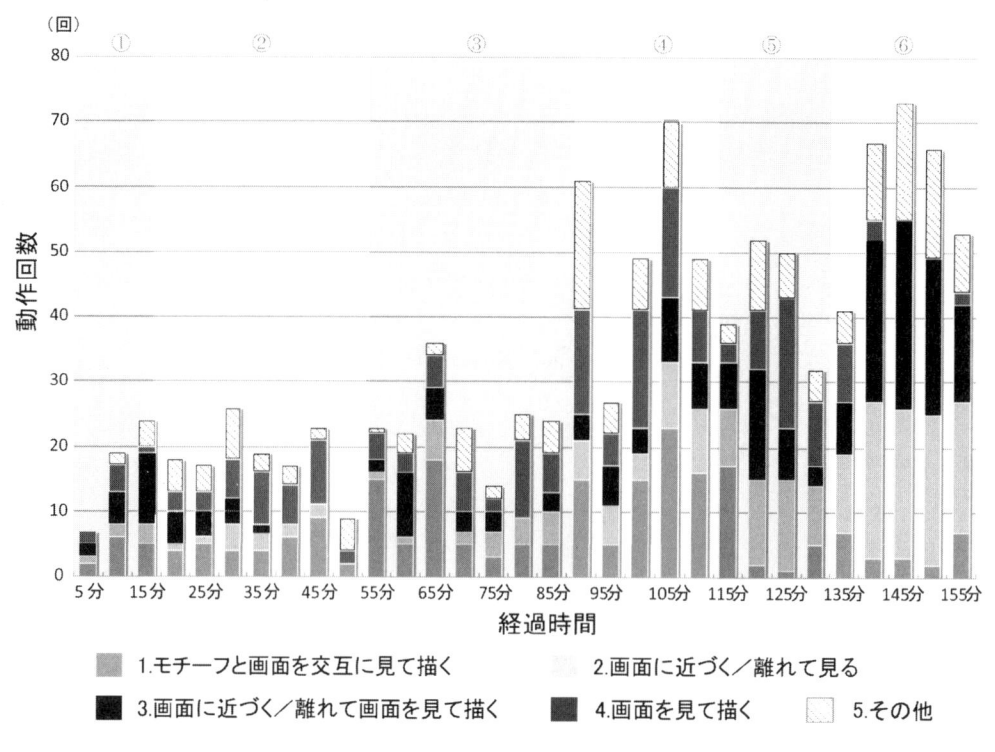

図3 描画動作パターン別の動作回数の変化

凡例:
1.モチーフと画面を交互に見て描く
2.画面に近づく／離れて見る
3.画面に近づく／離れて画面を見て描く
4.画面を見て描く
5.その他

れた。中でも極端な起伏が複数生じることから，実際のデッサン画の変化の過程を基にした表3の描画工程と照合した結果，描画工程の切り換えとなる5地点と起伏の一部に時間的に一致する地点が見られた。

次に，これら切り換え場面に生じる変化の特徴を検討するため，これまでの動作回数の分析に加え，その動作パターンの生起順，生起時間および持続時間を交えた生起頻度の検討を行った。

3.2.2 描画工程と描画動作の生起頻度の時間的推移

図4に，5地点毎に各地点を境とした前5分間，後5分間の動作の経過を比較したものを示す。縦軸に5種類の動作パターン，横軸に経過時間を設定し，淡色線で示したものが前5分間，濃色線が後5分間を比較した。

図4より，5地点における描画過程において，パターンの種類，生起時間，持続時間が前後5分間で一致する地点は見られなかった。これは，各地点を境に前後で描画動作の構成が変化しているということを意味する。

動作回数，持続時間に現れる生起頻度に関しては，5地点のうち（1）地点の動作の持続時間が全体的に長く，次いで，（2）（5）（3）（4）の順であり，差が明らかであった。地点毎に前後の動作を比較すると，（1）を除き，他4地点では，前5分間よりも後5分間の方が行為の生起頻度が高く，違いが見られた。

次に，動作パターンの種類については，5地点共に，前後で同種類の動作パターンが同順序で生じることはなかった（例えば，（1）地点であれば，前5分間では開始から2, 3, 1, 1, 1, 4……の順に生起しているが，後5分間では3, 1, 3, 1, 4, 1……と一致することがない）。また，前5分間では「描く」の動作を含む動作パターンで終了し，後5分間の開始時には，「画面に近づく／離れる」の動作を含む2あるいは3の動作パターンから開始されていた（図4では便宜上，全11パターンのうち5以下の7パターンをまとめて「その他」と標記したが，（4）地点の実際の動作パターンは「5．画面に近づく／離れてモチーフと画面を

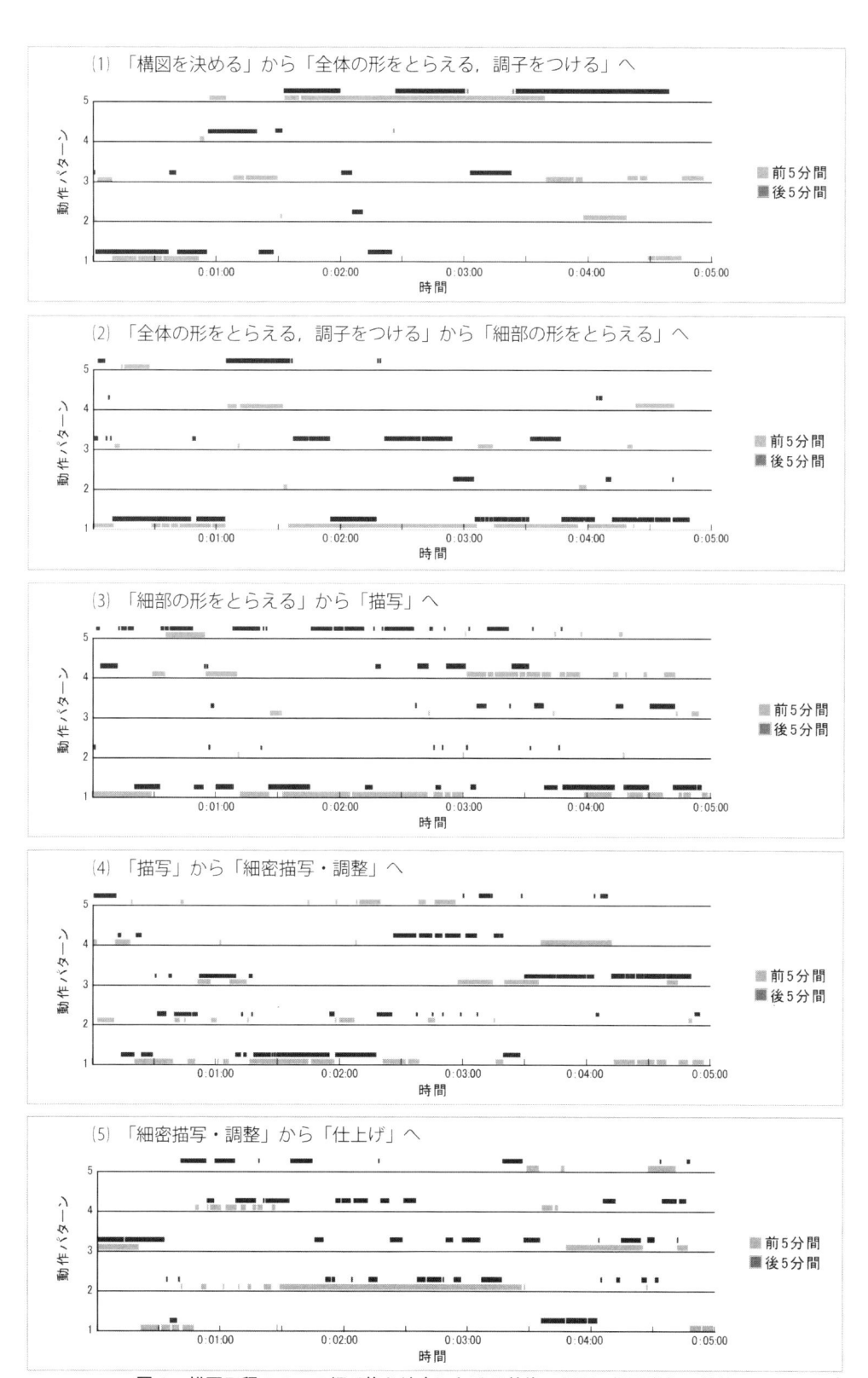

図4　描画工程の5つの切り換え地点における前後5分間の描画動作の比較

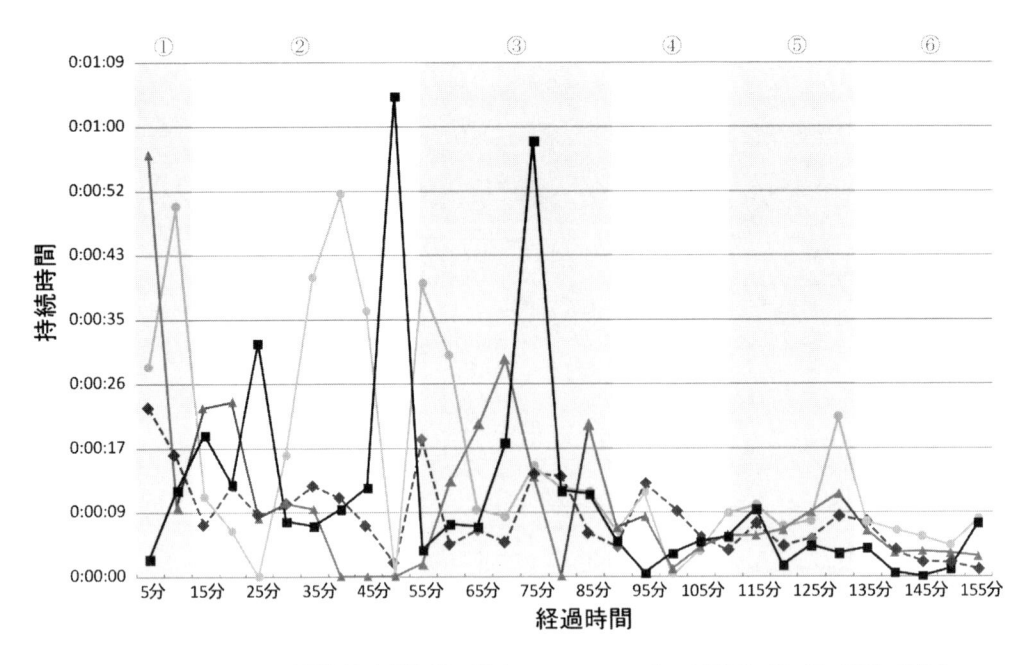

図5　描画動作パターン別の持続時間の変化

交互に見て描く」から開始されており，「画面に近づく／離れる」を含む）。

以上の点から，描画工程の切り換え地点において，描画動作のパターンや生起頻度に変化が生じていることが示唆された。また，同じ種類の動作パターンにおいても，描画工程によっては動作の持続時間が異なる等，描画動作の生起頻度の違いによる差は描画の進行への影響が見られた。生起頻度が低い(1)，(2)地点では，同一動作の連続が見られるが，頻度が高まる(3)，(4)，(5)地点では，2種類の動作間での小刻みな反復（例えば(4)と(5)では2と4）が連続して生じやすいという特徴が認められた。しかし，この反復が，個人差，あるいは高度な経験を有する描画者に特有のリズム性であるのかを特定するには至らなかった。

描画動作の生起頻度の違いが描画に影響を及ぼすことを踏まえ，次に，制作過程において動作回数の多い上位4つの動作パターンの持続時間から描画行為における「描写」の細部を検討した。各パターンの5分毎の持続時間の平均を図5に示した。

図5より，4種の動作パターンの特徴を挙げる。「1.モチーフと画面を交互に見て描く」は，描画開始15分，50分でやや急な上下の谷が見られるが，他3つの動作と比べ全体的な起伏は安定している。「2.画面に近づく／離れて見る」は，開始10分，40分，55分，130分後に持続時間が長いが，25分，50分，100分後には0秒まで短くなる等，持続時間の差が激しい。「3.画面に近づく／離れて画面を見て描く」は，開始直後は最も持続時間が長いが，40～55分付近，80分，100分で0秒近くなる。「4.画面を見て描く」は，開始直後は持続時間が4種類のうち最も短く，開始25分，50分と75分には逆に最も長くなる等，起伏の変化が見られる。

描画工程を基に全体を概観すると，描画開始15分（図5の①）の前後の構図が決まるまでは，「2.画面に近づく／離れて見る」の動作の動作回数は低く（図3参照），1回の持続時間が最も長いということは，観察点の維持を意味しており，デッサンの描画の初期の工程の特徴を示している。

開始55分（図5の②）では，25分頃，「2. 画面に近づく／離れて見る」が再び0秒となり，その後再び持続時間が急増する。一方，「4. 画面を見て描く」には逆の動きが見られた。全形が捉えられた50分直後は調子をのせるために，画面に集中することから4の持続時間が急増し，2の動作の持続時間が一時的に0秒となった。こうした，モチーフや画面の確認に要する2と描画に集中する4の持続時間の対比は，全体の形を捉えるという探索的な工程の特徴を示唆する。

4種類の動作に持続時間に差が見られず，比較的安定した増減を見せるのは，開始90分（③），110分（④）であり，安定した進行によって描写が進められていたといえる。130分（⑤）では，完成に向けて細部の調整を行うことから再び「2. 画面に近づく／離れて見る」の持続時間が一時的に急増した。接近して細部を描きこむ細密描写により画面に遠近感や立体感，存在感が増すことから，画面の進行にあわせて描く姿勢を柔軟に変えることによって画の完成度が高まることを意味している。

したがって，図4および図5において描画動作の生起頻度の時間的推移を検討した結果，各動作の持続時間，生起順の変化からより描画工程を特徴づける変化が確認され，描画の進行に各動作が影響することが示された。6つの描画工程順にあるひとつの特定の動作パターンのみが優勢になるということはなく各行程は複数の動作によって達成されていることが明らかになった。

4　総合的考察

本研究は，描画行為に見られる動作の転換に注目することによって，デッサンの制作過程を報告した。なかでも「見る」行為の役割を，画面上の視覚的変更と同時に，描画者の身体の振る舞いから追うことで，一枚のデッサンの成立過程を検討した。これらの部分を対象とした理由は，デッサンの表現を生む描画行為と，その基に共起する動作の特徴を概観することによって，高度な経験を有する描画者が習得している身体技法，さらに描画行為において身体的要素が果たしている役割の一端が明らかになると思われたからである。

まず，3.1「描画行為を構成する動作の転換の分析」において，本研究で用いた4種類の描画動作が組み合わせで生じることを確認した。観察された11種類の組み合わせパターンの生起量を，序盤・中盤・終盤と均等に時間で分け，そのうち上位4種類のパターンの時間的推移を図2に示し，概観を捉えた。図2より，序盤，中盤では「画面とモチーフを見て描く」の動作回数の増加が顕著であった。一方，「画面に近づく／離れる」という上体の前後動の動作回数の低さは，描く姿勢の安定を示しており，描画は，開始当初の観察点の保持によって成り立っていることがわかった。終盤になると，逆に「画面に近づく／離れる」の動作回数が高まった。ここから，「画面に近づく／離れる」という実際には描く行為ではない描画動作が，デッサンの進行に変化をもたらすことが示唆された。したがって，終盤での「画面に近づく／離れる」とは，画面と自らの身体の距離を調整しながら「見る」ことに従事することであると言えた。

次に3.2「描画工程と描画動作の分析」では，実際のデッサン画に則したデッサンの描画工程を分類し，デッサンの詳細な変化を捉えるため，5分間隔の動作回数と持続時間を分析した。表3に示した描画工程を基に，図3には動作回数の変動，図4には描画工程の各切り換え地点前後の描画動作の比較を示し，最後に図5に上位4種類の動作の持続時間の時間的推移を表した。

デッサンにおいて「描く」という行為自体は，鉛筆をのせる，消す，擦るなど複数の動作で展開される。描く手数を増やすに伴い，その修正や，練りゴムで抜き描く（消す）という手数も増えることから，「描く」は，直接的には描く動作ではない「見る」や「画面に近づく／離れる」動作と同時に成り立っているといえる。例えば図5において，「4. 画面を見て描く」は，「2. 画面に近づく／離れて見る」と交互に持続時間の増減を繰り返す傾向が明らかであった。したがって，従来のようにデッサンの「描く」という側面だけに注目したアプローチの場合，「描く」動作の持続時間が減少することは制作過程の停滞と解釈される可能性がある。しかし，「描く」と「見る」を相補的関係で捉えるならば，デッサンにおいて「見る」という直

接的には「描く」行為ではない働き，すなわち視覚の役割をより具体的に現す「画面に近づく／離れる」動作に着目することが可能であり，デッサンの制作過程についての新たな側面が示されたと言える。

まとめると，本研究で確認された描画行為を構成する複数の描画動作パターンの存在と時間経過に伴う特徴より明らかになったことは，2種の「変化」であると言える。第1に，モチーフの特徴（形，質感，位置する空間など）への探索を画面上に描き表すことで生じるデッサン画自体の「変化」である。表3の描画工程で示したように，各工程は時間的にも内容的にも均一ではなく，反芻される。第2に，そのような「変化」を可能にするための画面と接する身体の「変化」である。「画面に近づく／離れる」動作は，描画の制作過程において，モチーフを画面に描き表すために，「モチーフと画面に表す視覚情報を一致させること」と，モチーフに対する観察点の保持のために「身体と画面との関係を一定に保つこと」を可能にすることが示された。

以上を踏まえ，本項では以下の3つの観点から総合的な議論を行う。まず，デッサンにおける「変化」を支える身体の役割を示す。次に，線による表現としてのデッサンの基盤を示し，最後に今後の課題を述べる。

1 「画面に近づく／離れる」動作に見られる身体の役割

絵画を視覚的に捉えると，「絵画とは，通常の環境の包囲光配列に見いだされるのと同種の情報を含んだ，範囲の限られた光配列を，観察者が，ある観察点[7]において利用できるように処理された面（Gibson, 1971）」である。本実験で描画者は，描く前にモチーフと画面（イーゼル）の位置と向き，自分の座る位置，すなわち観察点の設定に時間を要した。最終的には，モチーフの正面に近い，頭部の回転による横方向の動きを最小限に抑える位置に設定されていた。

また，描画が開始されると，描画者は描くために適切な姿勢を長時間維持する必要がある。姿勢の維持とは姿勢の移り変わりを指しており，こうした微細な修正の過程を運動と呼ぶ（Reed & Jones, 1982）。つまり，姿勢の維持は固定的なものではなく，視覚的情報に応じた，ある姿勢から他の姿勢への変化である。したがって本研究において示した姿勢，すなわち「画面に近づく／離れる」動作は，描画において軸となる「見る」ことを可能にする観察点の保持を担うということを改めて指摘した。

一方，実際のデッサン画と描画動作の特徴から分類された描画工程（表3）とその各工程の切り替わり地点の分析（図3～5）の結果から，「画面に近づく／離れる」行為にはもうひとつの役割を見いだすことができた。工程切り替わり地点の動作回数の変化（図3）と持続時間の変化（図5）を参照すると，次の工程に移る際に「3. 画面に近づく／離れて画面を見て描く」の動作量が増えており，持続時間も減ることはなく，わずかながら長くなる傾向が見られた。ここで観察された3とは，上体を画面から離して距離をもつ「画面の進行具合の確認」と上体を近づけて描く「細密描写」である。3の役割は，その頻度の度合いによって描画の各モードを特徴づけ，画面の完成度を高めていたと言える。以上から，本研究で見られた姿勢，すなわち「画面に近づく／離れる」を含む動作の役割は大別して2つ挙げられ，デッサンの進行の過程において，欠かせない変化であると言えた。

2 跡と表現の違い

デッサンにおける画面と身体による2種の変化は，いずれも視覚的情報によってその動きが制御されていることは明らかだった。ここまでならば，デッサンに限らず痕跡を残す行為など，視覚的制御が必要な手の操作に共通する変化と言える。いずれも手と眼の協調を可能にする姿勢の連続的変化による「運動」の一つに分類される。

しかし，デッサン画と痕跡には，違いがあると考えられる。いずれも行為の経過の現れとして，行為そのものよりもその場に持続する。だが痕跡の場合，使用した道具はもちろん，力の加減や行為者の身体的特徴，時期や状況などもその跡から推測できる。一方，表現というものは，こうした要素すべてを制作者の意図なく露呈するものではない。したがって，通常，ある一定のレベルにある描画者のデッサン画そのものから制作過程すべてを知ることはできない。

本研究において，デッサンの全行程を画面の変化だけでなく，描画動作と共に検討することで得られた「画面に近づく／離れる」という動作の役割は，画面には表現されるものではないが，画面上に描き表すモチーフと周囲との関係を維持するための重要な変化であると言えた。

3　今後の課題

以上の考察から，デッサンの過程において「見る」ことは「画面に近づく／離れる」という上体の前後動作である姿勢に現れ，同時に，「描く」というデッサンの進行を支えていることがわかった。

「芸術は見るための手段にすぎない」と述べたのは彫刻家のジャコメッティであるが（宇佐美，1999），彼は同時に優れた画家，とりわけ稀有のデッサン家であったと評される。矢内原（ジャコメッティ，1994）によれば，ジャコメッティは「見る」という行為を，表現で実現している。つまり，「見る」ことは描くこととそのものではないが，デッサンが「見る」ことの表現である限りにおいて，本研究で得られた分析過程は有効であると考えられた。

最後に今後の課題として，より詳細な身体の動きの分析の必要性が明らかになった。本研究では「画面に近づく／離れる」動作に見られる上体の前後の動きについては述べたが，頭部の微細な上下の動きや左右の動きに関してはふれていない。描画を行う腕の動きについても同様である。こうした動きは，行為者の作業環境を表す一つの指標となるだろう。

注

1) デッサン：Drawing（英），Dessin（仏），Zeichnung（独）。狭義には，①石膏（像），人体，静物デッサン，およびその教科目をいう。さらに，②絵画，彫塑などの下絵という意味もある。最も広義には，③絵画に含まれる形態的要素のすべて，④表現された「ものの真の形体」となる（歌田・柏・建畠・森田，1981）。
2) デッサンにおける「モチーフ」とは，描画対象のことを指す。
3) デッサンにおける「反射光」とは，モチーフを照らす光源の光が，壁や床に当たり反射してモチーフを照らす光を指す。物体の立体感を表現するのに，「ハイライト（最も強く光源の光に照らされる部分），影，反射光，物体が床に落とす影」を意識することが重要とされる（Morris, 2009）。
4) デルナー（Doerner, 1980/1976）によれば，絵画材料の原則は，いかなる方向に属していようと画家すべてに有効である。絵画等，作品の制作をする上で，用いる材料の特性や使用方法についての知識は欠かせないものである。
5) 4種類の動作のうち「c．描く」は，画面と描かれる対象（モチーフ）なくしてはありえないため，単独での生起は生じえない。
6) 描画者はデッサンを行う際（時間の制限がある場合は特に），モチーフの難易度や自らの技術力から，どの工程にどれほどの時間をかけるか等を考慮する。こうした時間配分は，描画の行程（構図をとる，形をとらえる，描写する等）の内容が必ずしも均質なものではないことから，時間的に均等に配分される必要はない。
7) Gibson（1979）は，観察点（point of observation）を，抽象空間での幾何学的な点としてではなく，空虚な空間を考える代わりに，物質で満たされている生態学的空間の中の一つの位置を意味する。それは，観察者が存在するところであり，そしてそこから観察するという行為がなされるところである。

引用文献

ベルンシュタイン，N. A. (2003). デクステリティ巧みさとその発達（工藤和俊，訳・佐々木正人，監訳）．東京：金子書房．(Bernstein, N. A. (1996). On dexterity and its development. In M. L. Latash & M. T. Turvey (Eds.), *Dexterity and its development*. Mahwah, New Jersey: Lawrence Erlbaum Associates.)

Berlyne, D. E. (1960). *Conflict, arousal and curiosity*. New York: McGraw-Hill.

デルナー，M. M. (1980). 絵画技術体系．ハンス・ゲルト・ミュラー，第14版改訂（佐藤一郎，訳）．東京：美術出版社．(Doerner, M. M. (1976). *Malmaterial und seine Verwendung im Bilde, neu bearbeitet von Hans Gert Müller, 14*. Stuttgart : Ferdinand Enke.

ジャコメッティ，A. (1994). アンドレ・パリノとの対話．矢内原伊作・宇佐美英治・吉田加南子（訳），エクリ（p.147）．東京：みすず書房．(Giacometti, A. (1990). *Écrits*. Paris : Hermann.)

Gibson, J. J. (1971). The Information available in pictures. *Leonardo, 4*, 27-35.

Gibson, J. J. (1979). *The ecological approach to visual perception.* Boston: Houghton Mifflin.

梶本信幸・植田理沙・三好賀晴・中村元美・松田憲幸・瀧寛和. (2002). デッサンの誤り可視化に関する可視化条件の分析（小特集：「Semantic Web とインテリジェントコンテンツ」および一般）. 知識ベースシステム研究会, 57, 7-12.

橋本光明・中山実・清水康敬. (1995). 子どもの描画活動における視点移動と評価の関係. 日本教育工学雑誌, 19(3), 151-158.

廣田まりも. (2003). デッサンにおける観察力の重要性と美術解剖学の役割. 美術解剖学雑誌, 8(1), 93-99.

本間学・北浦肇. (1998). コンピュータ・グラフィックスを用いたデッサンの方法——鉛筆デッサンとの比較. 日本教育工学雑誌, 22, 37-40.

本間学・北浦肇. (1999). コンピュータ・グラフィックスを使ったデッサンの評価法の提案. 日本教育工学雑誌, 23, 33-38.

市野順子・田野俊一. (1999). デザイン描画を支援するユーザインターフェース. 電子情報通信学会論文誌. J82-D2(10), 1693-1709.

岩城朝厚・前野浩孝・六十谷伸樹・中田早苗・曽我真人・松田憲幸・高木佐恵子・瀧寛和・吉本富士市. (2005). 学習者のデッサン描画時における腕動作・視線・認識の分析. The 19th Annual Conference of the Japanese Society for Artificial Intelligence.

Igarashi, T., Matsuoka, S., & Tanaka, H. (1999). Teddy: A Sketching. Interface for 3D Freeform Design. *ACM SIGGRAPH '99*, 159-160.

絵画技法研究会. (2004). スーパー鉛筆デッサン——わかりやすい基本の基本徹底ガイド. 東京：グラフィック社.

Lee, D. N., & Lishman, J. R. (1975). Visual proprioceptive control of stance. *Journal of Human Movement Studies, 1*, 87-95.

Morris, R. (2009). *5 simple tricks to bring light and shadow into your designs.* http://www.smashingmagazine.com/2009/04/20/5-simple-tricks-to-bring-light-and-shadow-into-your-designs/（情報取得 2009/10/15）

Moran, D. W., & Schwartz, A. B. (1999). Motor cortical activity during drawing movements: Population representation during spiral tracing. *The Journal of Neurophysiology, 82*(5), 2693-704.

野間清六・谷信一（編）. (1952). 日本美術辞典. 東京：東京堂出版.

岡田猛・横地早和子・石橋健太郎. (2004). 芸術創作プロセスの理解に向けて——認知心理学の視点（特集 創造的活動の理解と支援）. 人工知能学会誌, 19(2), 214-221.

Reed, E. S, & Jones, R. (Eds.). (1982). *Reasons for realism: Selected essays of James J. Gibson.* Hillsdale, NJ: Erlbaum.

リード, E. S. (2006). 伝記 ジェームズ・ギブソン——知覚理論の革命（佐々木正人，監訳 柴田崇・高橋綾，訳）. 東京：勁草書房. (Reed, E. S. (1988). *James J. Gibson and the psychology of perception.* New Haven and London: Yale University Press.)

坂井孝光・中村清実. (2002). 顔の移動を許容するリアルタイム電子瞳孔計の開発. 電子情報通信学会技術研究報告, 102(89), 13-16.

佐藤聖徳. (2004). 美術・デザイン系大学におけるデッサン指導の発展的試み. 静岡文化芸術大学紀要, 4, 153-162.

Stoffregen, T. A., Smart, L. J., Bardy, B. G., & Pagulayan, R. J. (1999). Postural satabilization of looking, *Journal of Experimental Psychology: Human Perception and Performance, 25*, 1641-1658.

Stoffregen, T. A., Bardy, B. G., Bonnet, C. T., Hove, P., & Oullier, O. (2007). Postural sway and the frequency of horizontal eye movements. *Motor Control, 11*, 86-102.

田淵昭雄・福島正文・梶川泉. (1983). 小児の視運動機能の発達 3——眼－頭位協調運動について（第48回日本中部眼科学会 特集 4）. 日本眼科紀要, 34(6), 1212-1215.

高木佐恵子・松田憲幸・曽我真人. (2003). 初心者のための基礎的鉛筆デッサン学習支援システム, 画像電子学会誌, 32(4), 386-396.

辻達也・坂口仁美・高木佐恵子・松田憲幸・瀧寛和・曽我真人・岩崎慶・吉本富士市. (2004). 初心者のための鉛筆デッサン学習支援システム——陰影指導への拡張. 情報処理学会関西支部 支部大会, A-22.

宇佐美英治. (1999). 見る人——ジャコメッティと矢内原. 東京：みすず書房.

歌田真介・柏健・建畠哲・森田恒之. (1981). デッサンの道具・材料＋用語事典. 美術手帖増刊（特集 デッサン——見ること描くこと）, 484, 153-210.

吉田直子. (1981). 描画活動における視覚的探索活動：専門家と初心者の比較. 教育心理学研究, 29(2), 157-160.

和田隆人・原章訓・古賀俊廣・曽我真人・松田憲幸・高木佐恵子・瀧寛和・吉本富士市. (2006). デッサン学習者の身体動作分析に基づく診断助言機能を持つデッサン学習支援環境. 人工知能学会全国大会論文集, 20.

(2007.4.17 受稿, 2010.6.25 受理)

日米での日本人女子大学生の化粧行為の形成と変容
―― 文化の影響の視点から

木戸彩恵　京都大学教育学研究科
Ayae Kido　Graduate School of Education, Kyoto University

要約

本論文の目的は，女性の化粧行為の形成と文化移行による変容について，その過程とダイナミズムを捉えることである。調査では，定常的に化粧行為をする／しない選択をおこなった日本と米国の大学に通う女性 9 名の調査協力者に対して，半構造化インタビューを実施した。インタビューによって得られた調査協力者の化粧行為にまつわる語りに対し，文化心理学の記述モデルである複線径路・等至性モデル（Trajectory and Equifinality Model：TEM）を用いて，時系列に沿ったモデルを作成した。さらに，個人の選択を方向づける社会・文化的影響についての分析をおこなった。結果として，①女性の化粧を促進する社会・文化的影響が強い日本では，化粧行為形成に至るまでに，「受身的化粧」「自発的化粧」という 2 つの種類の経験をすること。②文化的越境を通じて異文化に身をおくことは自文化で培われた行為を相対化して見なおし，新たな習慣の形成と変容のための契機となり得ることが明らかになった。

キーワード

化粧行為，複線径路・等至性モデル，文化移行，変容過程，半構造化インタビュー

Title

A Cultural Perspective on the Role of Makeup in the Different Settings in Japan and the United States Among Japanese Female Students

Abstract

This study was designed to elucidate the processes and dynamics underlying the application of cosmetics by women. I conducted semi-structured interviews with nine Japanese women who do and do not use makeup. By applying the Trajectory and Equifinality Model (TEM) to the interview data, I constructed a model of the chronological order make-up acts generated and analysed the influence of society/culture on personal choices. The analyses revealed that women experience two stages ([passive makeup] [voluntary makeup]) in their relationship with cosmetics and that these serve as cues for different cultural situations. These steps also cause "self-reflection about the value and meaning of makeup" and transform a newly acquired habit into a cultivated acts.

Key words

makeup, Trajectory and Equifinality Model (TEM), cultural transition, processes of change, semi-structured interview

0 はじめに

化粧は「ケア」と「ビューティフィケーション」の2つの側面をもつ。前者は，自己や身体を慈しむ行為であり，手入れ，健康の維持といった目的も含まれる個人内的（intra-personal）な性質をもつ。一方，後者は自分らしさをアピールするための「他者」を想定し，他者との対峙を目的とする対人的（inter-personal）性質をもつ。後者の意味において化粧は社会心理学的な意義をもつこととなる。大坊（1997）は化粧の対人的機能に焦点をあて，化粧の意味を「変身」と「粧う」こととした。「変身」は，素顔に色彩を施し，眉を描き直したり，まつげを長くするなどして構造的には容易には変えられない顔の特徴を操作し，印象を変えようとする意図が含まれる。一方，「粧う」はいつもの自分に手を加え，恒常的に一定の対人的効果を目指すものであり，いわば自己の「改善」行為として機能する。

化粧とその行為を媒介する化粧品のはたらきは，一見すると独立した機能をもちながらもそれぞれが複雑に連関しながら化粧行為を成立させている。それらは，文化・社会的文脈により異なる意味をもつ。

1 問題

1-1 現代日本における化粧のあり方とその特徴

現代の日本では一般的に，化粧は成人女性の身だしなみであると指摘されており（岡村・金子，2005），女性の多くが（濃さや施し方の程度に差はあるものの）化粧をしている[1]。阿部（2002）によれば，世代によって若干の差はあるものの，ほとんどの女性が化粧を何らかの形で習慣として取り入れている。実際，木戸・サトウ（2004）の101名の女子大学生を対象とした質問紙調査でも，日常的に化粧をしないと回答した者は13名（12.9%）であった。しかも，日常的に化粧をしないと回答した者もどんな時でも全く化粧をしない（もしくは，した経験がない）わけではなかった。その理由として，化粧の本格的な習慣化は，成人としての社会参入条件である（阿部，2002）ことが指摘されている。石井・石田（2005）もまた，文化的に横並び意識が強いとされる日本では，「目立たない外見でないと社会からバッシングされるという恐怖感と，美しくないと生きづらいという二重条件のなかで暮らしている（p.49）」と述べている。

特に，1960年以降，ナチュラル・メイクアップは人工的ではない自然な持ち味を生かしながら，各自の個性を志向するための化粧のテクニックとして確立され，化粧品の開発技術とともに発展してきた（村澤，1992, p.183）。ナチュラル・メイクアップは日本に特有のテクニックであり，ナチュラル・メイクアップは，目立つことや派手さを求めるのではなく，自分を平均に近づけるための化粧や「人並み」を目指しつつ，個性を表現するという目的をもつ実践と位置づけられる。このことは，日本のみにみられる特徴というわけではないが，全ての文化において日本女性のような化粧の仕方が求められているわけでもない。総じて，現代の日本人女性は，程度の差こそあれ化粧をする選択をするよう方向づけられていると言えるだろう。

1-2 化粧研究における文化・社会的アプローチの必要性

従来，社会心理学の領域において化粧行為は容貌印象管理の一環として研究されてきた。たとえば，大坊（2004）は，化粧を社会的スキル（social skill）とみなし，化粧のもつ心理的な働きとは，1）自己満足感と対人的な効用といえる役割遂行，2）自己呈示を通じてなされる自尊心の向上，3）他者からの評価向上による満足感であるとしている。また，キャッシュ・ドゥーソン・ディビス・ボウエン・ガルベック（Cash, Dawson, Davis, Bowen, & Galmbeck, 1989）は女性の身体的魅力と化粧の関連を，ルッド（Rudd, 2000）は，女子大学生のボディイメージと化粧を含む容貌印象管理行動の関連をそれぞれ見出している。

確かに，化粧はその機能の一部として対人関係や，コミュニケーションに重要な機能をもつ。それゆえ，有機的に連関する文化・社会的文脈からの影響を無視

することはできない。しかし，これまでの社会心理学的研究の知見はそれらの一側面を捉えているにすぎない。

個人と個人が生きる文脈は，文化的に構成されており（Valsiner, 2000），人生における発達のなかで，ある行為や習慣，思考を獲得する（獲得しない）選択プロセスや関わり方は多元的で多様であるといえるだろう。心理学において，このような状況に埋め込まれた文化的存在として人間を捉える方法として，文化・社会的アプローチがある。個人に形成された文化的行為は，個人レベルの文化として多様性をもちつつも，その根源として，文化としての共通性をもつものとなる（小嶋，1995）。中学や高校では化粧をして登校することが校則で明示的に禁止されることが多いが，他方で（高校生であっても）就職活動をする際や一社会人として正式な場所に出る時には，化粧をすることが求められる。また，大学での就職活動に際して，学内での就職活動セミナーなどでポジティブな対人的効用を得るために化粧指導をされ，化粧は促進される。こうした状況において化粧をやめる選択をするものは少なく，多くの女性は化粧をするようになっていく。化粧を日常的にしない選択は可能でも，一度選択をした後に元に戻すことは難しい。このような文化的状況と本人の志向性のせめぎ合いの中で形成・維持・変容していく行為として化粧行為を取り扱うことによって，新たな側面を明らかにすることが可能になるだろう。

1-3 文化心理学の視座

ところで，個人が状況に埋め込まれた社会的存在である限り，自らが浸っている文化のもつ意味について意識することはほとんどない。箕浦（1984）は，異質な意味空間に接触したとき，自分の住んでいる意味空間の特質が鮮明に意識にあがり，他者に報告可能なものとなると指摘している。これを化粧行為の文脈で捉えると，化粧が日常的行為とされない文化的状況に身をおいた場合，化粧という行為自体が異なる意味として経験される可能性があるということになる。通常，このような現象をあつかう際には，文化適応（acculturation）という用語が用いられ，プレ・ポストでの変化が研究の対象となる。しかし，海外に行くとは，個々人の内側の一部分となった意味空間をもったまま，異文化の物理的・生態的・社会的環境に入る（大橋，2002）ことを意味する。そのため，本研究では文化移行（cultural-transition）という用語を用いる。こうした前提に立つことで，化粧を文化的実践とし，異なる記号体系[2]をもつ2つの文化的状況において化粧を経験した者に焦点を当て，行為主体が纏う文化のあり方を明らかにしたい。個人を取り巻く社会システムとしての状況と社会生活の中での実践の2側面から，文化の影響と個人の認識との関連を捉えようとすると，従来の比較文化心理学で行われてきたような研究方法で捉えることが難しくなる。実際，研究室内での実験や調査といった量的研究では，社会で生起している現象を再現することは不可能に近い。出来事が自然の流れのなかで生起する現実の世界から導き出される結果と，統制変数を用いた実験室実験によってもたらされる結果は異なるのである（Strauss & Corbin, 1998）。

現実の問題に対する解答は，文化が与える特定の仮定や視点に依存する。また，解答に達する方法や問題や答えを構成するものも，その状況の条件に依存しており，普遍的ではない（Cole, 2002/1996）。心理学において文化にかかわる問題を取り扱う領域として，文化心理学がある。文化心理学はフォークサイコロジー（folk psychology）[3]の流れを汲む学問である。その有力な方法の一つとして質的手法が用いられている（例えば，サトウ・高砂，2003）。

ヴントは，実験的な内観が適用できない分野に対しては，観察と記述の理解を軸とする方法を用いていた（Flick, 2002/1995）。また，ブルーナー（Bruner, 1999/1990）も同様に，フォークサイコロジーの必要性を意識しており，「何が人間をそのようにふるまわせているかということを文化によって説明する学問」として定義づけている。記述，叙述的な方法（discursive method）は個人の発達と文化の関係を解くのに欠かせない。こうした事実は，近年の思想史におけるナラティヴ・ターン（narrative turn）として，語りやフォークサイコロジーが再び見直されていることに連動している。語りを用いて，個人にとっての発達の時間的認識と空間的認識の在り方を捉えることで，個人の経験である「意味の行為（Bruner, 1998/1986）」を一つのまとまりをもった世界として描き出すことができる。

要するに，化粧の多様性ということで意味するのは，特定の文化における実践として化粧を捉え，その発生・維持・変容もしくは消滅の過程を見ていくことが必要だということである。つまり，個人の化粧行為を，動機や興味，対人的意味や機能から分析することではなく，時間的経緯の中での環境との相互作用に焦点をあてて分析することが必要なのである。

1-4 複線径路・等至性モデル

本研究では，日本で育った者だけでなく，日本で育ち，化粧行為を形成した後に海外留学を体験した者に焦点をあて，化粧行為の形成と変容のダイナミズムを捉えたい。そのための分析枠組みとして，ヴァルシナーとサトウ（Valsiner & Sato, 2006）による複線径路・等至性モデル（＝Trajectory and Equifinality Model: TEM）を採用する。複線径路・等至性モデルは，歴史的構造化サンプリング（Historically Structured Sampling: HSS）の概念にもとづく。歴史的構造化サンプリングとは，人を文化・社会のような「外的要因と不断に相互作用する開放システムとしてみなしたうえで，等至点[4]となる事象を研究対象として抽出」するための，文化心理学の新しいサンプリング法[5]（サトウ・安田・木戸・髙田・ヴァルシナー, 2006）であり，理論的側面から複線径路・等至性モデルと歴史的構造化サンプリングの概念は不可分である。つまり，複線径路・等至性モデルとは人間発達における時間的変化と文化・社会というシステムとの関係性の中で，人の行為の遂行や選択ならびにその結果として起きる発達的現象について，その時間的経緯や社会的文化的背景の多様性を記述する分析枠組みである（Sato, Yasuda, Kido, Arakawa, Mizoguchi, & Valsiner, 2007; Valsiner & Sato, 2006 など）。

なお，本研究では方法論的な新たな試みとして，人の選択を制約し方向づける力である社会的方向づけ[6]（Social Direction = SD; Valsiner, 2001）をモデルに反映させ，主としてその分析を行うことにより，個人の選択と社会的方向づけのダイナミクスを捉えたい。

2 目 的

個人のもつ文化は，歴史的に構築された，多様だがある程度の制約をもつさまざまな可能性の中で，個人が選択的に取り入れて形成するものである。個人は，属する文化内での習慣的な行為を多くの場合，意識せずとも取り入れ，実践している。特に，日常的行為については，その前提が疑われることは少ないといえるだろう。

そこで，本研究では，化粧という行為を，個人の発達と個人が生きる文化的文脈との相互作用によって構成される文化的行為として捉え，その行為の形成・維持・変容のダイナミクスを明らかにした。そのために，複線径路・等至性モデルを理論的枠組みとして採用し，1）自文化内における化粧行為の形成・維持過程の分析，2）日本からの文化移行を経験した女性の化粧行為の変容・維持過程の分析を行う。

3 方 法

本研究では，目的において述べた2つの調査から，個人が文化的行為として意識していないが，実際には大きく文化からの影響を受けている事象が，文化移行という経験を通し，いかなるプロセスを辿りながら変容していくかについて女子学生への半構造化インタビューをもとに検討していく。

3-1 調査対象者の選定および属性

歴史的構造化サンプリングの理論にもとづき，個人の経験を軸に調査協力者を選定した。本研究におけるサンプリングのポイントは以下の2点である。①日本において化粧行為をする／しないという選択を行った女子学生，②あらかじめ日本での化粧行為を獲得したのちに文化移行を経験し化粧行為を選択した米国に在住の女子学生。

調査 1 では，日本にある私立 A 大学に在籍する女

表1　調査対象者一覧

調査1

調査対象者	年齢
マキ	18
ユイコ	18
ハルナ	19
ユミ	19
エミ	21

調査2

調査対象者	年齢	アメリカでの滞在年数	アメリカ以外の海外在住経験
ナツコ	23	7ヶ月	ニュージーランド(1年間)
カヨ	32	10年	なし
ユキ	22	3年	なし
ルミ	23	4年	イギリス(6年間)

子学生5名（18歳から21歳まで）を対象とした[7]。また，調査2では，米国にある私立E大学在籍の女子学生4名（22歳から32歳まで）を対象とした。なお，米国での滞在年数は7ヶ月から10年（平均4年），米国もしくはそれ以外の海外在住経験が1年以上ある者を対象とした。調査1・2ともに，対象者はスノーボールメソッド[8]にて募った。表1として，調査対象者一覧を示す。調査に際してこれら計9名に対して，個別の半構造化インタビューを実施した。プライバシー保護の観点から名前は仮名を用い全て匿名化している。

3-2　インタビュー手続き

調査者自身が半構造化インタビューを実施した。インタビューは，個別に一度ずつ行った。事前に許可を得た上でMDにインタビューを録音した。録音したインタビューは一次資料とし，トランスクリプトに起こしてテクスト化したうえでカード化した。分析には，カード化したデータを用いた。

3-3　分析手続き

分析は，複線径路・等至性モデルの枠組みに基づいて行った。以下に，具体的な分析手続きについて記述する。

インタビューから得られた各々のナラティヴ・データを，意味のまとまりごとに断片化してカード化した上で，調査対象者によって語られた内容を出来事が生起した時系列に沿って並べた。語られた言葉から抽出した経験については，その経験を端的に表現する言葉を，各経験を表す見出しとして付与した。等至点は，化粧行為が「日常化する／しない」という選択が恒常的に決定された時点とし，化粧行為の認識から選択に至る径路を描いた。なお，モデルの中で，実線は実際に調査対象者が辿った径路を示しており，破線は今回の調査対象者は通らなかったけれど，理論的にとりうると予測される径路を示している。

4　調査1　日本人女子学生の化粧行為形成過程

4-1　目的

日本の大学に通う女子学生を対象に，日常的な化粧行為がいかに形成され実践されているか，文化・社会的文脈を含めた過程を半構造化インタビューによる調査からボトムアップにモデル化することを目的とする。

4-2　質問項目

木戸・サトウ（2004）の調査結果などを参考に論理的に多くの者が共通して経験しうると想定できるポイ

ントに関する項目を，質問項目として設定した。質問項目は下記の7つの項目であったが，調査対象者とのインタビューの中で必要に応じて質問を追加した。

1) 身近な他者は，どのような化粧をしていたか
2) 身近な他者は，化粧に対してどのような態度をとっていたか
3) 身近な他者の化粧にあこがれたか
4) 初めて化粧をされたのはいつ，どのような場面においてか
5) 初めて自分で化粧をしたのはいつか
6) 化粧が日常的行為となったのはいつか
7) 自身にとって化粧はどういうものであるか

4-3 結果

調査対象者5名のサンプリングに際して，日常的に化粧行為をする者は4名，日常的に化粧行為をしない者は1名であった。化粧行為の選択に際して共通してみとめられた必須通過点（Obligatory Passage Points＝OPP）は，1) 受身的化粧と，2) 自発的化粧であった。OPP2の自発的化粧は，2期に分けられた。第1期は，部分的化粧期であり，第2期は，本格的化粧期である。この過程において，4つの社会的方向づけ（SD）がみとめられた。これらをそれぞれ，SD1「興味喚起」，SD2「コミュニティ内の選択透過」，SD3「規範意識に基づく他者からの化粧の抑制」，SD4「規範意識に基づく他者からの化粧の促進」とした。とりわけ，化粧を促進する社会的方向づけは強く，個々人の経験は共通したパターンをもっていたため複線径路・等至性モデルの中に反映させた（図1）。以下では，作成したモデルの必須通過点とそこに影響を与える社会的方向づけについて時系列に沿いながら考察を試みたい。なお，個人の辿った径路は調査全体の図からは見えにくい。そのため，化粧開始に重要となる出来事をまとめ，表として提示する（表2）。

4-4 考察

（1）自発的化粧の開始

自発的化粧とは，基本的に本人の自発的な選択によって開始される化粧行為をさす。自発的に化粧を選択しなかった者は，本調査の対象者の中では1名のみであった。そのため，本研究では化粧をしない対象者の径路は単一な径路として「日常化しない」にむかう実線の矢印で提示している。化粧をしない選択にも，多様な径路が存在すると考えられるが，それは今後の検討課題としたい。

自発的化粧の始まる時点は，中学入学時期である12歳と，高校入学時期である15歳に集中していた。他方，木戸・サトウ（2004）の研究では，化粧開始は15歳と17歳に集中していた。これらの時期にはずれがあるものの，いずれも，進学や就職などの時期にかさなる。

さらに，自発的化粧は段階的である場合もある。段階的な化粧の開始は，1) 眉毛を整えて描く，リップクリームを使用する，肌の荒れを隠すためにファンデーションを塗り始めるなど，顔の特定のパーツのみに限定して部分的に化粧（以下，部分的化粧とする）が始まる時期と，2) 顔全体に化粧を施す，本格的な化粧（以下，本格的化粧とする）が始まる時期の大きく2つに分けられた。以下にそれぞれの時期の特徴を記述したい。

部分的化粧　学校制度や親のもつ化粧観などといった制度的制約の中で，周囲から気づかれない程度で顔の一部分に化粧を施す行為を本研究では部分的化粧と呼ぶ。対象者が部分的化粧を始めていた理由は，大きく2つにわけられた。それぞれ欠点克服型とポイントメイク型である。化粧のはたらきは，基本的に「隠す」と「見せる」という2つの要素から成り立つ（大坊，2001）。欠点克服型は，自己の欠点やコンプレックスに感じている顔の部位をカモフラージュする「隠す」化粧をとなる。一方，ポイントメイク型は，「見せる」化粧であり積極的な自己表現として機能する。ここで，それぞれのタイプについてその特徴と，代表的な対象者一名ずつを事例として提示する。

欠点克服型　欠点克服型化粧の代表的な事例としてマキの事例を紹介したい。マキは，中学に入学してすぐの頃，第二次性徴に伴う身体的変化として，ニキビに悩まされた調査対象者である。マキは，母親から化粧品を買うお金をもらい，近所のドラッグストアで一通りの化粧品を買い揃えた。ニキビを隠すことを目的としてファンデーションを使用し始めたが，化粧を

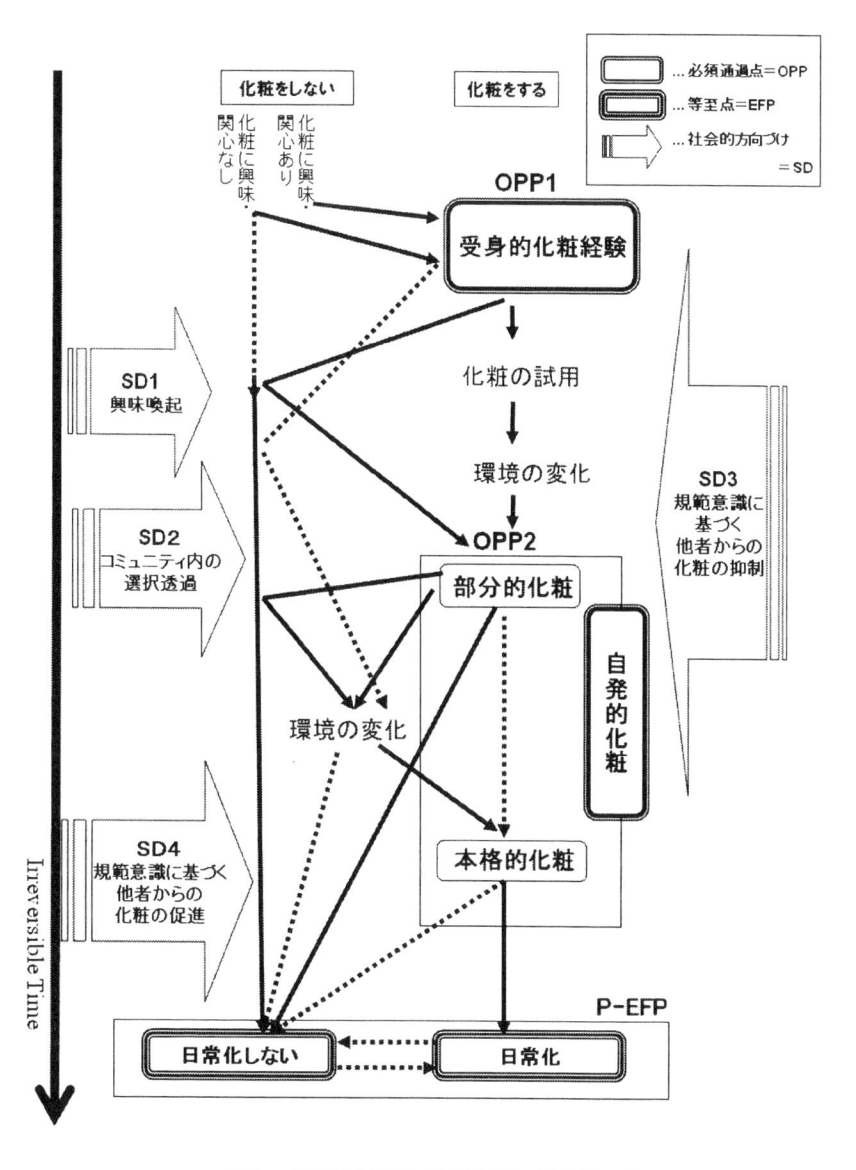

図1 化粧行為選択の複線径路・等至性モデル

特に禁止されない学校であったことと，特に母親から化粧を禁止されることもなく，すぐに本格的化粧を開始していた。

ポイントメイク型　化粧を始める時期には，自己と他者の比較や情報交換が頻繁に行われる。特に近年では，その特徴として目元を強調してみせる化粧方法が好んで用いられている。ポイントメイク型の化粧の代表的な事例として，ユミの事例を挙げる。

ユミは，アイブロウ（眉毛）の手入れやマスカラの塗布など，目元の化粧に特に力を入れ部分的化粧をはじめた。ユミの化粧開始のきっかけは，中学に進学し，入部した部活の先輩たちがしている化粧に憧れをもったことによる。彼女にとって，中学生が化粧をすることは，「あたりまえ」の行為であり，おしゃれを目的とした化粧により，理想となる中学生像に自分自身を近づけていた。

表2　調査1調査対象者の化粧行為選択の概要

	マキ	ユイコ	ハルナ	ユミ	エミ
受身的化粧	7歳	3歳	小学校2年生か4年生くらい	5歳	20歳
	七五三	写真館の写真撮影	バレエの発表会	七五三	成人式の写真撮影
化粧を認識	七五三以降			七五三以降	無回答
	おばさんのする行為として否定的に認識	無回答	無回答	母親が化粧をしているのを見て肯定的に認識	母親のしている化粧を見て
化粧の試用			小学校高学年	小学校3年生	
	無し	無し	子ども用のネイルやパウダー	母親の化粧を持ち出して遊ぶ	無し
化粧品を持ち始める	中学1年生	高校1年生	小学校高学年	小学生のころ	
	部分的化粧開始と同時期	部分的化粧開始と同時期	子ども用のネイルを母親に買ってもらう	ネイルを母親に買ってもらう	無し
自発的化粧（部分的化粧）	中学1年生	高校1年生	中学1年生	中学1年生	
	ニキビとか出てきたため、赤みを隠すためにファンデーションを使い始める	高校で化粧をしている人がいたので影響を受け眉毛の手入れとマスカラを開始	肌のテカリを抑えるパウダーとビューラーを使い始める	通学するときに眉毛を描く	無し
本格的化粧	中学1年生	高校3年生3月（大学入学前）	中学3年生	高校1年生の夏	
	ファンデーションを最初にしたため、全体的なバランスをとるため、フルメイクを開始	母親とともに百貨店の化粧品カウンターにて化粧品を購入	塾に通い始めたため	学校にフルメイクで登校しはじめる	無し
現在	日常的に化粧をする	日常的に化粧をする	日常的に化粧をする	日常的に化粧をする	化粧をしない

　ユイコもこうした時期に化粧を開始した女性の一人である。高校進学と同時に眉毛を整える，マスカラをつけるなど，部分的な化粧を開始したユイコは，その時のことについて次のように語っていた。

> 周りにもう既に入学式から化粧をしているような子がいて，ちょっと家から遠い高校にいったので違ったんです雰囲気が。中学は地元だったから田舎やったんですよ。でも，高校は何かちょっとだけ都会やったんですよ。派手な子がいて。

　ユイコは，新しい環境である高校の生徒に対して，派手＝都会的というイメージを抱いているし，その印象は化粧する同級生によって作り出されていた。彼女は，化粧をしない自分に恥ずかしさを感じ，そこに馴染むために自分も化粧を始めるべきであると判断した。

進学と同時に始まる化粧は，ユイコの事例に代表されるように，思春期にあたる。このような時期に人は，新たな生活・環境への参入や新しい人間関係の構築など，複雑な変化を経験する（Sadker & Sadker, 1996/1994）。また，自己意識の発達に伴い，外見への意識もより強くなる。化粧の開始は，こうした複雑に絡み合った社会的な影響を反映しているといえるだろう。

　本格的化粧　本格的化粧とはいわゆるフルメイクを指す。化粧の開始に至るには，環境的変化を契機とする場合と，身近な他者などからの促進を契機とする場合の2種類の径路があった。

　環境的変化をきっかけとして本格的化粧を始める調査対象者は，進学や，通塾の開始などといった環境の変化と，属する環境の中での制約の緩和をきっかけに，隠れた行為としておこなっていた化粧を他者からも認

証された行為へと変容させていた。中学入学と同時に，部分的化粧を始めたユミは，高校入学後に本格的化粧を開始した。その経緯を彼女は，「電車通学をするようになり，他校の生徒など色々な人と会う機会が増えた」ことと，「部活動の先輩が化粧をしていたから」と語っていた。

なお，身近な他者などからの促進を契機とする場合については，社会的方向づけ4を参照されたい。

（2）それぞれの時期に影響する社会的方向づけ

さて，受身的化粧から自発的化粧へと至る過程の中では，それぞれの時点において4つの異なる社会的方向づけが作用していた。ここからは，それぞれの社会的方向づけがどのように作用したかについて，具体的なデータを援用しながら解釈をしていきたい。

社会的方向づけ1　興味喚起　自発的化粧に至るまでに，化粧への興味を喚起する社会的な働きかけがある。まずはじめに，自発的化粧に至る前に訪れるこの社会的方向づけについて述べたい。

この働きかけを，社会的方向づけ1「興味喚起」とする。今回の調査協力者に限っていえば，社会的方向づけ1は全員にとって児童期前後に経験されている。この時期は，化粧に興味はあるもののすぐに化粧を始められる年齢ではないため，化粧品を大人に内緒で使用してみる「化粧の試用」という行為がみられる。ハルナは「化粧品の試用」について，次のように語っている。

> 化粧品を買った……えー……中2のときに何かもう粉とかそんなんは買ってましたけど，あ，でもマニキュアとかは結構，小学校の時から何か子ども用とかの買ったりとか，何かキキララとかの何か匂いがするのとか持ってました。
> （中略）
> それも友達に感化されて買ったとか。友達がつけよったから，ああ，こんなんもつけるんやって思ってつけた。

「化粧の試用」は，社会化の先取り（anticipatory socialization; Stone, 1962）として位置づけられる。母親の化粧行為や，メディアから発信される情報としての芸能人やモデルのイメージ，それに対する憧れから，化粧を遊びに取り入れることにより，対象者は少し背伸びをした感覚を実感する。また，友人やきょうだいと共に化粧品の試用をする場合もある。化粧行為が友人への同調行動となり，化粧を介在するコミュニケーションや，社会的適応がはかられて，自発的化粧へと至るといったように，化粧の開始に直接的に影響していた。

社会的方向づけ2　コミュニティ内の選択透過　次に，自発的化粧としての部分的化粧が始まる時点での外部からの促進的影響について触れたい。特に進学や通塾の開始などによる環境や人間関係の変容によるところが大きい。

ハルナとマキは「化粧に特に興味をもっていなかったが，周囲の友人が化粧をしていることに影響を受けて化粧を開始した」と述べていた。このように，友人関係は化粧の開始時期に影響している。互いに化粧を施しあう行為は，スキンシップとなり，スキンシップによって心的距離を縮めることが可能となる（春木，2002）。さらに，化粧をしていることを先生や先輩に知られないようにするという秘密の共有や情報交換の側面からも，化粧が人間関係をより親密にするための媒介となる。化粧は新しい状況下で友人を選択し，獲得する際に有効な手段ともなりえるようである。

親による化粧品購入時の金銭的援助も，化粧行為に強く影響すると考えられる。金銭的援助を受けることは，同時に親から化粧を容認されていることを示す。特に，年少であればあるほど，自由に使用できるお金が少ないことからも，親からの金銭的援助の影響は大きいといえる。

社会的方向づけ3　規範意識に基づく他者からの化粧の抑制　社会的方向づけ3は，社会的方向づけ2と同様自発的化粧の中でも部分的化粧にあたる部分での社会的方向づけである。対象者の中で，化粧を部分的化粧にとどめる，もしくは，学校では日常的に化粧をしないという選択をしていた者がいた。それは，自発的な選択として化粧を開始したものの，第三者から「まだ化粧をする年齢ではない」という考えに基づき抑制された結果として語られていた。

社会的方向づけ3が影響する時期の化粧行為の質を決定する要因としては，学校や親など，関わりをもつ大人からの影響が大きい。その影響の大きさは，自発

的化粧が2期に分かれることからも推測できる。特に，中学・高校生は，学校という制度の中で，「学生らしさ」を求められる存在である（藤井，1991）。一部の学校の校則では，（中学・高校の）生徒は化粧するべきでないと考えられ，学校において定められた規制に従うことが求められる。こうした場合，生徒は進学や成績評価などへの影響を考慮し，教師や周囲の大人の意見に従うようになる。

社会的方向づけ4　規範意識に基づく他者からの化粧の促進　社会的方向づけ4は，本格的化粧に参入させるための外部からの方向づけである。身近な他者からの促進を契機として化粧を開始した対象者は，「大人として認められる年齢」の訪れとともに化粧を始めるように勧められていた。こうした促進にも様々な形がありうるが，代表的な事例としてユイコは次のように語っていた。

> 急にある日，化粧品揃えに行こうって，いきなり（親に）連れて行かれたんですよ。大学やしって。多分お母さんが高校出てすぐ働いていたんですよ。だから，高校出たら化粧みたいなあれがあるのかも知れない。

ユイコの母親の行為は，社会的方向づけ4として捉えることができる。本格的化粧の開始に影響を与えるこの社会的方向づけは，特に母親，きょうだい，友人などの親しい存在からの促進的力が強いことが特徴的である。程度や形式に差はあるが，ユイコのように大学入学を機に化粧品を買いに行く，アルバイト時に化粧をするなどといったように，個人の社会化を主たる目的とする，さまざまな化粧を促進する方向づけが存在する。

社会的方向づけ4は，社会的方向づけ2と似た働きに見えるが，性質は大きく異なる。社会的方向づけ2での化粧の促進は，学校や友人関係という小さなコミュニティの中での方向づけであり，限定的な場におけるローカルな要請である。一方，社会的方向づけ4は，文化・社会的な（化粧が世間での一人前の大人としてのたしなみであると考えるような）影響がより直接的に関わる。「化粧は社会における女性のマナー」という考えは，特定の文化・社会的状況の支配的な語りとして捉えることができる。ここで留意すべき点は，それは多くの場合，あたかも主体にとって自発的な選択のように認識されていることである。

社会的方向づけ4に関連して，化粧をした顔が社会的な場面における自己の顔としてみなされていることが分かるハルナの語りをとりあげる。

> 化粧をしないのはぁ，何かちょっと下向き加減になるっていうか，あと，バイトとかやったら，やっぱちょっとはしてないと失礼かなって思ったりもありますね。

ハルナの語りから，彼女にとって化粧をしているときの自己が社会的な場面での自己として意識されていることが読み取れる。彼女にとって化粧行為は習慣化された行為になっている。石田（1995）は日常的な化粧について，「習慣化した化粧」という表現を用い，「これらの行為をするにあたって，なぜ化粧をするのか，化粧をすることは自分にどんな効果をもたらすのか，化粧はどんな意味を持つものかなど，改めて意識しないもの」であると述べている。本研究でも，本人が置かれている文化・社会的状況の変化に伴って化粧行為が変化したと語る対象者は存在したが，化粧を特別な意味をもつ行為と捉えている語りは存在しなかった。同様に，化粧はやめられないが，それが何故かという部分について明白に回答できる対象者はいなかった。バルテス・シュタウディンガー・リンデンベルガー（Baltes, Staudinger, & Lindenberger, 1999）は「年齢と共に重要性が増す文化がある」ことを指摘している。化粧が文化的実践として受容される現象も，まさにその一つなのではないだろうか。

実際，部分的化粧・本格的化粧いずれの場合にも，一旦化粧をし始めた対象者が自らの選択によって，化粧をやめることはなかった。この事実は，化粧が他者と接する準備状態を作り出すための媒介の一つとなる可能性を示す。以下の，ハルナの語りに端的に表現されている。

> 一回化粧をやりだしたら，もう止められなかったし，しないと落ち着かなかった。化粧をしていたら自分でおれるような感じがする。してなかった

> ら，ちょっと下向き加減になるっていうか。
> （中略）
> コンビニとか行くときどうしようって思いますね。あぁ，コレっていいのかなって思いつつ。大学にきてからいっぱい学生がおるからいややなぁって思って。

語りから，化粧をした状態こそが他者に相対するときの自己となっていることが読み取れる。個人差はあるものの多くの者が感じとることだろう。社会・文化的場面において，女性は身だしなみとして化粧をしなければならないという考え方は，この現象を端的に表している。

今回の対象者の中で，唯一，化粧をしない選択をしたエミでさえ，受身的化粧として成人式に化粧をされる経験した後に，何度か家族から化粧を勧められる経験をしている。彼女は，妹からも「お姉ちゃん，化粧しないの？」と聞かれることや，母親からスキンケアを勧められることもあったと語っていた。そして，勧められると，一旦始めようとはするものの，面倒になりやめてしまうというパターンを繰り返していた。

4-5　まとめ

調査1では，半構造化インタビューによる調査から化粧が始まり（もしくは，しないことを選択し），ある程度定常的状態に至るまでの経緯を聞き出し，そのプロセスを複線径路・等至性モデルとして描き出した。作成した複線径路・等至性モデルから，日本では女性にとって化粧を選択させる社会的方向づけが非常に強く働いていることが明らかになった。特に，日常場面において化粧を促進する社会的方向づけがはたらく場面には，文化・社会的状況の変化が必ず付随しており，対象者の化粧行為を変容させる契機となっていた。では，化粧行為が変容する場面はいかにして経験されるのか。調査2ではより大きな文化・社会的状況の変化である異文化への文化移行を経験した者を対象として検討する。

5　調査2　米国に留学した女子学生の化粧行為変容過程

5-1　目的

本調査の目的は，米国の大学への留学を機に文化移行を経験した人を調査対象とすることで，化粧行為の変容がいかに経験されたかについて，半構造化インタビュー調査から検討することにある。具体的には，女子学生が米国に留学をした後の経験を取り扱い，異なる社会・文化的状況下にあるものが，いかに日本での化粧行為の意味を捉え直し，行為自体を変容させるかを明らかにすることを目的とする。

5-2　質問項目

次の6項目を質問項目とした。
1) 化粧をいつごろから認識していたか
2) いつごろから化粧をしていたか（日本での化粧経験）
3) 米国に来てからの化粧は日本にいたときと比較して異なるか
4) 化粧に対するどのようなイメージをもっているか
5) 化粧をする人・しない人それぞれをどう思っているのか
6) 日本にいるときと米国の私立E大学に来てからの化粧観の違い

5-3　結果

調査2では，米国留学後の化粧行為に焦点化した分析と記述を取り扱う。ここでの調査対象は，米国留学中の女子学生4名であり，複線径路・等至性モデルを作成した。等至点は，米国留学による文化移行の後に化粧を「する／しない」という選択が恒常的に決定された時点，つまり化粧についての変容が起きた時点をさす。作成した複線径路・等至性モデルを図2として示す。

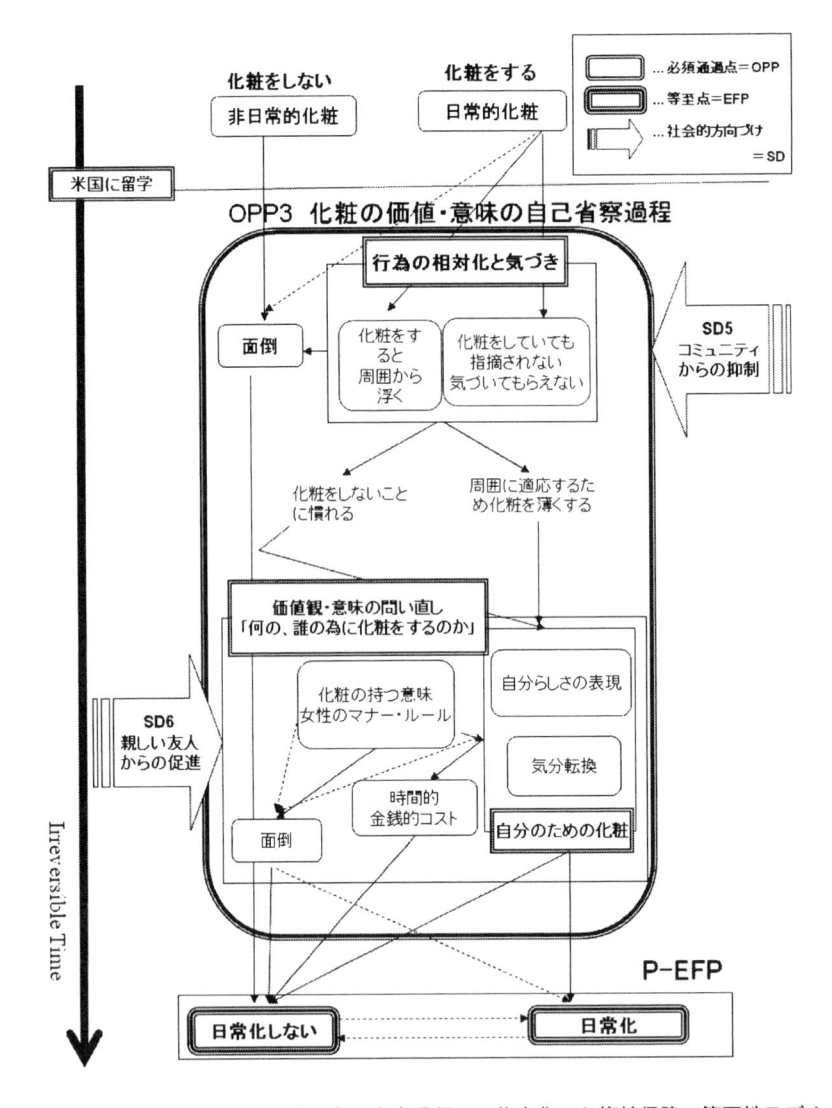

図2 「化粧の価値・意味の自己省察過程」に焦点化した複線径路・等至性モデル

　文化移行を経験した対象者の米国での化粧行為の選択過程には，個人の経験として違いがあるものの，「行為の相対化と気づき」から化粧の「価値観・意味の問い直し」に至る共通した一連の径路があることがみとめられた。これを，必須通過点3「化粧の価値・意味の自己省察過程」とした。必須通過点3は，ポイントであるが，大きな時間的幅をもつ。ここで重要なことは，今回の対象者を含む多くの人が米国への文化移行に際していわゆるカルチャーショックが起きることは想定しえたかもしれないが，それが化粧のような習慣的行為について起こりうると明確に予測できたことは無かっただろうことである。

　米国留学以前の対象者の化粧行為選択過程についても調査1と同様の検討をする必要があることはもちろんだが，調査2で焦点をあてるべきは，米国留学後の化粧行為の変容過程である。そのため，化粧の価値・意味の自己省察過程（OPP3）に焦点化した複線径路・等至性モデルを再度作成した。以下では，作成したモデルに基づき，それぞれの過程について，時系列に沿いながら必須通過点3におけるそれぞれのポイン

表3　調査2調査対象者の化粧行為選択の概要

	ナツコ	カヨ	ユキ	ルミ
受身的化粧	幼稚園（年中）	3～4歳		小学生の頃
	お花祭り・母親に化粧をしてもらう	母親の友人にネイルを塗られる	無し	イギリスの小学校のディスコパーティ
化粧を認識	3歳	7～8歳	中学生のころ	6～7歳
	母親が化粧をしているのを見て肯定的に認識	母親が化粧をしているのを見て肯定的に認識	姉を見て認識するが興味なし	母親が化粧をしているのを見て肯定的に認識
化粧品で遊ぶ		7～8歳		
	母親の化粧品を勝手に使用して怒られる母親のもらってきた試供品	親がいない時にこっそりと口紅をつけたり化粧をする	無し	無し
化粧品を持ち始める	中学校入学以降	中学校入学以降	高校2～3年生	中学校入学以降
	カラーリップクリームを使用母親からリップグロスなどをもらい始める	薬用リップクリームを自分で持つ	アイブロウライナーとパウダーファンデーションを購入する	マスカラ・リップを購入する
自発的化粧（部分的化粧）	高校入学以降	中学2～3年（15歳）	高校3年生	中学校入学以降
	特別な時にのみ部活をしていたため、化粧はほとんどしなかった	遊びに行く時にアイメイク・UVケアなどをする	眉毛を整え始める母親による促進	色つきのリップを使用し始める
本格的化粧	高校3年生の夏	大学入学以降	高校2～3年生のころ	高校入学以降
	部活を引退した後、化粧を少しずつ始める本格的開始は高校卒業の翌日から	日常的ではないアルバイトや遊びに行く時などのみ化粧をする	舞台に立つために化粧品を買いそろえ、化粧をする	毎日ではなく、休日・デート・遊びに行く時に化粧
渡米直後	日本人として危険な目にあい、日本人に見られないようにするために化粧をしなくなる	肌が荒れるとの理由から、ファンデーションをしなくなる友人に眉毛を整えられて以来眉を整えるようになる	米国の大学に入り日常的でないものの化粧を始めるタンザニアに短期留学し、以降、化粧をしなくなる	周囲から勘違いされないように手抜きメイクをする
現在	化粧を再開し、自分のために化粧をする	特別な予定がある時のみ化粧をする	時々化粧をする	自分のために化粧をする

トの説明と考察の記述をおこなう。また，個別の対象者については，調査1と同様に化粧を始める経緯のポイントとなる出来事を表として提示する（表3）。

5-4　考察

（1）行為の相対化と気づき

社会的方向づけ5　コミュニティからの抑制　対象者は全員，留学当初は米国においても日本在住時と同様な化粧行為を行っていた。しかし，ある一定の期間が経過することにより，自分の化粧が周囲から浮いて見えることや，していなくても指摘されないことに気づきはじめた。具体的には，「周囲の人びとが化粧をしていない」，「化粧や身だしなみについて日本のように干渉をされない」こと，日本の社会・文化的文脈の中で化粧に対してさまざまな干渉をうけていたことが，対象者に意識化されていた。調査を行ったE大学で日常的に化粧をしている人が多くないという状況は，対象者全員が「化粧をしていると周囲から浮いて見える」と述べていることからもうかがえる。ナツコは次のように語っている。

> ［米国に］来る時に化粧してたかな？多分。こっちにきてしばらく知り合いの家に泊めてもらって

> いて，その時には化粧をしていたけど，段々面倒になって，周りがしてないことに気づいて，あれ，浮くな［化粧］してたらって感じてて．

　対象者たちは，化粧文化の違いに気付くとすぐに，周囲の環境に適応するために化粧をしなくなる，または，化粧を薄くするというように，それぞれに行為を変化させていた．文化的状況における要請として社会的方向づけは，個人がどのように行為するか決定する．ここでは，対象者は自発的な化粧行為を調整することを要請され，それに応じていた．一連の過程は，化粧行為の自己と他者の相互コミュニケーションを反映している．

（2）価値観・意味の問い直し

　一旦，化粧行為を変容させた後に，対象者は化粧とは「何であり，誰のためにするものか」という自己内での省察を行っていた．その上で対象者は，周囲への適応をはかりつつ再び化粧をする，もしくは化粧をしない決定を自分自身の意志に基づいておこない，化粧行為を再度変容させていた．

> コンサバティブな人たちのなかで，一人でメイクして，ウフフっていうのはホント浮くので，場に合わさなきゃいけないっていうよりも，みんなに勘違いされるから，っていうので手抜いたりして，1年の頃は．だんだん，アピアランスをすごく気にする人たちとすごくヒッピーチックにすごく全然気にしない人たちと，自然に趣味の合う友達とかにグループ分けされていったりすると，おしゃれしたり友達たちと趣味の話をしていくと，やっぱり一番好きな自分に自分をこう飾って毎日振る舞う，振る舞うのもいいかなって感じになってきて，そういう意味で着飾るのはある意味基本だから，着飾った自分が実は基本で，ノーメイクノンシャワーの自分は，部屋の中の自分っていう風になっていったのじゃないかなぁって思います．

　ルミは，社会的方向づけ5を受け，周囲の人々から浮かない程度に化粧を薄くすることで周囲に適応しようと心がけていた．ルミは自分自身の価値観に基づき，再び化粧をするという選択を行っていた．こうした選択は，全ての対象者が行っていた．

　変容は，表面的な行為のみではなく，意識・目的のレヴェルにも起こっていた．ナツコは日本での化粧行為を，「どんな化粧が男受けするかとか，そういうことをすごく意識していたような気がする」と語っていた．そして，目的の変化として「米国に来てから自分のために化粧をするようになった」と語っていた．彼女の語りには，気分転換や自分らしさの表現，自分に気合いを入れるためなどという表現が多く使われた．同様に，ルミも「他人を意識した化粧よりも，自分の気持ちに余裕を持たせることを目的として化粧をするようになった」と述べていた．このように，化粧行為は他者に向けた行為から，自分に向けた行為へと変容していた．

社会的方向づけ6　親しい友人からの促進　化粧行為の変容に，他者からの影響がある場合もあった．ユキは，日本では日常的に化粧をしていたが，米国留学中に，授業プログラムの一環としてアフリカに留学し，現地の貧しい社会状況にショックを受け，一旦化粧をやめる選択をした．そして，約1年後に，再び化粧をするようになっていた．

> ［化粧は］そんなにやらないですけど，正式な場所とかだと，身だしなみとかあるので，やっぱりやったほうがいいなっていうのでやってて，今は，毎日はしないですけど，時々，化粧をするぐらいになってますね．
>
> こっち［米国］は何でも褒めるって言う方が多いから，ちょっと良い格好してたらみんな褒めてくれるし，化粧してたら，「今日良いね」っていうのをみんな素直に言い合うし，やっぱそれは嬉しいって思いましたね．

　ユキは，化粧行為を身だしなみとして捉え，正式な場面ですべき行為であると考えるようになっていた．ユキが化粧を再び開始するに至るきっかけは，親しい友人から化粧を勧められたことであった．

　カヨもまた，友人から眉毛の手入れをしてもらったことをきっかけに，眉毛の手入れを意識するようになったと語っていた．

> ［眉毛を］全然気にしてなかったんだけどー，別

> の地方にいたときに知り合った友達から，お願いだからその眉毛どうにかしてって言われて，抜かせてって懇願されて，抜いてもらってからちょっと気にするようになったかな？　でも，何かちゃんとしないけどね。

このように，化粧を再度開始するきっかけを対象者に与えていたのは，親しい友人の存在や，友人からのアドバイスや協力であった。ここには調査1のような化粧行為の社会的強制ではなく，あくまで自然なアドバイスと個人的な係わり合いの中での社会的方向づけがあった。

必須通過点3　化粧の価値・意味の自己省察過程
ここで，対象者の認識の変容が本質的な変容であるか，表面的な変容であるかが問題となる。米国に留学した初期の時点での化粧に対する認識と行為の変容は，周囲への適応を目的とした表面的な変容に近い。これは，本調査において全ての対象者が，一旦化粧行為を変化させた後，再度自らの意志に基づいた化粧行為の選択を行うというプロセスを辿っていたことからもわかる。

重要なのは，米国での化粧行為が個人の意思決定に基づき再形成されている点である。価値観・意味の自己省察過程を経て新しく形成される化粧は，比較的自由な選択をできる環境の中で，これまでの化粧の経験に基づき新しく導きだした行為といえる。本研究ほど極端な変容はないにしろ，日本においても意識されない程度の日常的な場面で，場所や環境の変化や様々な対人関係などという社会的な要請に応じて自らの装いを選択するというプロセスは繰り返されている。

さらに，文化移行を通じて化粧の価値観・意味を問い直した後にも化粧行為を完全にやめる選択をする者がいなかった理由として，化粧行為の習慣性を指摘することができる。今回の対象者は，全員が一旦日本において化粧行為を日常レヴェルにおける定常的状態として形成していた。対象者にとって化粧は，個人内に習慣として内在化された行為となっていた。ユキは洗顔をする際の日本と米国の習慣性の違いについて次のように述べている。

> 寮とかで，洗顔，日本の女の子洗顔するじゃないですか，[でも]洗顔しないんですよ。こっち[米国]はあんまり。する人結構少なくて，それで結構びっくりした。
> 　　　　　　（中略）
> メイクしない人は，水でぱしゃぱしゃしてやったり。[メイクする人は]布みたいなの売ってるじゃないですか。市販のやつ。メイク落としみたいな。それやって，後，お水でぱしゃぱしゃみたいな。全然，洗顔とかに興味ない。

ユキは米国での些細な差異にも違和感を覚えていた。その他，類似した習慣的差異は他の対象者も報告していたが，どんなに小さな習慣であろうとも，一旦習得した文化的実践を根本的に覆すことは容易ではない。事実，今回の対象者は，行為をやめるのではなく主体的選択として化粧行為を，ポイントメイクのみにする，これまでしていたよりも薄くするというように，元あった化粧行為を別の形式に変容させるという結果に収束していた。

5-5　まとめ

調査2では，文化移行を経験し，異なる文化的状況の元で過ごす経験をすることにより，日本における化粧行為を相対化する機会をもった対象者がいかに化粧行為を変容させたか，そのプロセスを詳述した。このことから，ある文化的状況において促進記号となる価値体系が異なる文化的状況では抑制記号となること，また，習慣的行為としての化粧の変容は，個人に文化的実践として内在化された行為の変容であるのみではなく，分化と統合プロセスを経た新たなヴァリエーションとして捉えることが可能であることがわかった。

6　まとめと展望

6-1　まとめ

本研究では，様々な文化・社会的制約を受けながら形成され変容していく化粧行為に焦点をあて，そのプロセスを描き出すことを目的とした。特に，文化移行を通して異文化に身をおくことになった日本人女子学生の化粧行為の形成及びその変容について検討した。

調査1では，日本での化粧行為の形成過程に必須通過点である受身的化粧（OPP1）と自発的化粧（OPP2）を見出した。自発的化粧（OPP2）は2期に分けることができた。第1期は部分的化粧期であり，第2期は本格的化粧期である。さらに，化粧行為に至るまでの社会的影響として，4つの社会的方向づけ（SD1「興味喚起」，SD2「コミュニティ内の選択透過」，SD3「規範意識に基づく他者からの化粧の抑制」，SD4「規範意識に基づく他者からの化粧の促進」）がみとめられた。日本では，化粧を促進する方向に働く力が強く，対象者に共通のパターンとして立ち現れていた。これは，一人ひとりの経験は違えども，事例を重ねることによりこのモデルが多様性を持ちつつも頑強なものになる可能性を示す。

調査2では，化粧行為選択過程（化粧の価値・意味の自己省察過程（OPP3））に焦点化して分析をおこなった。必須通過点3は，対象者自身がこれまでにおこなってきた化粧行為自体の相対化とそれに対する気づきから，化粧行為を新たに変容させていく過程である。社会的方向づけとしては，当該文化においてのこれまでの自身の行為の相対化と気づきにSD5「コミュニティからの抑制」が，さらにこの過程を経た後の価値観・意味の問い直しにSD6「親しい友人からの促進」がみとめられた。この過程は，個人の意思決定プロセスにおける分化と統合，新たな行為のヴァリエーションを作り出すためのプロセスとして解釈できる。

本研究の限られた事例をもとに作成したモデルを，日本女性全体の化粧行為の径路として一般化することは不可能である。だが，このモデルは，次の2つの点を可能にした。一つは，特定の文化的状況にある個人の方向性・傾向性についての理論的予測である。環境の変化が社会的方向づけを伴っていること，日本という文化的状況では年齢が上がるにつれ，化粧をしない選択は難しくなっていくこと。つまり，日本の多くの成人女性たちは一見すると自ら化粧をする選択をしているように見えるが，実際には社会の暗黙のルールや規範から化粧行為を規定されている。これは，調査2の対象者の語りからも読みとれる。もう一つは，行為の相対化と変容過程の記述である。本研究では，異なる価値体系をもつ文化的状況に参入することにより，自らの行為を相対化し変容させる過程を扱った。日本と米国における対象者の化粧行為の質の変容は慣習の差異の反映として考えられる。このような変容は，日常レヴェルでも無自覚に生起していると解釈することができる。我々の行為は同様のプロセスを通じて，新たなヴァリエーションへと変容するように迫られるのである。

6-2　展望

本研究では文化移行を経験した後に，日本に戻ってきた対象者については触れていない。日本という文化・社会的環境において，いかに化粧行為を変えていくかということは事例として非常に興味深い。森田（2004）は，在日ブラジル人児童のエスノグラフィーからアイデンティティー・ポリティックスとサバイバル戦略について分析を行っている。研究の対象こそ森田（2004）の研究と異なるものの，アイデンティティー・ポリティックスと文化・社会的状況への戦略的適応を鑑みることは，文化移行を経験したものがいかに生きるかという問題を考える際に有用だろう。特に化粧という日常に起こりうる微細なレヴェルの事例から考察する試みによって，より個の変化と社会的力の関係性を読み取ることが可能になるだろう。本研究では個人に関わる社会的な力のせめぎあいを，社会的方向づけとして提示してある。山岸（2006）は，人は他者の行動を誘因として行動する性質をもち，これが文化的行動をうみだすと述べている。こうした視点から，他者への対峙的機能をもつ化粧に関しては，特に他者の行動を参照し模倣・反映する構造がつくられやすいということを示唆することができる。ヴァルシナー（Valsiner, 2001）が述べるように，文化の記述には，マクロ・メゾ・ミクロというレヴェルがあると考えられるが，本研究での社会的方向づけの記述には，反映されていない。そのため，これは今後の理論的研究課題としたい。

理論的側面から，本研究は，従来の研究においてその多様性が認められていなかった化粧行為の形成過程や化粧をしない人の化粧行為選択の径路を文化・歴史的経験に基づき検討する基礎と位置づけることが可能だろう。また，本研究では文化心理学の記述モデルである「複線径路・等至性モデル」を用いることにより，

化粧という文化的行為の形成過程を児童期から青年期にかけて長期的に検討することが可能になった。そして，文化・歴史のなかで新しい経験と元の経験が変化し，新たな経験を生成していく人間発達の過程を明らかにした。総じて，本研究の結果は人間発達研究に応用可能な示唆をもたらしていると考えられる。今後は，より発展的に主体的経験の生成過程を明らかにするために，自己と他者の媒介となる行為としての化粧の側面に焦点化し研究を進めたい。

注

1) 歴史的には，男性が化粧をする主体であった時期もあり，現在でも化粧をする男性は少なからず存在する。
2) ヴァルシナーは，著書のなかで記号的な要請設定が人間の発達を形づくり，その中にこそ文化を見て読み取ることができるということを示している。これは，俗に言う，文化の容器モデル（文化という入れ物があって，そのなかで人間が文化の影響を受けながら発達を行う）という考え方とは正反対の考え方であるとされる（サトウ，2009）。
3) ドイツの言語学者フォン・フンボルトが導入した用語である，Volkerpsychologie のことであり，近年では ethno-psychology と英訳されることもある。
4) TEM に使用されている概念の多くは，ベルタランフィ（Bertalanffy, 1973/1968）のシステム論による。システム論とは，一般システム理論をさす。一般システム理論とは，システム一般に対して使える原理の定式化を指向したものである。ベルタランフィによると，同じ最終状態が異なる径路を経て実現するのが開放システムであり，その最終状態が等至点である。具体的な研究においては，研究者の関心に基づいて決定される焦点のようなものをさす。
5) 等至点に焦点を当て，多様な経路をとりつつも同一（または類似）の結果にたどりつくという前提に基づいて研究を行うためのサンプリング方法という意味で新しい。
6) オープンシステムな存在である人間は，システムが機能するフィールドのなかで強い抑制をうけることによって統制されるもしくは，フィールドの特定の事象に対してある程度の制約を受ける。その制約を，社会的示唆／方向づけと呼ぶ。ヴァルシナー（Valsiner, 2001）によると人の行動を誘導する社会的誘導（social guidance）は，システムの中で不可欠なものとされている。
7) 木戸・サトウ（2004）の研究から 12.9%の化粧しない人がいることが明らかになったため，調査協力者 5 名中最低 1 名は（1/5 で 20%とはなるものの）化粧をしない人のデータを組み込むことが妥当であると判断し，化粧を日常的にしないものを調査協力者として含めた。
8) スノーボール・メソッドとは，多くのインフォーマントを得ることが困難なフィールドで調査を実施する場合に，「最初に知り合いになった協力者から，信頼できる知り合いを紹介してもらう方法」（呉，2004）である。本研究の調査でも，米国の大学における日本人女子学生のコミュニティを探すことが困難であったため，この方法を採用した。

引用文献

阿部恒之．(2002)．ストレスと化粧の社会生理心理学．東京：フレグランスジャーナル社．

Baltes, P., Staudinger, M., & Lindenberger, U. (1999). Lifespan psychology: Theory and application to intellectual functioning. *Annual Reviews, 50*, 471-507.

ベルタランフィ，L. (1973)．一般システム理論――その基礎・発展・応用（長野敬・太田邦昌，訳）．東京：みすず書房．(Bertalanffy, L. (1968). *General system theory: Foundations, development, applications.* New York: George Braziller.)

ブルーナー，J. S. (1998)．可能世界の心理（田中一彦，訳）．東京：みすず書房．(Bruner, J. S. (1986). *Actual minds, possible worlds.* Cambridge: Harvard University Press.)

ブルーナー，J. S. (1999)．意味の復権――フォークサイコロジーに向けて（岡本夏木・仲渡一美・吉村啓子，訳）．京都：ミネルヴァ書房．(Bruner, J. S. (1990). *Acts of meaning.* Cambridge: Harvard University Press.)

Cash, T., Dawson, K., Davis, P., Bowen, M, & Galmbeck, C. (1989). Effects of cosmetics use on the physical attractiveness and body image of American college women. *The Journal of Social Psychology, 129*, 349-355.

コール，M. (2002)．文化心理学――発達・認知・活動への文化‐歴史的アプローチ（天野清，訳）．東京：新曜社．(Cole, M. (1996). *Cultural psychology: A once and future discipline.* Cambridge: The Belknap Press of Harvard University Press.)

大坊郁夫．(1997)．魅力の心理学．東京：ポーラ文化研究所．

大坊郁夫（編）．(2001)．化粧行動の社会心理学――化粧する人間のこころと行動．京都：北大路書房．

大坊郁夫．(2004)．粧うことと癒すこと．こころの科学, *117*, 73-78.

フリック，U．(2002)．質的研究入門――〈人間の科学〉のための方法論．(小田博志・山本則子・春日常・宮地尚子，訳) 東京：春秋社．(Flick, U. (1995). *Qualitative Forschung*. Hamburg: Rowohlt Taschenbuch Verlag.)

藤井誠二．(1991)．校則にみる「らしさ」．化粧文化, *24*, 47-54.

春木豊（編）．(2002)．身体心理学――姿勢・表情などからの心へのパラダイム．東京：川島書店．

石田かおり．(1995)．おしゃれの哲学――現象学的化粧論．東京：理想社．

石井政之・石田かおり．(2005)．「見た目」依存の時代――「美」という抑圧が階層化社会に拍車を掛ける．東京：原書房．

木戸彩恵・サトウタツヤ．(2004)．化粧における性格特性の影響――女子大学生および女子短期大学生の化粧意識とその実際．定性的研究の実際 (104)．第 68 回日本心理学会発表論文集, 3．

小嶋秀夫．(1995)．人間の育ちと社会・文化．三宅和夫（編），子どもの発達と社会・文化 (pp.125-160)．東京：放送大学教育振興会．

箕浦康子．(1984)．子供の異文化体験――人格形成過程の心理人類学的研究．東京：思索社．

森田京子．(2004)．アイデンティティー・ポリティックスとサバイバル戦略．質的心理学研究, *3*, 6-27.

村澤博人．(1992)．顔の文化誌．東京：東京書籍（東書選書）．

サドカー, M.・サドカー, D.（1996）．「女の子」は学校でつくられる（川合あさ子，訳）．東京：時事通信社．(Sadker, M. & Sadker, D. (1994). *Failing at fairness : How our schools cheat girls*. New York: Leap First Literary Agency.)

大橋英寿（編）．(2002)．社会心理学特論――人格・社会・文化のクロスロード．東京：放送大学教育振興会．

Rudd, A. (2000). Body image and appearance-management behaviors in college women. *Clothing and Textiles Research Journal*, *18*, 152-162.

岡村理栄子・金子由美子．(2005)．10代のフィジカルヘルス 2――おしゃれ＆プチ整形．東京：大月書店．

呉宣児．(2004)．知り合いをインフォーマントにする．無藤隆・やまだようこ・南博文・麻生武・サトウタツヤ（編），質的心理学――創造的に活用するコツ (pp.126-131)．東京：新曜社．

サトウタツヤ（編）．(2009)．TEM ではじめる質的研究――時間とプロセスを扱う研究をめざして．東京：誠信書房．

サトウタツヤ・高砂美樹．(2003)．流れを読む心理学史――世界と日本の心理学．東京：有斐閣．

サトウタツヤ・安田裕子・木戸彩恵・高田沙織・ヴァルシナー, J．(2006)．複線径路・等至性モデル．質的心理学研究, *5*, 255-275.

Sato, T., Yasuda, Y., Kido, A., Arakawa, A., Mizoguchi, H., & Valsiner, J. (2007). Sampling reconsidered: Personal histories in the making as cultural constructions. In J. Valsiner & A. Rosa, (Eds.), *The Cambridge handbook of sociocultural psychology* (pp.82-106). New York: Cambridge University Press.

Stone, G. P. (1962). Appearance and the self. In A. Rose (Eds.), *Human behavior and social process* (pp.86-118). New York : Routledge & Kegan Paul.

Strauss, A., & Corbin. J. (1998). *Basics of qualitative research: Techniques and procedures for developing grounded theory*. Thousand Oaks: Sage.

山岸俊男．(2006)．"文化"を生きる――実践と制度．日本心理学会 2006 年度大会シンポジウム．

Valsiner, J. (2000). *Culture and human development*. London: Sage.

Valsiner, J. (2001). *Comparative study of human cultural development*. Madrid: Fundación Infancia y Aprendizaje.

Valsiner, J., & Sato, T. (2006). Historically Structured Sampling (HSS): How can psychology's methodology become tuned in to the reality of the historical nature of cultural psychology? In J. Straub, C. Kölbl, D. Weidemann, & B. Zielke (Eds.), *Pursuit of meaning: Advances in cultural and cross-cultural psychology* (pp.215-251). Bielefeld: Transcript Verlag.

謝　辞

本稿は，立命館大学文学研究科の修士論文に加筆修正を行ったものです．調査対象者の皆さま，および，ご丁寧にご指導くださいました京都大学教育学研究科やまだようこ先生と立命館大学文学部サトウタツヤ先生に御礼を申し上げます．また，立命館大学でおこなわれた質的研究論文検討会に参加し，ご助言・ご示唆を下さった先生方に心から感謝の意を表したいと思います．

（2010.2.9 受稿，2010.11.5 受理）

高校家庭科教科書の言説分析と教科再編への展望

八ッ塚一郎　熊本大学教育学部
Ichiro Yatsuzuka　Faculty of Education, Kumamoto University

要約

高校家庭科教諭に聞き取り調査を実施し，家庭科教科書が学習者にとってわかりにくく使いにくいものとなっている実態を聴取した。その背景を，教科書に対する3方向からの言説分析によって明らかにした。第1に，現行家庭科教科書の目次分析により，その配列が学習者を看過しており，もっぱら執筆する側のせめぎあいによって規定されている可能性を示した。第2に，教科書本文の語り口を分析し，特徴的な3種類の語り口を摘出して，第1の分析結果を確認した。さらに，家庭科教科書が外見上は学習者に対する「主体化の装置」であるにもかかわらず，実際の記述は主体化を目的とせず，そのことに関心すら向けていない可能性を指摘した。第3に，戦後以降の家庭科教科書の特徴を経年的に整理し，そこに一貫した明確な原理が見られないことを指摘した。以上の検討を踏まえて，学習者の関心を喚起しその社会化を促す，多声的な構造をもった新しい教科書を構想した。さらに，既存の教科編成全体を視野に入れ，家庭科領域を基盤としてそこから既存の「主要教科」に相当する内容を学習する，新たな教科編成のイメージを提示した。

キーワード

言説分析，フーコー的権力，教科書，家庭科

Title

Discourse Analysis of a Japanese Senior High School Textbook in Home Economics

Abstract

In an oral survey, Japanese home economics teachers at senior high schools said that the current home economics textbook was awkward to use and difficult for students. Three kinds of discourse analysis revealed the problems with this textbook: 1) the Table of Contents contained many duplications and inconsistencies; the writers of the textbook seemed to conflict with each other and had little interest in the students. 2) Many descriptions in the textbook were ambiguous; the text was unappealing and did not offer any substantial interrogation of the topic, so the textbook did not attract the interest of students or encourage them to study the subject. 3) From a historical point of view, there was no unified policy in the home economics textbook. Revision of the textbook and course of study are proposed.

Key words

discourse analysis, Foucauldian power, textbook, home economics

1　はじめに

本論文の目的は，高校家庭科教科書の言説を分析し，その編成や記述が構造的に学習を妨げている可能性を示すとともに，そこから脱却した教科書と教科のイメージを提起することである。家庭科教科書はジェンダーバイアスや家族意識などの観点から検討されることが多い。それに対し本論文では，教師や学習者からみた家庭科教科書の「わかりにくさ」「使いにくさ」に着目して言説分析を実施する。すなわち，「わかりにくさ」や「使いにくさ」が，教科書および家庭科という教科に内在する構造的な問題であることを明らかにする。あわせて，教科書，さらには家庭科を含む教科編成全体が構造的に学習者を疎外しているという観点から，学習者に寄り添った教科書と教科の再編を展望する。

「学力低下」が話題になって久しい。立場の相違はあれ，現代の教育に困難が生じているという認識は多くの論者に共有されている。しかし，「教育改革」が叫ばれる一方，「教科」自体を問題視し，その再編も含めて検討する議論は乏しい。既存の教科という大枠には手を着けないまま，枠内での調整がもっぱら議論されているようにみえる。教科書のあり方についても，議論にあたっては既存の教科枠組みがあくまで前提となっている。

それに対し，本論文では，既存の教科枠組み，および，それを前提とする教科書自体が，すでに大きな問題を抱えていると考える。端的に言えば，既存の教科や教科書は，児童生徒の学習や社会化とは無関係に編成され作成されている。すなわち，既存の学会や執筆者をはじめ，教科書を作成する側の力関係とせめぎあいによって，教科書の構成や内容は決定されている。結果として，教科と教科書は，学習者個々の関心から乖離し，児童生徒の「学びからの逃走」（佐藤，2000）をさらに加速させている。本論文では，その一端を高校家庭科教科書から検討する。

高校家庭科は「副教科」と呼ばれ，いわゆる「主要教科」に対し従属的に位置づけられている。他方，家庭科は最前線の社会的課題を盛り込むなど，守備範囲の拡大を常に強いられてきた。このように，家庭科は，その必要性や有用性，学ぶ意味など，教科のあり方を常に問われる立場にある。また，新領域の相次ぐ導入は，内容やその編成をめぐるせめぎあいを顕在化させやすいであろう。それゆえ本論文では，教科体制の成り立ちを解き明かす重要な糸口として高校家庭科に着目する。

家庭科のこうした特性を反映し，また再生産する媒体として，本論文では家庭科教科書に着目する。教科書は，学習者と教師，さらには教科書会社や執筆者，関連諸学会，教育行政など，多くの人々を媒介する結節点である。言説分析を通して，教科書および教科を編成する作用と，学習者・教師に及ぼすその影響を明らかにすることができる。

本論文では家庭科教科書に分析を限定し，その問題点と，打開策としての教科再編を提言した。当然ながら，教育と教科書のあり方を考えるには，「主要教科」，さらに義務教育課程へと視野を拡大し検討する必要がある（八ッ塚，2009）。本論文はこうした企図の端緒であり，その位置づけと既存研究との関連は後段で整理する。

また，教科書の作用を検討するためには，実際の授業場面における教科書の使われ方を分析することも不可欠である。本論文では教科書言説の分析に主眼を置いたため，授業過程の検討は今後の課題である。ただし本論文では，高校家庭科教諭に対する聞き取り調査を通して，教科書の使われ方の一端をまず検討した。あわせて，現場教師からみた教科書の「わかりにくさ」「使いにくさ」を聴取し，教科書をめぐる現状を通して問題を設定した（2節）。

そのうえで，学習者の看過という観点から，現行教科書の目次と本文に対する言説分析を行う（3，4節）。あわせて，戦後の家庭科教科書を概観し歴史的な共通性を検討する（5節）。さらに，問題点を克服した新しい家庭科教科書，および新たな教科編成のイメージを展望する（6節）。

2 問題：
高校教諭に対する聞き取りからみた教科書

家庭科教諭に対する聞き取り調査を実施し，教科書の使われ方と，そのわかりにくさ，使いにくさの実情を整理した。いわゆる「底辺校」「進学校」両方を視野に，それぞれ授業経験をもつ教諭に協力を依頼し，調査の趣旨を説明して了承を得た上で，下記2回の調査を行った。

　第1回調査　N年6月25日　P自治体
　　　　　　私立A高校　Y，M，HA教諭
　第2回調査　N年7月15日　P自治体
　　　　　　公立B高校　HO教諭

A高校は地域の「進学校」，B高校は「中程度」の学力レベルに相当する。またM教諭，HO教諭はいわゆる「底辺校」で教えた経験をもつ。

調査は，「授業でどのような教材を使用しているか」「昔の教科書と現在の教科書で違いは感じるか」などの質問を用意した上で，語り手になるべく自由に話してもらう半構造化インタビューの形式で行った。

聞き取りの結果，いずれの教諭からも，現行の家庭科教科書は使いにくくわかりにくい，教科書以外の資料を作成しなくては授業にならない，という声が上がった。HO教諭は「底辺校」で教えた際，教科書はほとんど使わず，個別にプリントを作成し教材としていた。教科書のわかりにくさの原因は記述の難しさにあるという（結果1）。「進学校」で教えるY，M，HA教諭も，教材は教諭が個別に作成したプリントが中心で，その作成に追われるほどであると語っている（結果2）。

結果1（Iは聞き手，括弧内は聞き手による補足。以下同様）

> HO：私が一番最初に行ったのは，その輪切りの一番下の学校に，最初8年間ぐらい勤務してたんですけど，M高校っていう。そこぐらいになってきたらほんまにもう，教科書はね，ん～，使うことはなかったですね。
> I：じゃあ，プリントを作られて？
> HO：うん，そうですね，プリントを作って，それで教科書から写したり，グラフをちょっと見たり，ときどき読んだり……する程度で。教科書の内容を授業の中で深めていくっていうのはちょっと難しい。一緒に働いてたM高校の先生が，家庭科の，研究会みたいな大勢の人数で（教育委員会の）指導主事の話を聞くっていうときに，ぱっと手を挙げてね，「教科書を買わせなくてはいけませんでしょうか」ってね。もう，「教科書を生徒に買わせたくないんです，勿体ないから」（笑）
> I：ああ，使わないから，勿体ないから……
> HO：はい。たぶんみなさん，学校の先生は，そういう本音を持ってる先生は，学校のレベルにもよると思うんですけど，すごい多いと思います。
> 　（中略）
> I：教科書だと教えにくいっていうのは，なぜなんですか？
> HO：まず記述が難しいっていうのと……まあそれですね，一言で言ってしまえば。
> 　（中略）
> HO：教科書をちょっと読んで，そのわかりにくさを，またプリントや資料集で補っていくっていう，そういうかんじですよね，やっぱりね。

結果2

> HA：みんなね，教科書の中身がなくなって，資料作りに，それぞれの学校，レベルに応じて，言わばあんまりできないような学校なんかでもそういうプリント必要だし，みんなプリント作りに追われるみたい。
> M：定時（制）でもプリント作ってるし。

教科書への見方は「内容を盛り込みすぎ」「内容がない」と対照的である。HO教諭は教科書の内容が「盛りだくさん」であると語った（結果3）。一方，HA教諭は，教科書は「内容がない」と語り，生徒に考えさせようとしながら，問いの結論は書かれていないと指摘した（結果4）。

結果3

> I：いまは，こちらの学校では，教科書もそこそこ使われてるんですよね？
> HO：そうですね，実は，いま家庭基礎を教えてるのは，1年生を教えてるのはK先生なんですけ

> ど。私が教えていたときは，やっぱり（教科書を）持ってきているので，なるべく教科書に沿って（授業をしていました）。で，プリントも作りながら，やってたんです。だから教科書は使うようにしてました。でも教科書読まれてわかると思うんですけど，ものすっごい家庭科の教科書って盛りだくさんで。そこに書かれてる内容をすべて網羅してる先生はたぶんいないと思うんです。週に2時間とか。丁寧にやっていったらなおさら時間がかかるので，各先生がやっぱり，こう，選びながら。一番たぶん（実際の授業で）取り上げられる頻度が少ないのは住居分野かなあ。で，家族のところ（単元）は，やっぱり一番最初にあるので，なんらかの形で（授業中に）触れてるかたが，たぶん多いと思うんで。あの部分はそういう意味では重要な，ねえ。なぜかどの教科書もあそこを，いつも最初は家族ですよねえ。

結果 4

> HA：（現在の家庭科教科書は，生徒に）考えさせる，どの教科もそうだけど，考えさせる方向になってきてるよね。でもね，ある程度，力がある人でないと，「さあ考えましょう」って（問うだけで，教科書には）結論がなくて，何が大事で何がどうなのかがわからなくなっちゃってる。（現在の教科書は）とにかく内容がない。それで，実際，プリントを作らないといけないし，たいへん。プリント作りがすごいたいへん。

もとより，これらの声は家庭科教諭全般の声を代表するものではなく，ごく一部から得られた断片に過ぎない。しかし，これらの声は以下の問題を提起する。現行教科書はいわゆる「底辺校」で教える教師にとって使いにくく，それだけで学習を進めることは難しい。しかし「進学校」においても，授業ではやはりプリントの用意等が必要である。

つまり，そもそも学習者と教師のために編集・作成されたはずの教科書が，いわゆる学校のレベルにかかわらず，授業のための道具として使いにくいとみなされていることになる。

このことは，現行の教科書が，学習者の関心や教師の視点から，根本的なところで乖離している可能性を示唆する。すなわち，現行の家庭科教科書は，学力や関心の相違を問題とする以前に，そもそも学習者を念頭に置いていないように見える。むしろ教科書は，制作する側の一方的な都合あるいは論理でつくられている可能性すらある。

聞き取りの声を一般化できるかどうかにはさらに検討が必要である。しかし，異なる立場から発せられた，教科書に対する違和感の指摘として，これらの声は重要な問いかけを含んでいる。以下，教科書のあり方が学習者から乖離していないかという観点から言説分析を実施する。

3 教科書の目次に対する分析：学習者を等閑視する教科書

1 対象教科書と分析の視座

上記の可能性を検証するため，具体的な家庭科教科書に対する言説分析を実施した。本節および次節で検討の対象としたのは，実教出版の家庭012「家庭基礎」（平成14年検定・平成17年発行）である。家庭科は履修単位によって，2単位の「家庭基礎」（一般の高校の大部分で履修）と，4単位の「家庭総合」（家政科等で履修）に分かれる。履修者数は前者の方が多く，聞き取りを実施した高校A，Bでも前者履修のため，本稿でも「家庭基礎」を検討対象とした。高校A，Bでは調査時点でそれぞれ別会社の教科書を使用していたが，分析にあたっては2004年時点で家庭科教科書のトップシェアを占めている実教出版の教科書を対象とした（『教科書レポート』編集委員会，2004）。

他の5社について「家庭基礎」の目次を検討したところ，独自の目次構成による教科書を別途刊行している社も一部あったものの，各社とも基本的に実教出版と同様の目次構成で教科書を刊行していた。そのため，今回は内容の精査に主眼を置き，実教出版一社を分析の対象とした。

本節では，教科書が学習者の関心から乖離している可能性を検討するため，目次に着目して，項目の「並べかえ」による分析を行った。教科書の目次は表1のように構成されている。その特徴は，目次の「最小単

位」に重複や齟齬が多く見られることである。たとえば，

- 「地域に根ざした福祉システム」（2.3.3.1）と「福祉は地域から」（2.4.2.1）が，それぞれ異なる章の項目として配置されている。
- 「すこやかに育つ権利」（2.2.5.2）と「こんにちの家族が抱える問題」（2.1.2.4）は，互いに密接に関連しているはずである。
- 上記の項目はさらに，「社会保障制度のしくみ」（2.4.1.1）「現代の家族と法律」（2.1.3.2）「消費者の権利を守るために」（4.1.2.2）などと関連づけて学ぶべき問題と思われる。
- 「資源・環境」という言葉は，「食生活と環境のかかわり」（3.1.5.2），「衣生活と環境・資源」（3.2.3.3），「私たちの生活と資源・環境」（4.1.3.1）と，それぞれ異なる3カ所で項目として取り上げられている。

他にも，同じ領域に属し，関連づけて学ぶべきと思われる項目が，異なる章，さらには異なる編で別個に立てられるなど，齟齬や重複が多い。学習者や教師の視点からは，齟齬や重複の少ない，より整理された配列があると考えられる。それは同時に，項目同士の関連が明確で，学習者の関心を喚起する配列となるだろう。これについて以下の分析を行った。

2　分析：KJ法を援用した並べかえ

「KJ法」を援用して目次項目を並べかえ，異なる配列の可能性を探索した。先述した目次の「最小単位」を1件ずつ付箋に転記し並べかえ，目次に内在する構造を取り出すことを試みた。すなわち，互いに関連すると思われる項目同士を近づけて全体を配置しグルーピングを行った。

その結果，表2に示すように，「発達過程の中の学習者」「社会制度の中の学習者」「文化と生活知識の中の学習者」という3カテゴリーを得た。それぞれの具体的な項目内容を述べる。

第1カテゴリー「発達過程の中の学習者」は，学習者を発達過程に位置づけるとともに，学習者自身がそこで遭遇する問題を扱う項目群である。高校生である学習者は，出生・幼年期から発達を遂げていま青年期にあり，さらに老年へと向かう，連続性の中の存在と位置づけられる。学習者は発達過程に即しながら学びを深めていく。これらの項目群は，現行教科書では，ばらばらのまま別々の領域に点在していた。

カテゴリーは上記に即してさらに3点に分かれる。1点目は「現在の自分」に関わる項目群であり，「高校生活の設計」（1.0.3.2），「生活習慣の形成と自立」（2.2.4.1）等からなる。2点目は「これまでの自分」，学習者自身が発達を経てきた子ども期について学ぶ項目群であり，「子どもの生活」（2.2.4.2），「人の発達と保育」（2.2.3.1）等からなる。3点目は「将来の自分」，すなわち，家族の形成と生活スタイル，および，高齢者以降の生活を学ぶ項目群である。前者は「家族・家庭とは」（2.1.2.1），「独立して暮らす」（4.2.1.1），「男女がともににない生活をめざして」（1.0.2.3）等，後者は「高齢者の暮らし」（2.3.2.2），「地域に根ざした福祉システム」（2.3.3.1），「福祉は地域から」（2.4.2.1）等を含む。

第2カテゴリー「社会制度の中の学習者」は，学習者が活用できる法や社会制度に関する項目群である。学習者は現在，また今後社会の中で遭遇し活用できる，制度や法体系について学ぶ。

カテゴリーはさらに2点からなる。1点目は，現代の家族に関わる法律とその現状を学ぶ内容で，「時代とともにかわる家族・家庭」（2.1.2.3），「家族法の理念とは」（2.1.3.1）等からなる。2点目は，家族を取り巻く社会的状況や，そこでの生存手段など，現代の多様な問題に法律面から接近する項目群である。「社会保障制度のしくみ」（2.4.1.1），「消費者の権利を守るために」（4.1.2.2）等を含む。

第3カテゴリー「文化と生活知識の中の学習者」には，学習者をとりまく衣食住，環境，経済などの項目群が集約された。学習者は，歴史の中で継承され，今後活用できる技術や生活知識を学ぶ。

具体的には，「食品を選び，保存する」（3.1.3.1），「衣服の機能」（3.2.1.1），「住空間のなりたちと計画」（3.3.2.1），「食生活と環境のかかわり」（3.1.5.2），「国や生活につながる家庭経済」（4.2.1.3）等が含まれる。

以上，新しい目次では，現行教科書の章や編という枠を超えて項目を整理し関連づけることができた。次

表1　現行家庭科教科書の目次（最小項目の4桁番号は筆者による添付，コラム等は割愛）

1編　自分らしく生きる
　1．自分をみつめる
　　1.0.1.1　人生の主人公は自分
　　1.0.1.2　自分をみつめる
　2．生きるということ
　　1.0.2.1　さまざまな生き方
　　1.0.2.2　発達段階と人生の課題
　　1.0.2.3　男女がともににになう生活をめざして
　3．青年期を生きる
　　1.0.3.1　青年期の課題
　　1.0.3.2　高校生活の設計

2編　人とかかわって生きる
　1章　家族とかかわって生きる
　1．パートナーと出会う
　　2.1.1.1　かわる結婚
　　2.1.1.2　いろいろなパートナーとの暮らし
　2．家族って何だろう
　　2.1.2.1　家族・家庭とは
　　2.1.2.2　ライフサイクルと家族
　　2.1.2.3　時代とともにかわる家族・家庭
　　2.1.2.4　こんにちの家族がかかえる問題
　3．家族と法律
　　2.1.3.1　家族法の理念とは
　　2.1.3.2　現代の家族と法律
　　2.1.3.3　民法改正への動き
　4．生活をささえる仕事と生活時間
　　2.1.4.1　私たちの生活をささえる仕事
　　2.1.4.2　家事労働
　　2.1.4.3　職業労働
　　2.1.4.4　生活時間

　2章　子どもとかかわって生きる
　1．みんなで育てる
　　2.2.1.1　子どもの世界と出会う
　　2.2.1.2　ともに育ちあう
　　2.2.1.3　子どもを育てる
　2．生命の誕生
　　2.2.2.1　かけがえのない生命
　　2.2.2.2　子育てのための環境づくり
　3．心身のゆたかな発達を
　　2.2.3.1　人の発達と保育
　　2.2.3.2　からだの発達
　　2.2.3.3　心の発達
　4．子どもの生活を知る
　　2.2.4.1　生活習慣の形成と自立
　　2.2.4.2　子どもの生活
　5．すべての子どもがすこやかに
　　2.2.5.1　いま子どもたちは
　　2.2.5.2　すこやかに育つ権利
　　2.2.5.3　子どもがすこやかに育つ環境

　3章　高齢者とかかわって生きる
　1．高齢社会に生きる私たちの暮らし
　　2.3.1.1　高齢社会の現状
　　2.3.1.2　高齢社会の課題
　2．歳を重ねるということ
　　2.3.2.1　高齢者の心とからだ
　　2.3.2.2　高齢者の暮らし
　3．ゆたかな高齢期をむかえるしくみ
　　2.3.3.1　地域に根ざした福祉システム
　　2.3.3.2　地域住民の助けあい

　4章　社会とかかわって生きる
　1．ささえあう暮らしとは
　　2.4.1.1　社会保障制度のしくみ
　　2.4.1.2　社会に暮らすみんなのための福祉
　2．地域で暮らす，みんなで暮らす
　　2.4.2.1　福祉は地域から

3編　生活をつくる
　1章　食生活をつくる
　1．私たちの食生活をみつめる
　2．栄養と食品のかかわり
　　3.1.2.1　食品の栄養素とからだの成分
　　3.1.2.2　炭水化物とその食品
　　3.1.2.3　脂質とその食品
　　3.1.2.4　たんぱく質とその食品
　　3.1.2.5　無機質とその食品
　　3.1.2.6　ビタミンとその食品
　　3.1.2.7　その他の食品
　3．食品の選び方と安全
　　3.1.3.1　食品を選び，保存する
　　3.1.3.2　食品の衛生と安全
　4．食生活をデザインする
　　3.1.4.1　栄養所要量と食品摂取量のめやす
　　3.1.4.2　家族の食事を計画してみよう
　　3.1.4.3　調理の基本
　　3.1.4.4　食卓の作法
　5．これからの食生活を考える
　　3.1.5.1　日本の食糧事情と輸入食品
　　3.1.5.2　食生活と環境のかかわり

　2章　衣生活をつくる
　1．私たちの衣生活
　　3.2.1.1　衣服の機能
　　3.2.1.2　私たちの衣生活
　2．衣服は何からできているのか
　　3.2.2.1　衣服素材の種類
　　3.2.2.2　繊維の種類と特徴
　　3.2.2.3　衣服素材の性能
　3．よりよい衣生活を創造する
　　3.2.3.1　衣服の購入

　　3.2.3.2　衣服の手入れ
　　3.2.3.3　衣生活と環境・資源
　　3.2.3.4　すべての人が快適な衣生活を

　3章　住生活をつくる
　1．人と住まいのかかわり
　　3.3.1.1　人と住まいのかかわり
　　3.3.1.2　ライフスタイルと住まい
　2．快適な住まいづくり
　　3.3.2.1　住空間のなりたちと計画
　　3.3.2.2　生活空間の計画
　　3.3.2.3　生活しやすい住まい
　3．健康的で安全な住まい環境
　　3.3.3.1　健康に配慮した室内環境
　　3.3.3.2　安全に配慮した室内環境
　　3.3.3.3　計画的な維持管理の必要性
　4．住環境と地球環境
　　3.3.4.1　住まいと住まいの文化
　　3.3.4.2　人と住まいの環境
　5．よりよい住生活を創造する
　　3.3.5.1　快適な住まいをすべての人に
　　3.3.5.2　快適な住生活を次の世代にも

4編　消費者として自立する
　1章　消費行動を考える
　1．主体的な消費行動
　　4.1.1.1　毎日が消費行動
　　4.1.1.2　生活情報を集め，使う
　2．消費者の権利と責任
　　4.1.2.1　購入のあり方
　　4.1.2.2　消費者の権利を守るために
　　4.1.2.3　消費者の権利とこれからの消費者
　3．資源・環境を考える
　　4.1.3.1　私たちの生活と資源・環境
　　4.1.3.2　これからのライフスタイル

　2章　経済的に自立する
　1．経済のしくみを知る
　　4.2.1.1　独立して暮らす
　　4.2.1.2　家庭経済とは
　　4.2.1.3　国や世界につながる家庭経済
　2．計画的にお金を使う
　　4.2.2.1　経済設計の必要
　　4.2.2.2　人生設計と経済設計

生活設計
　　5.0.0.1　これからの人生
　　5.0.0.2　生活設計の内容と方法
　　5.0.0.3　21世紀の社会を生きる

表2　並べかえによって生成された新しい目次（最小項目の4桁番号は表1と対応している）

1編　発達過程の中の学習者
 5.0.0.3　21世紀の社会を生きる
 1．現在の自分：青年期
  1.0.1.2　自分をみつめる
  1.0.1.1　人生の主人公は自分
  1.0.3.1　青年期の課題
  1.0.3.2　高校生活の設計
  2.2.4.1　生活習慣の形成と自立
  1.0.2.2　発達段階と人生の課題
  2.1.4.4　生活時間

 2．これまでの自分：子ども
  2.2.4.2　子どもの生活
  2.2.1.1　子どもの世界と出会う
  2.2.2.1　かけがえのない生命
  2.2.5.1　いま子どもたちは
  2.2.3.1　人の発達と保育
  2.2.3.2　からだの発達
  2.2.3.3　心の発達
  2.2.1.3　子どもを育てる
  2.2.1.2　ともに育ちあう
  2.2.5.3　子どもがすこやかに育つ環境
  2.2.2.2　子育てのための環境づくり

 3-1．これからの自分：家族をつくる
  1.0.2.1　さまざまな生き方
  4.1.3.2　これからのライフスタイル
  5.0.0.1　これからの人生
  2.1.2.1　家族・家庭とは
  4.2.1.1　独立して暮らす
  2.1.1.2　いろいろなパートナーとの暮らし
  2.1.1.1　かわる結婚
  1.0.2.3　男女がともににになう生活をめざして
  2.1.2.2　ライフサイクルと家族

 3-2．未来の自分：高齢者
  2.3.2.2　高齢者の暮らし
  2.3.2.1　高齢者の心とからだ
  2.3.1.1　高齢社会の現状
  2.3.1.2　高齢社会の課題
  2.4.1.2　社会に暮らすみんなのための福祉
  2.3.3.2　地域住民の助けあい
  2.4.2.1　福祉は地域から
  2.3.3.1　地域に根ざした福祉システム

2編　社会制度の中の学習者
 1．法制度
  2.1.3.2　現代の家族と法律
  2.1.2.3　時代とともにかわる家族・家庭
  2.1.3.1　家族法の理念とは
  2.1.3.3　民法改正への動き

 2．社会制度
  2.1.2.4　こんにちの家族がかかえる問題
  2.4.1.1　社会保障制度のしくみ
  2.2.5.2　すこやかに育つ権利
  4.1.2.2　消費者の権利を守るために
  4.1.2.3　消費者の権利とこれからの消費者

3編　文化と生活知識の中の学習者
 4.1.1.2　生活情報を集め，使う
 1．食
  3.1.3.2　食品の衛生と安全
  3.1.3.1　食品を選び，保存する
  3.1.2.1　食品の栄養素とからだの成分
  3.1.2.2　炭水化物とその食品
  3.1.2.3　脂質とその食品
  3.1.2.4　たんぱく質とその食品
  3.1.2.5　無機質とその食品
  3.1.2.6　ビタミンとその食品
  3.1.2.7　その他の食品
  3.1.4.1　栄養所要量と食品摂取量のめやす
  3.1.4.3　調理の基本
  3.1.4.4　食卓の作法
  3.1.4.2　家族の食事を計画してみよう

 2．衣
  3.2.1.2　私たちの衣生活
  3.2.1.1　衣服の機能
  3.2.2.2　繊維の種類と特徴
  3.2.2.1　衣服素材の種類
  3.2.2.3　衣服素材の性能
  3.2.3.2　衣服の手入れ
  3.2.3.4　すべての人が快適な衣生活を

 3．住
  3.3.1.1　人と住まいのかかわり
  3.3.4.2　人と住まいの環境
  3.3.4.1　住まいと住まいの文化
  3.3.2.3　生活しやすい住まい
  3.3.1.2　ライフスタイルと住まい
  3.3.2.1　住空間のなりたちと計画
  3.3.2.2　生活空間の計画
  3.3.3.1　健康に配慮した室内環境
  3.3.3.2　安全に配慮した室内環境
  3.3.3.3　計画的な維持管理の必要性
  3.3.5.1　快適な住まいをすべての人に

 4．環境・資源
  4.1.3.1　私たちの生活と資源・環境
  3.1.5.2　食生活と環境のかかわり
  3.1.5.1　日本の食糧事情と輸入食品
  3.2.3.3　衣生活と資源
  3.3.5.2　快適な住生活を次の世代にも

 5．経済
  4.2.1.2　家庭経済とは
  4.2.1.3　国や世界につながる家庭経済
  2.1.4.1　私たちの生活をささえる仕事
  2.1.4.2　家事労働
  2.1.4.3　職業労働
  4.1.1.1　毎日が消費行動
  4.1.2.1　購入のあり方
  3.2.3.1　衣服の購入
  4.2.2.2　人生設計と経済設計
  4.2.2.1　経済設計の必要
  5.0.0.2　生活設計の内容と方法

に生成された目次の意味を検討する。

3 考察

（1）生成された目次にみられる多声性

生成された目次は，読者を学習の中心に位置づけ，異なる観点から語りかけることでその学びと社会化を促す，多声的な構造をもっている。

多声性とは，特定の作者や主人公による単一の声ではなく，互いに独立した複数の声の対話や交錯として，ひとつのテクストができあがっていることを指す。バフチンはドストエフスキーの小説にこの構造を見出して芸術的な特性を論じた（Bakhtin, 1995/1972）。

パーカーはバフチンの洞察を言説分析に援用し，同一性や共通テーマを探すのではなく，多声性，すなわち言説の中の矛盾や食い違いを見出すことをポイントとして挙げている。「カテゴリーの中の，あるいはカテゴリー間の矛盾はどんな役割を果たしているのか」（Parker, 2008/2005, p.123）を摘出し，言説の効果を検討することが分析の主眼とされる。

目次は教科書というテクストの本文そのものではない。しかし，個々の項目は，パーカーの指摘する，言説のなかのさまざまなカテゴリーを表現し代表している。それゆえ，目次の特徴と，相互の関係や食い違い等に着目することで，教科書言説の構造とその作用を明らかにできる。このように本節では目次項目を個々の声とみなして言説分析を実施した。

上記の観点に立つと，生成された目次のカテゴリーを，それぞれ独立した主張を形成する声の集まりとみなすことができる。

第1カテゴリー「発達過程の中の学習者」は，生涯発達，およびその背景にある家族や養育関係など，学習者にとって親密で身近な具体的関係に定位した言説である。一方，第2の「社会制度の中の学習者」は，法と権利，さらには利害関係など，抽象的，公共的な関係を記述しており，第1カテゴリーとは異質な言説となっている。個別的かつ密接な関係を記述する前者と，そうした要素を排した法的言語で関係を記述する後者の間には，食い違いや矛盾も時に生じ得る。

さらに，第3の「文化と生活知識の中の学習者」も，前二者とは異質な言説体となっている。第1，第2カテゴリーからみれば，これらの知識や技能に即して，たとえば家族内での分業や分担，外部制度との折り合いなどといった問題が派生する。しかし，第3カテゴリーの内部では，これらの問題が直接的に扱われることはない。

このように，生成された目次では，互いに性質を異にする言説が，それぞれの観点から学習事項を提示し学習者に語りかける言説構成が成立している。本稿ではこれを目次項目の多声性と考える。

ここには，学習者の学びと社会化に関して，異質な観点から言説を展開し語るという構造がみられる。端的に言えば，さまざまな立場の大人たちが，「学習者を社会に迎え入れる」という共通目的のもと，異なる観点から学習者に語りかける構造といえる。

各カテゴリーの背景には，成長を見守り養育する者，法と制度の担い手，知識と文化の伝達者など，異質な語り手を想定できる。各カテゴリーは必ずしも調和，分業しておらず，それぞれ固有の原則から語りがなされるし，学習する側も個別の関心から各々の声に耳を傾ける。

しかし，社会生活を営むうえでは，特定のカテゴリーだけに依拠することはできず，異質なカテゴリーの知見や情報が不可欠である。むしろ，相異なる声の提供する異質な要素を選択し使い分けられることが，社会人としての発達を意味するということもできよう。言い換えると，互いの異質性を明確に示しつつ，社会化と学びという共通目的のもと，異なる声がそれぞれ学習者に語りかける点が，新しい目次の特徴である。

翻ってみれば，教育のプロセスには多声性が不可欠に伴うともいえる。異質な言説が飛び交う中で，それらを検討し選択することを通して，学習者は大人となる。また，異質な事項に直面し，ときに矛盾する要素を使いこなすことで，高次の判断を下せるようになる。新たな目次は，こうした異質性を積極的に開示することで教育を行う構造となっている。

（2）現行教科書を規定する権力作用

新しい目次と比べると，現行教科書の目次は，分野ごとの関係が不明瞭で，重複や齟齬を多数抱えたまま項目が羅列されているようにみえる。

目次の重複や，関連事項の分散は，各々の内容や項

目が，それぞれ別々に作成，記述されているために生じるのではないかと考えることができる。すなわち，各々の項目を担う「学会」や「主義」などの社会集団ごとに守備範囲が異なり，それらの力関係とせめぎあいの結果，目次の齟齬や重複が生じている可能性がある。

たとえば，先述した「食生活と環境のかかわり」（3.1.5.2），「衣生活と環境・資源」（3.2.3.3），「私たちの生活と資源・環境」（4.1.3.1）というばらばらの3項目も，生成された目次ではひとつの項目に集約された。

いずれも，大量生産・大量消費ライフスタイルへの問い直し，ゴミ問題と省資源化等を扱っており，内容的にも重なり合う。また資料としても，栽培方法によるエネルギー比較（3.1.5.2），1枚の衣服の製造に必要な石油の量（3.2.3.3），一人あたりのCO_2排出量（4.1.3.1）など，関連する事項を扱ったグラフが採録されている。しかし，これらは別々の箇所に置かれ，相互の関連も何ら示されていない。

ここでは，「食品に関する学会」「衣服に関する学会」「環境についての学会」など，専門と関心を異にする執筆者たちの声が，それぞれ他の団体とは別個に，自分たちの記述や主張を展開している可能性がある。

また，先述した「すこやかに育つ権利」（2.2.5.2），「こんにちの家族が抱える問題」（2.1.2.4），「社会保障制度のしくみ」（2.4.1.1）も，分散していたものが，生成された目次ではひとつの項目に集約された。

各項目では，児童虐待と子どもの権利条約（2.2.5.2），児童虐待やDV等の発生と生活水準や年金受給額等の関連（2.1.2.4），子育て期を含むライフサイクルごとの社会保障制度（2.4.1.1）という問題がそれぞれ取り上げられている。現行教科書ではまったく別々の箇所で断片的に言及されているが，内容の結びつきを考えれば，同一箇所で互いに関連づけるほうが関心を持ちやすく，学習の成果も高いであろう。

ここでも，「法律関連の学会」「福祉や家族社会学に関する学会」「社会保障制度を扱う学会」など，専門と関心を異にする執筆者同士が，それぞれ単独に記述しているように見える。

これらの事例からうかがえるように，現行教科書では，作成し執筆する「大人たち」のさまざまな社会集団が，それぞれ領分を固持して言説を連ねている可能性がある。そのために，分野相互の関連が見えにくくなり，目次項目にも齟齬や重複が多数生じるという結果を招いている。

ただし，実在する学会や主義主張と，言説分析から浮上する個々の社会集団とが一対一対応しているかどうかには慎重な検討が必要である。実際の教科書作成においては，執筆者や学会などの社会集団だけでなく，歴史的な経緯や政策的意図，社会情勢等，多くの要素が複合しているはずであり，実在する社会集団との単純な対応を論じるべきではあるまい。

むしろ，目次編成については次のように考えるべきであろう。よりよい教科書を作成しようとする意図は，個々の執筆者や学会，出版社，指導要領やその作成者など，教科書を作る側全体に共通するはずである。しかし，これまでの経緯や互いの配慮，全体の雰囲気などが複合して作用する結果，自然と現行の目次構成に収まっている可能性がある。

このような事態は，ミシェル・フーコーが検討した近代的な権力の構造そのものである。「フーコー的権力」とは，特定の権力者や「権力中枢」によって行使されるものではない。そうではなく，近代的な権力は，社会的なネットワークの細部，相互作用と社会関係の至るところで作用する。その重要な特徴は，人々が自分でもそれと気づかぬうちに，権力の再生産に加担している点である。すなわち，権力に従属する側も，自らの意志で主体的に特定の構造を受け入れ，その温存に荷担している点に注意しなくてはならない（杉田，1998；桜井，2003; Parker, 2008/2005）。

教育現場で教科書を使用する教師も，執筆者も，違和感は抱いているはずである。たとえば，目次項目に重複が多数見られることについても，改善できないかという思いを抱く教師や執筆者は少なからずあると推測できる。しかし，歴史的な経過のもと，多数の関係者同士の複雑な調整を踏まえて教科書が作成されている状態では，違和感を抱きつつも表明できず，従来の形式を踏襲せざるを得ないという事態も起こり得る。無論これらは言説分析結果からの推測であり，執筆者をはじめ関係者へのさらなる調査が必要である。しかし，現行教科書のなかに重複や齟齬が明確に残存するという事態は，フーコー的権力が作用し，当事者同士，

にっちもさっちもいかない状態に陥っている可能性を示唆している。

　この点で，前節の聞き取り調査結果3「なぜかどの教科書もあそこを，いつも最初は家族ですよねえ」という教諭の声は示唆的である。後段表4でも示すように，家庭科教科書については家族関連の事項が冒頭に置かれることが，ほとんど慣習化しているように見える。また2節でも触れたように，家族関連の事項を前方に配置する構造は現行教科書の大部分にも共通している。明文化された規則や命令があるわけではないにもかかわらず，特定の配列が温存されていることの，少なくとも一因として，フーコー的権力の作用を指摘できるであろう。次節では，同様の作用が教科書本文にも影響を及ぼしている可能性を検討する。

　その一方，本節の「並べかえ」は，家庭科教科書の目次について，従来と同等の内容を含みつつ，学習者に寄り添い関心を喚起する配置があり得ることを示した。この新しい目次構成は，「いまの教科書は使いにくい」という教諭の声に対するひとつの返答でもある。

4　本文に対する分析：
偽りの主体化装置としての教科書

1　分析：特徴的な「語り口」への着目

　本節では，本文に見られる違和感に着目して，語り口を対象とした言説分析を実施する。前節と同様，実教出版の家庭012「家庭基礎」（平成14年検定・平成17年発行）を分析の対象とした。

　具体的には，読者として違和感を覚える記述をマークし，その特徴を分類した。たとえば，何をさせたいのか，どう考えればよいか不明に思われる記述，疑問を感じる記述を手がかりとし，類似するものをまとめて分類した。その結果，【「同業者」を向いた言説】【学習者への丸投げ】【なりゆきの追認】の3カテゴリーを得た。

（1）【「同業者」を向いた言説】

　教科書本文の特徴の第1は，政策提言とも取れる文章や，必要性の疑われるほど詳細な専門用語など，学習者に向けられたとは思えない記述が多く見られることである。教科書全体のなかでは計30箇所を確認できた。以下，例を挙げて解説する（いずれも下線は筆者）。

> 世帯は，<u>単独世帯・親族世帯・非親族世帯</u>に分類される。単独世帯とは，一人で生活している世帯，親族世帯とは，婚姻関係・血縁関係の人々で構成されている世帯，非親族世帯とは，友人などの親族関係にない人たちが，一緒に暮らしている世帯である。（中略）1980年代後半からは，単独世帯や核家族世帯のなかの夫婦のみの世帯が増えてきている。また，非親族世帯もわずかではあるが，増えてきている（教科書p.21）

　詳細かつ専門的である一方，定義と解説が示されるだけであり，分類の意味や有効性，この概念規定から導き出される知見等は一切示されずに終わっている。これらは「時代とともにかわる家族・家庭」（2.1.2.3）の項目に出現するだけで，高齢化，ライフサイクル，生活設計など，内容的に深く関連するはずの他の項目にはまったく出現しない。

> 生活設計にあたっては，個人として自分が望む生き方と，家族の一員として自分にともなう責任や義務とを考慮し，最も適切な選択ができるように調整する必要がある。生活設計に沿った人生を実現するためには，<u>家庭生活にかかわる法律や諸制度の整備・充実も求められる</u>（同 p.10）

　「発達段階と人生の課題」（1.0.2.2）末尾，記述はこれだけで終了している。下線部は立法府や行政機関に向けられた政策提言のようである。少なくとも高校生には，提示されても如何ともし難い言説と思われる。

　これらはいずれも，学習者に向けられた言説とは考え難い。むしろ，3節で述べた社会集団，ここではたとえば「家族を扱う学会」が，同業者や他領域の専門家，あるいは執筆者仲間を意識した言説となっているように思われる。執筆者同士，大人同士を意識してつくられた言説が，学習者「にも」示されているかのようである。

以上の特徴は，前節の目次分析結果を裏付けている。すなわち，家庭科教科書の言説は，必ずしも学習者に向けられていない。むしろ，教科書を執筆する社会集団同士のせめぎあいの産物として，これらの言説は生み出されているように見える。

前節の考察と同様に，ここでもフーコー的権力の作用を推測できる。すなわち，特定の権力中枢が発する一元的な命令によってこのような記述が行われているのではなく，社会集団同士のせめぎあいの結果，執筆者や学会等の織りなすネットワークの細部で，これらの記述が生み出されている可能性がある。

執筆に際して，これを書かなくてはならないという明文化された原理があるわけではない。たとえば，詳細すぎる専門概念や政策提言的文言などは，教科書作成側にとっても記述するかどうか疑問と感じられるであろう（これらが指導要領で規定されているわけでもない）。しかし，書いておかないと同業者に格好がつかない，書かないとまずいような気がする，などの漠然とした意識が，教科書を作成する人々を規定している可能性がある。フーコー的権力はこのようにして教科書の成り立ちを規定する一方，結果としては学習者を疎外することになる。

（2）【学習者への丸投げ】
〜考えてみよう，めざしたい

教科書本文に見られる第2の特徴は，判断を学習者に丸投げする言説や，人称不明の願望表現が目立つことである。前後関係を含めてこのように判断できる記述は，教科書全体の中で計34箇所を確認できた。

1点目の，判断を学習者に丸投げする言説とは，判断材料を十分に与えないまま，学習者に「考えてみよう」と呼びかけるものである。たとえば，「私たちが自分らしく生きるためにはどのような条件が必要なのか，考えてみよう」（同 p.8）という記述が典型である。これは「自分をみつめる」（1.0.1.2）を締め括る記述である。しかし，実際に「考える」ため必要な手がかりや方向性，たとえば職業選択やライフスタイル等の話題，考えの方向や選択肢などは一切示されておらず，「考えてみよう」で本文は終わっている。文字通り「聞きっぱなし」であり，学習者に学びを促すものとは言い難い。

ちなみに，2節の結果4で示した教諭の声は，こうした記述のために，教科書が学習者にとっても授業者にとってもわかりにくく，使いにくくなっていることを如実に示している。すなわち，教科書は「さあ考えましょう」と問うだけで，何が大事なポイントか，考える道筋や材料としてどのようなものが存在するかは「わからなくなっちゃってる」。

2点目の，人称不明の願望表現とは，誰を主体とするのか不明の，漠然とした願望や希望が表れた言い回しである。具体的には「めざしたい」「期待されている」「求められている」などの言葉が使用される。「女性と男性がともに協力してつくる家庭生活をめざしたい」（同 p.13）という記述はその一例である。この記述は「青年期の課題」（1.0.3.1）に登場する。青年期が将来への準備期間であることを論じ，「従来の性別役割分業は，女性として，男性としての自分自身の生き方やパートナーとの関係にかかわって，影響を及ぼしたり葛藤を生じさせたりする」と記述された直後にこの一文が出現する。

引用文はまさに人称が不明で，誰に向けられたものか，「めざす」のは誰かを特定できない。たとえば，執筆者をはじめ大人が整備すべき課題なのか，学習者がいま家庭で何かアクションを起こせと言われているのか，あるいは学習者が成人になってから実現せよと言われているのか判断できない。その意味で，この言説も学習者に向けられたメッセージとはなっていない。

34箇所の記述はいずれも，表面上は，学習者に主体的な思考や判断を促しているように見える。しかし前後の記述を検討すると，思考や判断に必要な材料や，考えるべき課題，対立する論点などは一切提示されていない。ただ漠然とした希望が示されているだけである。

人称が不明で誰に宛てられた言説かわからず，何をさせたいか不明確な教科書に，学習者と本気で対話する意図があるとは考えがたい。学習者が自らの答えを提示することは，そもそも期待されていないようにさえ見える。教科書の言説が学習者には向けられていないことを，ここでも確認することができる。

その一方で「考えよう」などの呼びかけが繰り返されている点に，家庭科教科書の興味深い特徴がある。教科書は学習者に，本当に考えさせる意図もないまま，

「考えよう」と呼びかけているように見える。その内実を問わず，確認も応答もしないまま，ただ「考え」，「めざす」ことを「期待」する。こうした不思議な呼びかけが教科書では展開されている。ここでは，なんとなく大人の思っているようになってほしいという漠然とした希望が，学習者に投げかけられているかのようである。

学習者に問いかけつつも，それに即して学習者が何らかの反応を起こすことは想定されていない。そもそも，学習者の具体的な反応を導き出そうとする姿勢が見出せない。同様の傾向は第3の特徴にも見られる。

（3）【なりゆきの追認】～結局いろいろある

第3の特徴的な表現は，対立する論点を併記しながらそのまま放置して進行する表現，対立構造の存在自体を隠蔽し，変化する現状をもっぱら追認していると読み取れる表現である。この構造に該当する記述は，教科書全体で計23箇所を確認できた。以下に例を2つ挙げる。

例1

> 近年では，生活はともにするが婚姻届を出さず，事実婚を選択するカップル，離婚をしても新たなパートナーと出会い，再婚をするカップル，同性同士で生活をともにする人たちなど，さまざまな形で，パートナーとの生活を営む人たちがいる（同 p.18）

「いろいろなパートナーとの暮らし」（2.1.1.2）であるが，本文はこの引用がすべてで，前後にこれ以外の文章はない。さまざまなパートナーのあり方が併記されたまま記述は終わっている。多様な形に言及して客観性・中立性を維持する意図と考えられるが，関連する問題点や論点は何も明記されていない。たとえば，事実婚の選択は婚姻制度のどこに疑問を抱いてのことか，それに関連して法改正はじめ賛否どのような声が上がっているか等を記すことは，学習に不必要とは言えないであろう。

例2

> このように形はちがっていても，家族はかけがえのない存在であり，心のよりどころとなるものであることにかわりはない。しかし，近年では，グループホームなどで，近親者でない人と共同生活を営む人が出てきている（同 p.19）

「家族・家庭とは」（2.1.2.1）で，家族の構成員について述べたあとの記述である。家族の重要性を謳った直後，対極的にグループホームの例を挙げており，両者の間には考え方や価値観の相違，対立が当然予想される。しかし，相違や対立に関する言及はない。

いずれも対立する論点や検討事項を放置し，結局「いろいろある」で話を収めている。言ってみれば，ものわかりのよい大人が登場して，最後に事態を締めくくるような言説構成となっている。対立事項を併記して客観性を維持することが執筆者たちの意図であろうとは推測できる。しかし，結果としての記述は，論点を十分に対立させ深めることのできないまま逃げを打ってしまったようにも読み取れる。

ここで取り上げた「いろいろ」は，前節で考察した「多声性」とは異なる。「多声性」は，対立や矛盾を隠蔽せず，むしろそこで生じる葛藤を重視する概念である。それに対し現行教科書では，対立や矛盾が露呈するほどの突き詰めはなされず，文字通り「いろいろあるよね」の一言で議論を止める表現となっている。すなわち，学習者を対立や矛盾に遭遇させ，問いを突きつけ思考させるものではない。

社会集団同士のせめぎあいの産物として現行教科書の言説が生み出されていると述べた。しかし，現行教科書は，社会集団同士の声がぶつかりあう「多声性」の場ではない点に注意する必要がある。さまざまな学会や考え方など，社会集団ごとのせめぎあいは，しかし，学習者に対しては，一枚岩の「大人の声」として姿を現している。

先に（2）では，学習者に問いかけているようでありながら，何も導き出さず反応も期待しない言説の存在を指摘した。そうした言説の担い手こそが，ここで述べたものわかりのよい「大人の声」，対立する論点や矛盾を隠蔽する一枚岩の声にほかならない。

あらためて教科書本文の特徴を整理する。第1に，現行教科書の言説は，学習者ではない人々を意識してつくられている。第2に，それらの言説は，学習者の積極的な反応や応答を期待しない呼びかけとなってい

る。第3に，言説の間に存在する対立や矛盾は隠蔽され，学習者に対しては一枚岩の「大人の声」が装われている。

2 考察：教科書という装置

上記の特徴を踏まえると，現行の家庭科教科書は，フーコー的な「主体化の装置」を装った，「偽りの主体化の装置」であるように思われる。

フーコーは，パノプティコン，一望監視装置（Foucault, 1977/1975）の著名な議論を通してこう論じている。近代的な個人は，常に何らかの権力によって監視され，問いかけられ，自己に関する告白を迫られる存在である。そのプロセスを内面化することで，絶え間なく自己やその振る舞いを監視し続ける近代的な個人，常に自らの意志で判断する近代的な主体が形成される。学校制度はこうした主体をつくる装置の典型でもある（桜井，2003）。

これらの議論を敷衍するなら，教科書もまた，学習者の主体化を迫る装置といえる。教科書は，ある領域についての知を集積した公的な言説であり，学校という装置のもとでもっぱら使用される。学習者は，教科書から問いかけられ，判断やその妥当性の検討を求められ，また自己に関して告白を迫られる。教科書から問題を突きつけられ，考えさせられることを通して，学習者は，自分で選択し決断を下せる「主体」となる。

しかし，先述した本文の特徴からみると，現行の家庭科教科書は必ずしも「主体化の装置」とはなっていない。教科書は，その見かけとは裏腹に，学習者に回答を求め判断を迫ってはおらず，その答えを期待してもいない。学習者が主体的な判断を下し回答するのに必要な資源も提示していない。論点を放置したまま，ただ「聞いてみただけ」の言説を発するだけである。一方で，対立や問いが表面化しそうな場面では，「いろいろある」という大人の声で判断を打ち切っている。

つまり，家庭科教科書は必ずしも学習者を念頭に置いておらず，その主体化を目指していない。大人の声や家庭科の大枠を壊さずに従属しさえすれば，学習者は細かいことを問われずに済むかのようでさえある。

体裁としては主体化の装置でありながら，何をさせたいのかは不明で，主体的な判断や選択を促さない。学習者には，領域ごとの細かな事項や説明に追従し，漠然とした大人の声に従うことだけが要求される。教科書のこのような特性が，2節で述べた「わかりにくさ」「使いにくさ」の一因ではないかと考えることができる。教科書のこうした特徴が歴史的にも一貫していたことを，次節では経年的な比較によって検討する。

5 教科書の通時的分析：
時代への同調という一貫した姿勢

1 戦後教科書の変遷の分析

本節では教科書を通時的に分析し，学習者を看過したままの教科書編成が，戦後の教科書に一貫していた可能性を示す。ただし紙幅の都合上，出版されたすべての家庭科教科書についてこれまでとまったく同じ分析を行うことはできない。ここでは，前節までの基本的な問題意識を継承しつつ，戦後から現在までの家庭科教科書に通底する特徴を摘出する。具体的には，時期ごとに特徴を整理し，戦後以降の家庭科教科書に一貫する「系譜」を摘出するとともに，目次の構造を検討する。

本節で分析の対象とするのは，戦後から現在までに実教出版から出版された家庭科教科書である（表3）。年代ごとの特徴を検討した結果，戦後から現在までの教科書を，大きく3つに分けて整理した。

（1）戦後〜昭和40年代前半：
「イデオロギー」の時代

戦後すぐから昭和40年代前半の教科書の特徴は，一見，「イデオロギー」を強い口調で示しがちという点にある。教科書のさまざまな局面で「正しい」ことが声高に叫ばれる。

この特徴をもっとも顕著に表しているのは各々の教科書の前書きである。前書きでは教科書の目指す事柄が宣言される。この時代の教科書では，「家庭および家族関係はどうあるのが正しいか」を述べた（S25・S30，前書き），学習者が教科書によって「正しい観点をもてるように配慮した」（S42，前書き）等の記述がみられる。

表3　通時的分析の対象とした教科書の一覧
（同一名称で改訂を重ね変化の少ないシリーズにはa～dの添え字を付した）

本文での呼称	教科書番号	検定年	発行年	名称
S25	高家1009	1950 S25	1956 S31	一般家庭　家族
S30	高家1144	1955 S30	1955 S30	高校家庭　家族Ⅰ
S31	高家1040	1956 S31	1957 S32	高校家庭一般（食物・保育・家族）
S34	高家1060	1959 S34	1959 S34	家庭一般
S42	家庭079	1967 S42	1968 S43	新編　家庭一般
S45	家庭103	1970 S45	1971 S46	家庭一般　三訂版
S47	家庭406	1972 S47	1973 S48	新編　家庭一般
S50a	家庭447	1975 S50	1977 S52	高校家庭一般　改訂版
S53a	家庭470	1978 S53	1979 S54	高校家庭一般　三訂版
S56b	家庭008	1981 S56	1982 S57	高校　家庭一般
S59b	家庭039	1984 S59	1985 S60	高校　家庭一般　改訂版
S62b	家庭073	1987 S62	1988 S63	高校　家庭一般　三訂版
H2b	家庭097	1990 H2	1991 H3	高校　家庭一般　四訂版
S59c	家庭040	1984 S59	1985 S60	新　家庭一般
H2c	家庭098	1990 H2	1991 H3	新　家庭一般　改訂版
S62d	家庭072	1987 S62	1988 S63	新版　家庭一般
H2d	家庭096	1990 H2	1991 H3	新版　家庭一般　改訂版
H5	家庭508	1993 H5	1994 H6	家庭一般
H9	家庭538	1997 H9	1998 H10	家庭一般　新訂版
H14	家庭012	2002 H14	2005 H17	家庭基礎
H18	家庭043	2006 H18	2007 H19	新家庭基礎

　ただし，「正しさ」を示す姿勢が，教科書の中で常に一貫しているわけではない。たとえば，異性との交際や配偶者の選択については「親・兄弟・先生・先輩などとよく相談」（S25, p.34）せよとの記述があるなど（S31でも同様），教科書が正しい判断を示そうとはしていない。
　すなわち，強い口調で「正しさ」を強調する一方，具体的な問題については「まわりとよく相談」するよう勧めるという，どこか腰の引けた姿勢が，この時代の教科書の特徴である。
　「イデオロギー」を前面に押し出しながら貫徹されないという特徴は，男女平等のトピックでも確認できる。家庭での男女平等を謳う記述がある一方，家事は女性の仕事という考えを容認する記述も混在している。S30, S31では，家庭では「男女を問わず，自分の分に応じて協力」（S30, p.6, S31, p.112）すべきと述べる一方，「母を中心に，家族がそれぞれの持ち場において協力」（S30, p.6, S31, p.112）すべきとも述べている。

　このように，この時代の教科書には明らかな「イデオロギー」が目立つものの，トーンの強さ・鋭さは一貫していない。

（2）昭和40年代後半～昭和60年頃：
「計画・実行・反省」の時代

　昭和40年代後半から昭和の終わりにかけての教科書は，学習者の自主性を重んじ，学習者が自ら計画を立てて行動することを重要視している。この傾向は教科書の前書きから導き出すことができる。たとえば，学習者による「計画（plan）→実行（do）→反省（see）」を重んじる記述が，S50a・S53a，ならびにS56b～H2bの前書きにある。また，「考えてみよう」（S59c・H2c，前書き），「一人ひとりが（中略）力を養っていこう」（S62d・H2d，前書き）という記述にもこの姿勢が表れている。
　本文をみると，この時期には，以前の教科書からの論調の変化や，新しいトピックの登場が目立つ。たとえば，これまでの教科書では旧来の「家」制度を批判

し核家族化を推進する記述が見られた（S25〜S34）のに対し，核家族の問題点が示されるようになる（S50a〜H2b, c, d）。以前は声高に叫ばれていた「男女平等」も，女性の就業に批判的な記述が見られるようになる（S45〜S56b）。「家族計画」「避妊」「人工妊娠中絶」についての記述が登場するのもこの時代である（S42〜H9）。

ただし，論調の変化や新しいトピックはあるものの，積極的に矛盾や対立を明示しているわけではなく，「多声性」はみられない。

（3）平成：「自己決定」「多様性」の時代

平成前後から，「自己決定」「多様性」を叫ぶ記述が急増する。まず S62d 以降「自分で」「自立」「独り立ち」などの言葉が多用されるようになる。ここでも特に前書きでこの姿勢が顕著であり，「自らの手で築く」「一人ひとりが（中略）はばたく」（S62d・H2d），「自立」（H9），「独り立ち」「自立や自律」「自分の責任」（H14），「自分でデザインする」「一人ひとりの暮らし」（H18）などの言葉が並んでいる。

また，H5 からは「多様化」という言葉が頻出し，家族形態，さらに人生観を表現する典型的な修辞句となる。「家族・家族観が多様化するこんにち」（H5, p.9），「多様化する家族」（H9, p.15），「多様な家族のあり方」「多様な暮らし方」（H14, p.23）などの記述がその例である。

とりわけ H18 では「多様性」が強調されている。ただし興味深いことに，「多様性」が頻出する本文とは対照的に，欄外では図や表を用いて「スタンダード」が示されている。たとえば，「多様な家族のあり方」（H18, p.18）を描き，「一人ひとりが自分らしさを追求する生き方をめざしたい」（H18, p.10）と本文にある一方で，高校生の「なりたい職業」（H18, p.170），「人生の見通し」（H18, p.172）に関する統計結果が欄外には掲載されている。これら欄外の数表は，多様性の称揚とは裏腹に，社会の支配的な傾向をスタンダードとしてさりげなく示しているように見える。

2　目次の比較からみた家庭科教科書の系譜

以上の分析結果は，家庭科教科書の歴史が，時代への同調の歴史であったことを示唆している。一見したところ，家庭科教科書では「イデオロギー」「計画・実行・反省」「多様性」と中心的なトピックが変化し続けている。しかしそれらはいずれも，各々の時代時代に支配的な傾向であり，家庭科教科書はそれらを時宜に応じて取り入れただけのように見える。振り返ってみれば，これらのトピックはいずれも，一貫して教えるべき普遍的な原理ではなかったと考えざるを得ない。

教科書は，たとえば「イデオロギー」を唱導しつつ，実際には周囲への相談を薦めていた。「多様性」の時代と宣言しつつ，望ましい「スタンダード」を示していた。それはあたかも，「こんな選択肢もあるけど，でもみんなはこれを選んでいるよ」と言っているかのようである。

すなわち，戦後の家庭科教科書に一貫するのは，時代の支配的な言説へと同調する姿勢であったように見える。これこそが，各時代に通底する家庭科教科書の系譜であるといってもよいであろう。

続いて，時代ごとの教科書の目次を検討してこの傾向を確認した。なお，改訂された教科書間では目次に変化がほとんどないため，表 3 で a〜d の添え字を付したものについては 1 冊目のみを分析の対象とした。また，S25，S30，S31 については，目次がまったく，あるいは一部しか入手できなかったため，ここでは分析対象から省いた。

目次の配列や区分を検討するため，まず各章の名称に着目し，表 4 を作成した。ただし，S34 では「章」の括りがなく，また「章」にあたる区分は他の教科書の「章」より個数が目立って多かったため，その上位区分である「編」を採用した。

各章の名称を比較すると，カテゴリーの大枠に変化のないことがわかる。どの教科書にも「家庭」あるいは「家庭経営」，「保育」，「食物」，「衣服」，「住居」などのカテゴリーが並び，括りはほとんど変化していない。

H14 および H18 では，一見，括りが変化しているように見える。しかしこれらはみな，「家族」や「保育」といった既存のカテゴリーが名称を変えて登場しているだけである。「高齢者」「消費」という新規のカテゴリーが登場するものの，これらは既存のカテゴリ

表4 各年代の教科書における章および章相当項目を順に並べたもの

教科書	1	2	3	4	5	6	7	8	9	10
S34	食物編	保育・家族編	服編	家庭経営編						
S42	家庭生活と家庭経営	計画的な家庭経営	能率的な家庭生活	食生活の経営	衣生活の経営	住生活の経営	乳幼児の保育			
S45	家庭生活と家庭経営	計画的な経済生活	能率的な家庭生活	食生活の経営	衣生活の経営	住生活の経営	乳幼児の保育			
S47	家族と家庭経営	家族の生活時間と労力	家庭の経済生活	食生活の経営	衣生活の経営	住生活の経営	乳幼児の保育			
S50	家族と家庭経営	家族の生活時間と労力	家庭の経済生活	食生活の経営	衣生活の経営	住生活の経営	乳幼児の保育			
S56	家庭生活の設計と家族	衣生活の設計と被服製作	食生活の設計と調理	住生活の設計と住居の管理	母性の健康と乳幼児の保育					
S59	家庭経営	食生活	衣生活	住生活	母性の健康と保育					
S62	家庭経営	食生活	衣生活	住生活	保育					
H5	家庭経営	保育	食生活	衣生活	住生活					
H9	家庭経営	保育	食生活	衣生活	住生活					
H14	自分らしく生きる	家族とかかわって生きる	子どもとかかわって生きる	高齢者とかかわって生きる	社会とかかわって生きる	食生活をつくる	衣生活をつくる	住生活をつくる	消費行動を考える	経済的に自立する
H18	自分らしい生き方と家族	子どもとかかわる	高齢者とかかわる	食生活をつくる	衣生活をつくる	住生活をつくる	消費行動を考える	経済的に自立する		

ーを分割・再編成はしておらず,既存の枠を維持したまま新規の事項として付加されている。

3節でも示したとおり,これらの括りは絶対的とは言い難い。学習者の視点に立てば別の並べ方もあり得る。にもかかわらず,戦後一貫して,カテゴリーの大枠は分割も再編成もされず維持されてきた。

すなわち,3節で検討した事項は,戦後の教科書に一貫して続いてきたと考えることができる。教科書の目次は,時代ごとの支配的な潮流に表面的には同調する一方,基本的には,戦後から現在までずっと,学会や執筆者のせめぎあいによって規定されてきた可能性がある。

6 むすび:
新しい家庭科教科書と教科編成への展望

1 新しい家庭科教科書のイメージ

家庭科教科書はわかりにくく使いにくいという現場の声(2節)を踏まえて,本論文では,学習者を看過している教科書の実情を検討した。すなわち,執筆者同士のせめぎあいによって教科書が編成され,学習者の主体化がなされていない可能性を,目次と本文に対する分析によって示し(3,4節),さらに歴史的系譜としても確認してきた(5節)。

これらの問題点を反転させることで,新しい教科書のあり方を示すことができる。新しい家庭科教科書は,学習者を社会化し文化の中に位置づけるという原則のもと,対立する言説の共存する多声的な構造を持つ。具体的には3節で得られたような目次をとる。

本文については，人称不明の願望表現や，単なる論点の併記といった特有の語り口から脱却しなくてはならない。むしろ，矛盾や対立，さらに学習者自らが判断を下すための材料を，積極的に提示する必要がある。教科書の完全な全体像ではないが，イメージの一端を以下に例示する。

4節（3）の例1では，現行教科書「家族」分野の孤立した一節を取り上げた。ここでは，論点を併記したまま議論が深まらず，結局は「いろいろある」という大人の声で事態が収められていた。この一節を，上記方針に則してたとえば次のように書き直すことができる。

> 近年では，生活はともにするが婚姻届を出さず，事実婚を選択するカップル，離婚をしても新たなパートナーと出会い，再婚をするカップル，同性同士で生活をともにする人たちなど，さまざまな形で，パートナーとの生活を営む人たちがいる。
>
> 事実婚を選択するカップルには，現行の婚姻制度に異議を唱え，事実婚という形態を選択した人たちが少なくない。とりわけ，結婚により夫婦どちらかの姓が捨てられるのは不公平だという意見が多く聞かれる。それに伴い，夫婦別姓を認める法改正を求める声が高まっている。
>
> また，事実婚を選択するカップルは民法において法定相続人になれない，税法において配偶者控除を受けられない，などの問題がある。これは，同性のカップルが直面する問題でもある。しかし，フランスやアメリカの一部の州では，事実婚カップルや同性カップルに対しても婚姻関係にあるカップルと同様の権利が法律で認められている。
>
> さらに，事実婚カップルの間に産まれた子どもは，戸籍上「私生児」の扱いを受けるため，両親が戸籍の登録を拒否する例も，実際に出ている。これは住民票が必要となる就学時に明るみに出ることが多いが，現在は各自治体の役所が個別に判断を下している状態にある。

このように，学習者自身が社会化の過程で直面する可能性のある問題を具体的に明示する書き方が考えられる。他方で，たとえば育児や児童発達に関する記述では，対照的に家族の重要性を強調する記述がなされるかもしれない。新しい教科書は，こうした矛盾と多声的構造を通して，学習者の関心を喚起し，学習者自身による探索と思考を促す。

新しい書き方では分量も大幅に増えるため，教科書をさらに「盛りだくさん」（2節，HO教諭）とする恐れもある。しかし，学習者の関心を高め，自身にかかわる問題を思考し討議する内容へと精選できれば，「教科書の内容を授業の中で深めていく」（同教諭）ことに寄与するであろう。

2　教科再編への展望

内容が分断され体系性が見えにくい，語り口が淡々として学習者に呼びかけていない等の問題は，家庭科に限らず，他教科の教科書にも通底する可能性がある。その詳細な検討は別稿の課題として，ここでは教科全体の中で家庭科のあり方を再検討する。

家庭科を副教科，非主要教科と位置づけることも，家庭科と他の教科とのせめぎあいの産物といえる。これは大人の側，教える側の事情に起因する問題であり，学習者側の関心とは関係がない。

学習者の学びと社会化が教育の目的ならば，既存の編成に固執する必要はない。教育の改革や再生をめざし，学習者を主体とする教育を唱道するなら，既存の教科編成を見直すことがむしろ本筋であり早道である。

家庭科は新しい社会的課題の導入を常に求められてきた。言い換えると，家庭科は「主要教科」の硬直性を克服し，常に変化する可能性を備えている。学習者の生活経験と直結し，その社会化に直面するという意味では，家庭科こそが「主要」な教科であるとも言える。

ならば，教科書の再編にとどまらず，家庭科を中心として教科全体を再編成することも可能なはずである。以下，教科書分析の帰結として，家庭科を出発点に既存の教科内容を学ぶカリキュラムを提言する。

目次が示すように，家庭科は，社会学，発達心理学，法律学，社会福祉学，化学，工学など，多彩な学問分野の交錯する実践的領域である。身近で具体的な事象から高度な知へと，主体的に学習を進めることのできる格好の領域ともいえる。ならば，家庭科を中心に教科を再編することは，教育を「再生」し「変革」する

王道とも言えるであろう。

新しい教科は，家庭科という枠を超えてすべての領域を包含するものであり，「教科 X」とでも呼ぶべき存在となる。もとよりその全体像は詳述できないが，その方向性と端緒を示す。

教科 X は，前述した新しい家庭科教科書と基本原則を共有する。すなわち，個々の執筆者が見解を明記し，それらの声が互いに矛盾し交錯する多声的な構造となる。そのうえで，本論文で提起した 3 カテゴリー，「発達過程」「社会制度」「文化と生活知識」それぞれから出発し，既存の数学や理科，社会などに派生するカリキュラムとなる。

これまで主要教科という枠に押し込められてきた内容は，家庭科を中心とする編成の中で学習される。たとえば，「調理」を出発点に，「化学」に相当する学びが開始される。あるいは，「住居」「被服」の分野から，建築史や文化史，世界の気候など，「世界史」や「地理」にあたる学習が発展する。試験のため，カリキュラムのための学習ではなく，学習者自身の関心に沿って学ぶ点で，これはむしろ自然な流れともなる。

同様に，「家族・少子化」から，人口曲線や関数など，数学の学習を展開できる。「食糧問題・資源問題」から，将来予測や分配など，数学的モデルの考え方や経済学的思考を学ぶこともできよう。

さらに，食の歴史的変遷や，被服の発展史など，生活の歴史的変遷を扱う単元で，「古文」など過去の文学作品を学ぶこともできる。「古文」の副読本や資料として，当時の生活や風俗を解説することは多い。しかし，生活や風俗を古文読解の添え物とするのは話の転倒である。異なる時代，異なる世界の生活を理解することが大目標で，そのために文法や読解を学ぶという方向性こそが，知識探求の正道でもあるはずである。

以上のように，家庭科に相当する領域を中核とし，そこから数学や理科や社会や国語など「周辺教科」が派生する「教科 X」を構想することができる。教育の再生や変革を論じるなら，教科という枠組みの検討も不可欠に伴うはずである。その具体案の一端を本稿では提示した。

3　おわりに　教科書研究の流れと今後の課題

高校家庭科教科書については，ジェンダーバイアスや性別役割，伝統的家族観等の観点から言説を批判的に分析した事例が多く，近年に限っても多数の論考がある（飯塚・青木・岡村・大竹，2001；中山・石川・飯塚・大竹，2001；増田・斎藤・杉山・大竹，2001；小清水・大竹・青木・石川・佐藤，2008 など）。さらに，ジェンダーや家族に関する言説の分析を通して，教科書検定制度を批判的に検討する文献も多数にのぼっている（深谷・三枝・中沢・遠田，1998；久保，2000；鶴田，2004 など）。

むろん，ジェンダー的観点も重要であり，検定制度が教科書に及ぼす影響についても検討の必要がある。それに対し本論文では，ジェンダーも含む多彩な言説体としての家庭科教科書に着目した。そのうえで，生涯発達，法と社会制度，文化と生活知識など，異質なテーマを多声的に交錯させ，学習者の関心を高め社会化を促すことを提起した。また，指導要領や検定制度とは別に，執筆者や学会，教科書会社など，集団のせめぎあいの産物として記述が成り立っている可能性を示した。そのうえで，非主要教科としての位置づけを超え，家庭科を基盤として教科全体のあり方を見直す必要性と可能性を論じた。

このように，本論文では，高校家庭科という枠組みを前提に，その内部で特定のテーマや制度を議論する方法は取らなかった。むしろ，そうした枠組みそのものが学習者を疎外している可能性を指摘し，学びと社会化を促す教科書と教科を展望した。もとより本論文はその試みであり，細部にわたってはさらに詳細な検討が必要である。

本論文では，教科書の目次と語り口に着目して言説分析を行った。先行研究は多くないが，これらの問題意識と分析視座は他教科の教科書にもあてはまるであろう（Barnard, 1998/1998；八ッ塚，2009）。また，学校教育と現実との乖離など，教育の構造的問題とも関連するはずである（Ball, 1999/1990）。「主要教科」と自明視されてきた領域を対象に，より広い視座から言説分析と教科の見直しを行うことも今後の課題である。

同時に，授業場面をはじめ，実際の教育過程で教科

書がどのように使用されているかを検討することも重要な課題である。教科書は使いにくい，使用しない場合もあるとの声が聞き取りの現場からは得られた。本稿はそれに対する，ではなぜ使いにくいのか，どのような教科書であれば使いやすいのかという応答の試みでもある。

　教科書は，授業と学習プロセスにおける主要な道具のひとつである。少なからぬ公的予算が投じられていることも考えれば，教科書の，道具として，言説としての特性を分析し，学習におけるその意義と効果を検討することも不可欠であろう。教科書だけに内閉せず，授業実践における教師や学習者との連関，さらに出版社や教育政策など制度的要因をも加味した言説分析を，今後も展開する必要がある。

引用文献

バフチン, M. M. (1995). ドストエフスキーの詩学（望月哲男・鈴木淳一, 訳）. 東京：筑摩書房（ちくま学芸文庫）. (Bakhtin, M. M. (1972). *Problemy poetiki Dostoevskogo*. Moscow: Khudozhestvennaia literature.)

ボール, S. J.（編）. (1999). フーコーと教育——〈知＝権力〉の解読（稲垣恭子・山本雄二・喜名信之, 監訳）. 東京：勁草書房. (Ball, S. J. (Eds.). (1990). *Foucault and education: Disciplines and knowledge*. London: Routledge.)

バーナード, C. (1998). 南京虐殺は「おこった」のか——高校歴史教科書への言語学的批判（加地永都子, 訳）. 東京：筑摩書房. (Barnard, C. (1998). *Ideology in Japanese high school history textbooks: A functional grammar approach*. DEd dissertation, Temple University.)

フーコー, M. (1977). 監獄の誕生——監視と処罰（田村俶, 訳）. 東京：新潮社. (Foucault, M. (1975). *Surveiller et punir. Naissance de la prison*. Paris: Gallimard.)

深谷和子・三枝恵子・中沢智恵・遠田瑞穂. (1998). 教科書検定の妥当性に関する一考察——1996年度高校家庭科教科書検定を手がかりとして. 子ども社会研究, *4*, 51-66.

飯塚和子・青木幸子・岡村貴子・大竹美登利. (2001). 高等学校家庭科教科書のジェンダーバイアスに関する分析（第1報）——家庭経営領域について. 日本家庭科教育学会誌, *44*, 127-136.

小清水貴子・大竹美登利・青木幸子・石川尚子・佐藤麻子. (2008). 高等学校家庭科教科書から受け取る性別役割観——「社会」「理科」「保健体育」「家庭」の教師を対象とした調査から. 長崎大学教育学部紀要教科教育学, *48*, 81-95.

久保加津代. (2000).「家庭一般」の教科書にみる家庭・家族の扱い（1996年度教科書検定合格本・不合格本・再検定本の比較）. 大分大学教育福祉科学部研究紀要, *22*, 551-566.

『教科書レポート』編集委員会（編）. (2004). 教科書レポート No.48. 東京：日本出版労働組合連合会.

増田あけみ・斎藤美保子・杉山由美子・大竹美登利. (2001). 高等学校家庭科教科書のジェンダーバイアスに関する分析（第3報）——保育領域について. 日本家庭科教育学会誌, *44*, 272-279.

中山節子・石川五月・飯塚和子・大竹美登利. (2001). 高等学校家庭科教科書のジェンダーバイアスに関する分析（第2報）——被服, 食物, 住居領域について. 日本家庭科教育学会誌, *44*, 137-145.

パーカー, I. (2008). ラディカル質的心理学——アクションリサーチ入門（八ッ塚一郎, 訳）. 京都：ナカニシヤ出版. (Parker, I. (2005). *Qualitative psychology: Introducing radical research*. Berkshire: Open University Press.)

桜井哲夫. (2003). フーコー——知と権力. 東京：講談社.

佐藤学. (2000).「学び」から逃走する子どもたち. 東京：岩波書店.

杉田敦. (1998). 権力の系譜学——フーコー以降の政治理論に向けて. 東京：岩波書店.

鶴田敦子. (2004). 家庭科が狙われている——検定不合格の裏に. 東京：朝日新聞社.

八ッ塚一郎. (2009). 高校数学教科書の言説分析研究. 日本社会心理学会第50回大会・日本グループ・ダイナミックス学会第56回大会発表論文集, 428-429.

八ッ塚一郎・玉岡愛. (2008). 高校家庭科教科書に対する言説分析と再構成への試み. 日本質的心理学会第5回大会発表論文集, 96.

付　記

本論文の原資料は日本質的心理学会第5回大会にて発表され（八ッ塚・玉岡, 2008），玉岡の修士論文として平成21年に京都大学人間・環境学研究科に提出されている。投稿にあたって資料の全面的な見直しを行った。

（2010.3.5受稿, 2010.11.16受理）

聴くという行為の課題構造に応じた相違
―― 2 人の児童の発言に着目して

一柳智紀　東京大学大学院教育学研究科・日本学術振興会
Tomonori Ichiyanagi　Graduate School of Education, The University of Tokyo / JSPS Research Fellow

要約

本研究は，児童の聴くという行為が，課題構造の異なる話し合い場面に応じてどのように異なるのか，バフチンの述べる他者の言葉との「内的対話」に着目し，対象児の発言から明らかにすることを目的とした。小学 5 年生 2 学級から 1 人ずつ対象児として頻繁に発言する児童を抽出し，国語科と社会科における対象児の発言を検討した。結果，以下 3 点が明らかとなった。(1) 単元固有の知識が存在し，その獲得・共有に向かう話し合い場面で，2 人の対象児は自分の既有知識や経験と関連づけて他者の発言を聴いていた。(2) 多様な考えを交流し，理解の精緻化に向かう話し合い場面では，一方の対象児はテキストとの「対話」の中で形成された自己のテキスト理解と他の児童による発言を関連づけながら，話し合いの流れを捉えて聴いていたが，もう一方の対象児は話し合いの流れを形成する複数の先行する発言や，先行する発言に加え共有されたテキスト・資料の言葉といった複数の他者の言葉と同時に「(内的) 対話」することを困難としていることがうかがえた。また (3) 課題構造が同じ話し合い場面でも，聴くという行為の特徴は異なっており，教師の応答の違いや先行する発言内容の違い，あるいは参加者間で共有されているテキストの有無など，各場面における社会文化的状況の違いが聴くという行為に影響していることが推察された。

キーワード

聴くという行為，内的対話，課題構造

Title

How Do Students Listen When Task Structures Differ in Classroom Discussions?: Two Case Studies of Students' Utterances

Abstract

This study clarifies how students listen to others in classroom situations with differing task structures, based on Bakhtin's principle of "internal dialogue" with other's words.　Utterances by two frequent speakers in two fifth grade classrooms were analyzed.　The results of the two case studies were as follows.　First, the two students listened to others while connecting their prior knowledge or their own experiences to these utterances during discussions that focused on acquiring and sharing specific knowledge.　Second, in discussions involving interacting with each idea and elaborating each understanding, Student A listened to others relate their own understanding of the text, considering the flow and theme of the discussion, whereas Student B seemed to have problems in "dialoguing" simultaneously with the utterances that formed the flow of the discussion and with the words of shared texts, in addition to others' utterances.　Third, this research suggests that the ways in which teachers respond, as well as the existence of shared texts, affect the students' acts of listening in situations with the same task structures.

Key words

act of listening, internal dialogue, task structures

問題と目的

近年，協働による知識構築やそのための話し合いが重視されており，児童による話し合いを中心とした授業の重要性が指摘されている（例えば Cazden, 2001; Alexander, 2006）。そこでは，互いの発言を聴き，互いの発言に基づきながら議論を進めることが重要とされている（Freedman, Delp, & Crawford, 2005; Alexander, 2006）。

これに関し，従来の教室談話研究では，発言の引用や繰り返し，発言内容の連鎖から，児童が先行発言を聴いていることが指摘されてきている（Forman & Ansell, 2002; Wells & Arauz, 2006; Hadjioannou, 2007）。そのような児童の聴くという行為は，「専有（appropriation）」[1]という概念により論じられている。「専有」とは，ワーチ（Wertsch, 2002/1998）に従えば「他者に属する何かあるものを取り入れ，それを自分のものとする過程」（Wertsch, 2002/1998）である。ヒックス（Hicks, 1996）は，「専有」が対話的で能動的な過程であるとし，ヴィゴツキーが強調する社会的な言葉の「内化」を拡張するとしている。そして，授業中の談話と日記の記述から，児童が教室での学習を通して，教室のコミュニティに固有の談話を「専有」すると同時に，積極的に応答していくことで新しい談話を構築していることを指摘している（Hicks, 1996）。またワーチ・當眞（Wertsch & Toma, 1995）や村瀬（2006）も，先行する他児童の発言を取り入れ，そこに自分の考えを付け加えてなされている児童の発言から，そこで「専有」がなされていることを指摘している。つまり，話し手である子どもが聴き手として，他者の言葉を聴く中でそれを「専有」することで，自己の発言を形成していることを明らかにしている。

ただしこれらの研究は，「専有」がなされている事実を指摘するに留まっている。すなわち，児童が他者の発言を聴いているという事実を指摘するのみで，キャズデン（Cazden, 2001）が指摘するように，「専有」を「内化」の代わりに用いるだけで，内的なメカニズムについては何も説明していない。ここから，話し合いにおける聴くという行為がどのような特徴をもつプロセスかを明らかにする必要がある。それにより，児童の話し合いへの参加の仕方をより精緻に捉えることが可能となるだけでなく，聴くことによる話し合いへの参加に対する支援への示唆が得られると考えられる。さらにそれらの知見は，発言しない児童の話し合いへの参加を捉えるにあたっても有効な視座を与えうるだろう。

これについて一柳（2007）は，あらゆる言語コミュニケーションは，返答とそれにつらなる返答による一連の連鎖であるとするバフチンの対話に関する考察を手がかりに，児童による話し合いを中心とした授業における聴くという行為の特徴を検討している。特に一柳が着目しているのは，バフチンが自己の言葉が形成される際になされると述べている，対象について語った先行する言葉と，未だあらわれていない後続の聴き手の応答の言葉との対話的相互作用すなわち「内的対話」（バフチン, 1996）である。バフチンは，先ほどまでの聴き手が返答を行う話し手となり，話し手は今度は聴き手となると論じている。そして，聴き手が返答としての自己の言葉を形成する際に，他者の言葉との「内的対話」がなされるが，その中で他者の言葉が「収奪（appropriates）」され，自己の言葉が形成されると述べている（バフチン, 1996）。ここから一柳は，他者の言葉との「内的対話」を聴くという行為として捉えている。そして，「聴くことが苦手」と教師から認識されている児童の発言から，話し合いを中心とした授業における聴くという行為の特徴を（1）先行する他者の発言を取り入れる，つまり「専有」するだけでなく，（2）聴き手によって支えられている話し合いの流れを捉え，（3）教師以外の複数の児童をも聴き手とし，彼らが自らの発言に対して行う応答の言葉を取り入れることで，先行する発言に対する自己の返答の言葉を形成することだと指摘している。この指摘は，聴くという行為が情報の受容により対話を終了させるものではなく，後続の応答ともつながった能動的な行為であることを示しており，聴くという行為を発言から記述する際の視座を提供している。ただし，話し合いにおける児童の聴くという行為の特徴を明らかにするにあたり，依然として以下2つの課題が残されている。

第1に，授業で扱われる内容や，教師の内容の扱い

方によって規定される課題構造の異なる個々の話し合い場面に応じて，聴くという行為の特徴がどのように異なるのかを検討する必要がある。例えば，クヌラー（Knoeller, 1998）はバフチンの論じる「声」，すなわち言葉（話し言葉だけでなく書き言葉においても）に現れている話し手や書き手の人格や意識に着目し，テキストの読解過程で高校生がどのような「声」を自己のテキスト理解に取り入れているかを検討している。そして，登場人物の特徴が豊かに描かれている小説を読む授業において，生徒は主人公の「声」を頻繁に取り入れていたのに対し，自伝を読む際にはテキストの見方における葛藤を解決させる中で他の生徒の「声」を頻繁に取り入れていたことを明らかにしている。また，登場人物の年齢が生徒と近いテキストを読む場合には，彼らの生活や文化といった社会的な文脈の「声」を生徒が取り入れて発言していることも指摘している。このように，扱うテキストにより話し合いにおいて生徒がテキスト理解に取り入れる「声」が異なっている。ここから，扱う教材内容により生徒のテキスト理解の形成の仕方も異なり，それに応じて話し合いで語られる内容も異なることがわかる。さらに，スコット・モルティモア・アギアール（Scott, Mortimer, & Aguiar, 2006）は，高校の物理の同一単元内の授業における教室談話の検討から，生徒に多様な考えを出させ，それを精緻化したり，他の生徒の視点を判断するよう促すことを目的とした話し合い場面では，生徒が多様な考えを交流しあっており，教師はそれを評価することなくさらなる交流を促していることを明らかにしている。他方で，科学的な知見を用い，それを内化するよう導くことを目的とした話し合い場面では，生徒は様々な意見を述べるが，教師は生徒の理解を把握・評価しながら話し合いを進めていることを明らかにしている。このようにスコットらは，同一単元内の授業，さらにはその中の同一授業内においても，教師の教授目的に応じて場面ごとに扱う内容や話し合いの進め方が異なり，それに応じて話し合いにおける発話連鎖の仕方が異なることを指摘している。

ここから，扱う内容や，教師の内容の扱い方により課題構造が規定され，何にどう取り組むかといった話し合いの課題や発話連鎖のあり方も異なると言える。ゆえに，そこでの聴くという行為も，話し合いの課題や参加者との相互作用の中で刻々と変容していくと考えられる。聴くという行為が，課題構造の異なる個々の話し合い場面に応じてどのように異なるのか，詳細に検討する必要がある。

第2に，聴くという行為の個々の児童による差異を検討する必要がある。藤江（1999）は，個々の児童が固有の発話スタイルを持つことを明らかにしている。あらゆる発話は返答であり，聴き手が返答を行う話し手となるとする先のバフチンの視点に立てば，返答としての発言が形成される際になされている聴くという行為にも個々人により固有のスタイルが存在すると考えられる。また，近年の学習科学の研究では，児童の様々な既有知識や生活経験を背景に学習が行われていることが指摘されている（Sawyer, 2006）。ここから，聴くという行為による話し合いへの参加の仕方は，個々人に固有のスタイルに基づくだけでなく，各々が所有する既有知識や経験によっても異なると考えられる。

そこで本研究では，一柳（2007）にならい他者の言葉との「内的対話」に着目し，児童による話し合いを中心とした授業における聴くという行為が，課題構造の異なる話し合い場面や児童によりどのように異なるのかを，彼らの発言から検討することを目的とする。すなわち，扱われる内容や，教師の内容の扱い方により規定される話し合いの課題構造に着目し，課題構造の異なる場面で，児童が先行する他者の発言だけでなく，未だ現れていない後続の聴き手のどのような応答の言葉とどのように「内的対話」を行っているかに着目する。その際，本研究では上述の先行研究を踏まえ，以下の点を考慮する。

第1に，本研究で取り上げる課題構造の相違である。これに関し先述のスコットら（2006）は，科学の授業内でも，話し合いが単元固有の科学的知識を獲得し，共有することに向かう場面と，多様な考えを出し合い，それらを交流し対象についての理解を精緻化することに向かう場面とで発話連鎖のあり方が異なることを明らかにしている。教室談話は，すべてこの2つの特徴に集約されるわけではないが，彼らの指摘は重要であると考えられる。なぜなら，話し合いを通して理解を深めるにあたり，新しい考えを試し，互いに理解を整理しながら新しい意味を構築していく談話だけでなく，

正解に向け，正確な情報や適切な話し方を提示する談話も重要であり，両者の適切な使用が必要だからである（Barnes, 1992, 2008）。またマイケルズ・オコナー・レズニック（Michaels, O'Connor, & Resnick, 2008）も，話し合いにおいて，他者の考えに注意を向け，それに基づいて提案を明確にしたり拡張したりすることを目指すことが重要である一方で，論理的に結論を出すこと，議論の土台となる利用可能な知識が教師により与えられ，共有することも必要であると指摘している。ここから，スコットらの指摘する2つの話し合いの場面の特徴は，児童による話し合いを中心とした授業において重要な側面であると考えられる。そこで本研究では，多様な考えの交流と対象についての理解の精緻化に向かう話し合い場面と，知識を獲得し共有することに向かう話し合い場面に着目する。その際，異なる複数の教科および学級を対象とすることで，課題構造および発話連鎖のあり方の相違を際立たせ，それに応じた聴くという行為の特徴をより精緻に明らかにする。

第2に，聴くという行為の個人による差異を検討するために，本研究では，異なる学級から1人ずつ対象児を選出し，彼らの発言から聴くという行為の相違を考察する。その際，(1) 先行する発言からの引用等に着目するだけでなく，発言内容が先行する発言内容とどのように関連しているかを検討する。なぜなら，引用していなくても，疑問に応じるという形で先行する発言を引き受けている場合もあるからである。また，先行する複数の発言において話されているテーマとどのように関連しているかにも着目する。なぜなら，テーマとの関連に着目することで，対象児が話し合いの流れを捉えているかどうかが示されると考えられるからである。さらに(2) 内容だけでなく，発言の形式（使用される接続詞・語尾，口調）や，体の向き・視線にも着目する。なぜなら，体の向きや視線には，児童が直接の聴き手としてだれを想定しているのか，発言の「宛名」（バフチン，1988）が示されると考えられるからである。また，発言の語尾や口調には，想定される後続の聴き手の，どのような応答の言葉と「内的対話」を行っているかが反映されると考えられるからである。

方　法

1　観察

都内の公立小学校5年生，教職18年目の上嶋教諭（女性，仮名）が担任の学級（33人：男子11人，女子22人）と，23年目の長谷川教諭（男性，仮名）が担任の学級（34人：男子13人，女子21人）で観察を行った。観察は2007年4～11月，両学級においてそれぞれ社会科（日本の農業：米作り）で6回，国語科（物語文『わらぐつの中の神様』）で3回行った。授業はいずれも児童による話し合いが中心であった。この2教科の選定理由は，算数や理科（科学）が記号や図という当該教科固有の表現を用いるのに対し，国語や社会は物語や資料といったテキストを用い，日常生活で使用する言葉を中心に授業が進む教科だからである。また，観察した社会科単元では獲得が目指される単元固有の知識があり，その共有に向けた話し合いが主に行われていた。一方国語科の単元では，各自がテキストと「対話」[2]し，他の児童によるテキスト理解や自己のテキスト理解と向き合いながら話し合いを進め，テキスト理解を精緻化していくことが目指されていた。ただし，語句の意味を調べ，共有する場面が国語科で，資料を用いずに各自の予想を交流する場面が社会科でそれぞれ見られたように，必ずしも話し合いで扱われる課題やそれに応じて構造化される発話連鎖のあり方は教科内で一貫していなかった。

観察において，教室の前方から授業をビデオで撮影し，同時に教室の前方あるいは横側から授業を見，授業中のやりとりだけでなく，児童の表情やその場の雰囲気などもメモした。また事例解釈の妥当性を高めるため，担任教師へ授業内容や目的，児童について適宜インタビューを行った。授業終了後，ビデオ記録とメモからフィールドノーツを作成した。なお以下の事例や本文中における児童の名前は教師同様すべて仮名である。

表1　教科別平均発言回数と学級全体の発言数に占める割合

	上嶋学級		長谷川学級	
	島田くん（SD）	学級全体に占める割合	高峰くん（SD）	学級全体に占める割合
社会科	16.0回（5.57）	34.3%（48/140回）	12.7回（2.52）	33.0%（38/115回）
国語科	16.5回（3.51）	28.4%（33/116回）	14.3回（3.21）	22.7%（30/132回）

2　対象児

各学級から島田くん（上嶋学級）と高峰くん（長谷川学級）を対象児として選出した。発言数のカウント[3]の結果，両者は各学級で最も頻繁に発言を行っていた。各対象児の平均発言回数と学級全体に占める発言数の割合を表1に示す。

ここから両教科において，対象児の発言数が学級全体の2割以上を占めることが分かる。

対象児として頻繁に発言する児童を取り上げた理由は以下2点である。第1に分析の信頼性を高めるために，データとなる発言の頻度が高い児童を選択する必要がある（藤江，1999）ためである。第2に，話し合いを中心とした授業実践への示唆が得られると考えられるからである。なぜなら，頻繁に発言する児童はしばしば話し合いを聴いていないとみなされがちであり，語られる内容やその発言の仕方によっては，話し合いの進行の妨げになるとも考えられるからである。ここから，頻繁に発言を行う児童がいかに他者の言葉を聴き，話し合いに参加をしているかを明らかにすることで，彼らの聴くという行為を支援しつつ，話し合いを深めるための示唆が得られると考えられる。

対象児のそれぞれの特徴について，両教諭はインタビューにおいて以下のように語っていた。上嶋教諭は島田くんの授業中の様子について，「どんどん手を伸ばしていく感じ」と語り，積極的に他者の考えを取り入れようとしていると捉えていた。その一方で頭の中の「引き出しの中身の整理が苦手」とも語っており，既有知識や自らの考えだけでなく，聴いた内容の整理が苦手であると捉えていた。また長谷川教諭は高峰くんについて，彼が頻繁に発言することで「授業を持っていってしまう」と語っている。さらにはその発言には「対話性がない」と語っており，話し合いにおいて深まるきっかけとなっていないと捉えていた。実際に話し合いの最中においても，高峰くんに対し，「今の（自分の）話をさ，周りの人間がどう聴いてるか考えながら話してみな。」と注意する場面も見られ，話し合いへの参加の仕方に課題があると捉えていた。このことを示すように，島田くんの発言が他の児童により引き継がれ，話し合いが続いていく事例が多く（21事例）見られたのに対し，高峰くんの発言が引き継がれて話し合いが進む事例はほとんど見られなかった（4事例）。

結果と考察

以下では，聴くという行為を他者の言葉との「内的対話」と捉え，対象児の発言が他者の言葉とのどのような「内的対話」により形成されるかを事例に沿って検討する。事例は，対象児の聴くという行為の特徴を端的に示す発話連鎖の部分を抽出した。そして，扱われる内容や，教師の内容の扱い方から，それらの事例の課題構造が多様な考えを交流し，対象についての理解を精緻化することに向かうものか，単元固有の知識の獲得・共有に向かうものかを同定した。そして，それぞれの場面における児童の聴くという行為の特徴を，彼らの発言から分析および考察した。

1　島田くんの聴くという行為の特徴

多様な考えの交流と理解の精緻化に向かう話し合いでの特徴

a）　複数の他者の言葉との「（内的）対話」　児童

表2 〈事例1〉複数の他者の言葉との「(内的)対話」

10月29日 国語

テキスト理解を交流している場面。机は児童が向き合うようにコの字型に配列されている。教師が児童の発言を受けテキストの以下の箇所を音読する。

げた屋さんの前を通るとき,横目で見ると,あの雪げたは,まだちゃんとそこにありました。おみつさんは,その雪げたが,ほんのちょっぴり自分の手のとどくところへでてきたような気がして,楽しくなりました。

最後の「**楽しくなりました**」のところで,上嶋教諭が少し間を空けて読むと,島田くんがつぶやく。

島田：(挙手・指名なく,教師を見ながら)嬉しくなりましたじゃないの？①
教師：さっき言ってたところだね～

彼に優しく言葉を返す。島田くんの言葉に品川くんも反応して教師に訴えようとする。教師は彼らを制して手を挙げている松永さんを指名する。

松永：白井さんの,ことにつなげるんだけど,値段が高いから,みんな買えないんじゃない？
教師：他の人もね。…(少し間を取ってから,何かを言いたそうにしている品川くんに向かって)さぁ,あなた,嬉しかった楽しかったの話したかったんですよね？ 言って？
品川：(全体に向けて)えっと,「**楽しくなりました**」っていうのは,えっとね,なんかね,楽しく,楽しみみたいな感じがするんだよね。
教師：楽しみ？ 何が楽しみなの？
品川：え,早く買えるのが楽しみ。
教師：その雪下駄が？
品川：うん。
教師：…そうすると嬉しくとはちょっとね,意味が違うよね。みなさんどう？
品川：(全体に,念を押すように)嬉しいはもうもらってから。
島田：(挙手・指名なく,品川くんの方を見て)だけどさ,「**ほんのちょっぴり自分の手のとどくところ**」にってあれして,もうすぐに買えるから嬉しくなったんじゃない？…(全体を向いて)どっちも当てはまるんじゃない？②
品川：(挙手・指名なく)わざわざこっちでは「**楽しく**」って書いてあるよ？
教師：(黒板に貼られた模造紙のテキストを指しながら)ここのところね,わざわざって感じがする文章だね。

注)表中の網掛けの言葉はテキストの言葉を示す。以下の事例でも同様。

が対象についての理解を相互に交流させ,それらを精緻化していく話し合いの場面が,国語科で多く見られた。その中で島田くんはテキストの記述を指示・参照しながら発言するのが特徴的であった(国語科7事例)。表2はその典型的な事例である。

この場面では,島田くんの発言①から,主人公の気持ちを示す言葉について考えることが話し合いの課題となっている。またここでの話し合いは,互いのテキスト理解を交流し,精緻化することを目指して展開している。

この場面での島田くんの2つの発言について,①は音読をした教師に対する返答として教師に宛てて,②は先行する品川くんの発言に対する返答として品川くんに宛てて形成されていることが,発言のタイミングやその際の体の向きからうかがえる。さらにどちらの発言においても「……じゃないの？」「……んじゃない？」と,自分のテキスト理解を疑問のような形で提示している。このような語尾から,2つの発言が,それに対する反論やさらなる発言のような,能動的な後続の聴き手(直接的には宛てられている教師や品川くん,また②についてはさらに全体)の応答の言葉との「内的対話」により形成されていると捉えることができる。また,下線②の発言については,「だけどさ」という接続詞から,彼の発言が品川くんのテキスト理解に対する反論として形成されていることがわかる。その際,島田くんは話題となっているテキストの箇所「**楽しくなりました**」につながる前の部分「**ほんのちょっぴり自分の手のとどくところへでてきたような気**

表3 〈事例2〉自分の経験との関連づけ

4月24日　社会
　机は児童が向き合うようにコの字型に配列されている。五円玉に込められた願いが叶ったかどうかという話題から，東京の米作りについての話題に移行していく。資料は配布されていない。

教師：日本全国で米が取れるといいね，って願いだったでしょ？　その全国でって日本の中でどの都道府県も叶ったのかしら？

　この問いかけに教室は騒がしくなる。三浦くんが発言しようとすると，教師は彼を指名する。

三浦：えっと，東京とかはあんま田んぼとかなさそうだし，なんか他の県からもらって食べてるだけだと思う。
教師：三浦さんが言ったのは，米を作る田んぼは東京には，少ないような気がするって。なんかこのことで反応できる人いる？…（数人の手が挙がる）…櫻井さん。
櫻井：東京ではあんまり，いっぱいお米は売ってるけど…
教師：（騒がしいので全体に向けて）ちょっと，聴いて（そう言ってからもう一度櫻井さんに発言を促す）。
櫻井：えっと，お米はいっぱい売ってるけど，東京では作らないで他のところから貰っているから，あんまり東京では作ってない。

　櫻井さんが言い終わると，島田くんが手を挙げて指名を求める。上嶋教諭は彼に声をかける。

教師：米の話？　じゃ聴かせて。
島田：（教師に向かって）おじいちゃんに聴いたんだけどさ，アメリカ軍とかってさ，日本のさ，東京とか名古屋とかさ，大都会を狙ったっていうから，大都会には人がいっぱい住んでるから，ビルとかもいっぱいいるし，車とかもいっぱい通ってるし…田舎っぽいことかは…あんまり人がいない。
教師：田舎っぽいところは空襲もそんなに被害は出なかったけれど，都会ほど大きな空襲の被害が出たんだよね。空襲って言ってこう，爆弾が落ちてくるのよね。だから焼野原になっちゃったのもどちらかというと田舎のほうよりも都会の部分というか工場のある部分が，かなりの被害にあいました。じゃあ今枝さん，どうぞ（と今枝さんを指名）。

がして」を引用している。すなわち，彼が当該箇所についての理解を，その前のテキスト箇所を，「もうすぐ買えるから」と読み取ることで自分の読みの根拠を明示して，「嬉しくなった」のではないかと述べていることがわかる。

　このようにこの場面での2つの発言から，島田くんがテキストの言葉と「対話」しながら，かつ話し合いの中で先行する発言を自己のテキスト理解と「内的に対話」させながら発言を形成していることがわかる。さらに，発言の語尾や体の向きから，教師のみではなく複数の児童を聴き手とし，彼らの能動的な応答の言葉との「内的対話」により彼の発言が形成されていることがうかがえる。言い換えれば，島田くんは先行する発言を，さらなる話し合いを志向しながら，自己のテキスト理解だけでなく，テキストとも結びつけながら聴いていると言うことができる。

　b）自分の経験との関連づけ　事例1は国語科の事例であったが，社会科でも互いの考えを交流し，理解の精緻化に向かう話し合いが見られた。そしてそこでは事例1とは異なる島田くんの聴くという行為の特徴が見られた（社会科4事例）。表3はその典型的な事例である。

　この場面では，冒頭の教師の発問に示されているように，資料を用いないで各自が東京の米作りについて予想することが課題であり，話し合いは正解を出すのではなく考えを交流することに向けてなされている。島田くんの発言は，その視線から教師に宛てられていることはうかがえるが，事例1とは異なり，考えを提出しさらなる話し合いを志向するような語尾は見られない。そうではなく，「……さ，……さ，……さ，……」と短く言葉を切って訴えるように「おじいちゃんに聴いた」内容を語っている。また，発言の最後は「あんまり人がいない。」と，言い切る形でなされている。ここから，話し合いを発展させるような能動的な後続の聴き手の応答の言葉ではなく，発言を受容するような受動的な後続の聴き手の応答の言葉との「内的対話」により，島田くんの発言が形成されていると推察することができる。また発言内容に着目すると，

表4 〈事例3〉内容が正しいかを判断しながら聴く

4月24日　社会
　机は児童が向き合うようにコの字型に配列されている。五円玉のデザインについて「稲の穂でなくてもいいのでは」という教師の問いから，なぜ五円玉には稲の穂が描かれているのかについて話し合われている。

田口：えっと，五円玉に，お米，っていうか稲が書かれたのは，前に戦争中の勉強をして，昔おばあちゃんに聴いたんだけど，戦争中はお米は食べられなくって，野菜とかばっかり食べてたから，お米はとても珍しいって言うか，高級なものだった。
島田：（突然，コの字の向かいを見ながら）ピンポーン！
教師：ん？　あなたが言いたかったこととつながる？
島田：（教師の方を見て）ほぼさ～田口さんと一緒なんだけど，お米に関わって，昔の人って，お金を持ってない人もいたけど，貧乏って言うよりも，物が売ってなかった。
教師：あ，貧乏というよりかはない，という状況，を考えているのね？
島田：違う，そうじゃなくって，お金はあっても，買うものが全然ないってこと。
教師：あ，お金は手元にあっても，さあ買うぞっていうその品物そのものがない，って。
島田：うん，聴いた。
教師：誰に？
島田：おばあちゃん。
教師：（優しい声で）おばあちゃん。

「東京」という点で先行する発言との関連は見られるものの，彼の発言内容は先行する教師の問いかけや複数の発言から形成されている話し合いのテーマとの関連性が低いと考えられる。ここから，島田くんが先行する発言を自分の経験である「おじいちゃんに聴いた」内容に関連づけて聴いているが，話し合いの流れは捉えていないことがうかがえる。すなわち，話し合いの流れの中から自分の所有する経験と関連する内容のみを脱文脈化して取り入れ，自分の文脈に置き換えているのである。

以上から，多様な考えの交流と理解の精緻化に向かう話し合いにおける島田くんの聴くという行為のもう一つの特徴として，彼が自分の経験と先行する発言を関連づけながらも，さらなる話し合いを志向せずに聴いていることが示された。

このように島田くんは，事例1では話し合いの流れを捉えながら，テキストの言葉との「対話」に基づき，自己のテキスト理解と関連づけて先行する他者の言葉と「内的対話」を行っているのに対し，事例2では話し合いの流れを捉えず，自分の経験と関連づけて先行する他者と「内的対話」を行っている。これらの違いを生む背景の一つには，共有され，話し合いの対象や媒介となるテキストの存在の有無があると考えられる。事例2では，話し合う対象となり，話し合いの際に媒介ともなるテキストや資料がないため，島田くんはかわりに自分の経験を持ち出していると考えられる。一方，社会科でも資料やテキストを用いて話し合いが行われる場面が見られたが，そこでは自分の経験や既有知識を使用した発言は見られなかった。ここから，共有されたテキストの存在が，他児童との関係を媒介し，話し合いを志向して聴くという行為を支援していると考えられる。また，聴くという行為の相違の背景にあると考えられるもう一つの点は，島田くんの教科による学習観の違いである。すなわち，単元固有の知識を教師が所有している社会科で，島田くんは生活経験や知識を関連づけながら学習に取り組むことで教師に受容・承認されることが重要だという学習観を持っているかもしれないと推察される。

知識の獲得・共有に向かう話し合いでの特徴

　a）内容が正しいかを判断しながら聴く　　事例2と同様に，テキストや資料が存在しない場面でも，知識の獲得・共有に向けられた場面の話し合いでは，島田くんの聴くという行為の特徴は異なっていた。その一つが，他の児童による疑問や発言内容が正しいかどうかを判断して聴いている事例（社会科で3事例，国語科で1事例）である。表4はその典型的な事例である。この事例3は先に表3で示した事例2の数分前の場面である。

　この場面は，単元固有の知識として，五円玉のデザ

インに込められた願いは何かを考えることが課題として扱われている。具体的には「（五円玉の絵柄は）稲の穂でなくてもいいのでは」という教師の発問から，なぜ五円玉には稲の穂が描かれているのかについて話し合われており，その理由の共有が目指されている。島田くんの発言に先行する田口さんの発言もまた，この流れの中で稲の穂が描かれている理由を述べたものである。しかし，この場面での島田くんの一連の発言（下線部）の内容に着目すると，田口さんの発言内容を補足しているが，話し合いのテーマである五円玉との関連が不明確である。ここから，それまでの複数の発言により形成されていた話し合いの流れを捉えているのではなく，直前の田口さんの発言との一対一の「内的対話」により彼の発言が形成されていると解釈することができる。

次に彼の発言に着目すると，まず特徴的なのが「ピンポーン！」という言葉である。この「ピンポーン！」という擬音は，日常的には正解を意味して使われる。島田くんは他の授業日でも，獲得すべき知識の共有に向けられた話し合いで，他の児童が行った推論に対し「ピンポーン，それ正解だよ」と語っていた。島田くんの発言が田口さんの発言内容を補う内容であることから，この場面における「ピンポーン！」は，島田くんが田口さんの発言内容を正しいと判断してなされていると捉えることができる。また「ピンポーン！」と言う際，特定の誰かを見るわけでもなく，全体に響く声で語っていることから，発言した田口さんを含め全体に向けて田口さんの発言内容が正しいことを主張していると考えられる。これらは自分の視点からの一方向的なメッセージになっており，さらなる話し合いを志向してなされているとは捉えにくい。

しかし，続くやりとりでは，島田くんの体の向きや，「違う，そうじゃなくって」「うん」といった教師の問いかけに対する応答から，彼が教師を聴き手としていることがうかがえる。さらにその語り方も，おばあちゃんに聴いたという自分の経験を提示するというものであり，語尾はすべて言い切る（「……なかった。」「……ってこと。」）形でなされている。これらの発言の形式における特徴から，聴き手である教師の，受容や承認といった受動的な応答の言葉との「内的対話」により，彼の発言が形成されていると捉えることができる。また，教師に対する「違う，そうじゃなくって」という反論や，正しく理解された後の「うん」という承認の言葉から，彼が聴き手である教師に自分の発言を受け止めてもらうことを志向しているだけでなく，その教師の応答の言葉も，自分の言いたいことが正しく捉えられているかどうか判断しながら聴いていることがうかがえる。

以上から，知識の獲得・共有に向かう話し合い場面における島田くんの聴くという行為の特徴として，話し合いの流れとは関係なく自分の経験と関連づけ，他者の言葉を正しいかどうかを判断しながら聴いていること，その際，学級全体や教師を聴き手とし，その受容するような応答の言葉を取り入れていることが示された。

b）　既有知識との関連づけ　事例3で見られた島田くんの聴くという行為の特徴は，彼が本などを読んで得た知識を語る場面でより顕著に表れた。事例は10事例（社会科で9事例，国語科で1事例）。表5はその典型的な事例である。

この場面は前回の授業で児童から出された疑問が紹介された後，米がたくさん取れるのに必要な条件についての話し合いに入るところである。そして，島田くんの発言により中嶋さんの疑問「米の生産が一番多いのは？（どこの県か）」について考えることが話し合いの課題となり，疑問に対する「解答」の獲得と共有に向けて話し合いが展開している。また事例3と同様，ここでもテキストや資料は用いられていない。

島田くんの発言（下線部）は，①で「僕解決できる！」と述べているように，中嶋さんの疑問の解決に向けて形成されている。そして，この場面では本で読んだ知識に言及している。ここから，島田くんが中嶋さんの疑問を彼の既有知識と結びつけながら聴いていることがうかがえる。またその際の体の向きから，この場面でも島田くんが教師を聴き手とし，その発言を教師に宛てていることがうかがえる。また一連の発言は「解決」することに向けられており，発言は「解決」するための「解答」と捉えることができる。それを示すように，島田くんは得意げに，自信に満ちた声で語るだけでなく，③や④のように，ここでも短く言葉を切り，要点だけを提示するような形で発言している。ここから彼の発言が，彼の発言に基づきさらに議

表5 〈事例4〉既有知識との関連づけ

> **5月1日　社会**
> 　前回の授業に書いた疑問や気づいたことをまとめたものを上嶋教諭が一通り紹介し終わって，授業は次の段階へと進んでいくところである。机は全員が前を向くように並んでいる。
>
> 教師：今日データをもとに，さっそく解決できることがあるかもしれない。
> 島田：(上嶋教諭を見ながら勢いよく手を挙げ) はい！　僕解決できる！①
> 教師：何を解決できますか？　あなたたちは教科書も持ってるし地図帳ももってるし…はい，島田さんなんですか？
> 島田：(教師を見ながら，得意そうに) え〜っと…えっと，えっとさぁ，中嶋の質問，「米の生産が一番多いのは？」ってあるでしょ？　おれここわかる。②
> 教師：どこでしょう？
> 島田：群馬と岡山。③
> 教師：なぜそう思ったの？
> 島田：え〜だって本で見てさ〜，お米の種類が四つあったから。④
>
> 　発言を受け上嶋教諭は黒板に 米の種類の多さ と書く。それを見て，今枝さんが手を挙げる。書き終わった教師は「種類の多さが関係ありそう」と言いながら振り向いて，今枝さんを指名する。
>
> 今枝：そうとは限らないで，その，みんなが食べてくれる，消費とか，そういうのとかがあれば，たくさん作れるし〜…あと，土地もたくさんあればたくさん作れるし，九州とかに行けばあんまり土地が少ないし，から，そっちのほうだと逆に取れない，少ししか取れないかもしれない。
> 教師：生産できる，取れるお米の量っていうのはなにかこう，関係することがありそう…あなたはまず土地の広さ？
>
> 　教師は今枝さんに問い返す。今枝さんはそれを聴いてうなずく。すると教師は黒板に 土地の広さ と書き加える。そして次に守屋さんを指名する。
>
> 守屋：えっと，中嶋さんの「米の生産が一番多いのは？」って，島田くんが多いのはって言ったのは，種類が多いから，種類が多いからって，米の生産が一番多いってことは言えない…
> 教師：みんな島田さんの提案してくれたことが，こうね，広がっていったよ〜(島田くんに向かって)あなたのことがきっかけで。

注）表中の 囲み線の言葉 は板書された言葉を示す。以下の事例でも同様。

　論を深めることに向けられているというより，受容や承認といった受動的な後続の聴き手（ここでは教師）の応答の言葉との「内的対話」により形成されていると推察される。

　しかし，その後の今枝さん，守屋さんによる反論から，この場面で島田くんの言及する本から得た知識が，彼が解決しようとする他の児童の疑問に対して適した「解答」として機能していないことがわかる。このことは，教師が島田くんの発言内容をまとめながら繰り返して板書することで，明確化されている。さらに守屋さんは，教師の繰り返した内容を踏まえ，生産量の多さは必ずしも生産品種の多さと関連していないことを指摘している。ここから，発言した島田くんは，彼の既有知識と，中嶋さんの疑問との関係を正確に捉えていないと推察される。言い換えれば，島田くんは本などの知識と関連づけて他者の言葉を聴いているものの，話し合いの流れの中から自分の所有する知識と関連する内容のみを脱文脈化して取り入れ，自分の文脈に置き換えていると捉えられる。これを裏付けるように，事例4の前後の場面で，島田くんが別の児童の疑問に対しても「群馬と岡山が多い」という知識を引用し，解決を試みる場面が数回見られた。これらは，インタビューの中で上嶋教諭が語っていた頭の中の「引き出しの中身の整理が苦手」という島田くんの姿を表していると考えられる。すなわち，彼が本や辞書を積極的に活用しながらも，その内容や聴いた内容を話し合いの文脈に即して利用するために整理することがうまくできていないと解釈することができる。

　以上から，知識の獲得・共有に向かう話し合い場面における島田くんの聴くという行為のもう一つの特徴

が示された。すなわち，島田くんは自分の既有知識に関連づけながら他者の言葉を取り入れているが，その関係を正確に捉えていないこと，そして教師を聴き手とし，その受容するような応答の言葉を取り入れているということである。

また他方で，教師が板書により発言を要約しながら繰り返すことで，発言内容が明確化され，それにより「解答」に対する他の児童による反論が可能になっていると考えられる。ここから，教師による発言の繰り返しが，発言内容を明確化するだけでなく，想定されている教師以外の聴き手にもその発言を聴く機会を与えることで，話し合いを促進していると考えられる。

2 高峰くんの聴くという行為の特徴

多様な考えの交流と理解の精緻化に向かう話し合いでの特徴

a) テキストや資料との「対話」　互いの考えを交流し，テキストや資料についての理解の精緻化を目指した話し合い場面が国語科では社会科より多く見られた。このような話し合いにおいては，先に島田くんの事例の際に述べたように，児童はテキストとの対話と同様に他児童との対話，そして自己との対話を行う。しかし，高峰くんの聴くという行為の特徴は島田くんとは異なっていた。それは他者の言葉との「(内的)対話」において，2つの側面に現れていた。第1の側面は，他の児童による発言に基づき発言しているが，テキストや資料に基づいた発言を行っていないという特徴である（社会科で2事例，国語科で7事例）。表6はその典型的な事例である。

この場面では，武田さんの疑問から，わらぐつの姿についての各自のイメージを話し合うことが課題となっている。すなわち，武田さんが疑問の対象としたテキストの箇所について，互いの理解を交流することに向けた話し合いが展開している。

この事例で高峰くんは，武田さんや羽田くんが発言する際に彼らの方を見ていなかったが，発言内容に着目すると，①は武田さんの疑問に答える羽田くんの言葉「ぬれる」に関連していると捉えられ，羽田くんの発言を補ってなされていると考えられる。ゆえに，羽田くんの発言を受けながら，間接的に武田さんの疑問にも答えていると言える。また②は島津さんの疑問に対する返答として形成されていることがわかる。このように，この場面での高峰くんの発言は，先行する他の児童の発言と「内的対話」することで形成されていることがわかる。またそれぞれ発言内容がここでのテーマに即していることから，話し合いの流れも捉えていることがうかがえる。

しかし，彼が発言する際の視線に着目すると，彼の発言が，教師に宛てられていることがわかる。また2つの発言はいずれも疑問に対する解答のようになされている。そのことは「……でしょ。」(①) や，「……じゃん。」(②) といった語尾からもうかがえる。中田 (1996) は，これらの語尾をつけることによって，児童がその都度教師に同意を求めていると指摘している。ここから，高峰くんの発言は，教師を聴き手とし，さらなる考えの交流ではなく，教師による承認といった受動的な応答の言葉との「内的対話」により形成されていると推察することができる。ただし，「間から水が入る」や「わらで作ってなかったらわらぐつって言わない」という発言内容は，テキストの記述に基づいたものではない。さらに社会科における単元固有の知識のような科学的知識に基づくものではなく，日常的な既有知識と解釈できる。ここから，彼が話し合いの流れは捉えていることはうかがえるものの，返答を形成する際にテキストと「対話」しているかどうかは不明確である。

以上から，この事例に見られる高峰くんの聴くという行為の特徴として，先行する発言を，共有されたテキストの記述ではなく既有知識と結びつけており，またそれを受容するような教師の応答の言葉を取り入れていることが示された。

b) 先行する発言との「内的対話」　第2の側面として，事例5とは逆に，テキストや資料との「対話」に基づき，テキストや資料の言葉を指示・参照しながら発言はしているが，先行する他の児童による発言との関連が不明確な事例である（社会科で3事例，国語科で4事例）。表7はその典型的な事例である。

この場面も事例5と同様，「おばあちゃん」について話し合い，互いのテキスト理解を交流し，おばあちゃんとわらぐつとの関係についての理解の精緻化を目指して話し合いが進んでいる。

表6 〈事例5〉テキストや資料との「対話」

11月8日　国語
全体でテキスト理解を交流する場面。机は児童が向き合うようにコの字型に配列されている。話し合いの対象とされているのは以下のテキストの箇所である。

「かわいてるといいけどな。あんなにおそくまで，すべってなきゃよかった。」マサエは，独りでこんなことを言いながら台所へかけていって，しきいに立てかけてあるスキーぐつから，しめっぽい新聞紙の玉を五つ六つ取り出して，手をつっこんでみました。くつの中は，じわりと冷たくて，せなかまでぶるっとなりそうです。
「うへえ，冷たあい。おかあさん，どうするう。」
「新しい新聞紙とかえてごらん。ひものところも，しっかりくるむようにしてね。あしたまでには，なんとかかわくだろ。」
「かわくかなあ。なんだか，まだびしょびしょみたいだよ。」
　すると，茶の間のこたつから，おばあちゃんが口を出しました。
「かわんかたら，わらぐつはいていきない（いきなさい）。わらぐつはいいど，あったかくて。」
「やだあ，わらぐつなんて，みっだくない（みっともない）。だれもはいてる人ないよ。だいいち，大きすぎて，金具にはまらんわ。」
　マサエは，大きな声で言いながら，たんすのそばに重ねてある新聞紙を取ってきて，くるくる丸めては，せっせとスキーぐつの中につめこみました。ぎゅうぎゅう力を入れておしこむと，ぬれたビニル皮がほっこりとふくらんで，まだいくらでも入りそうです。
　おばあちゃんが，また言いました。
「そういったもんでもないさ。わらぐつはいいもんだ。あったかいし，軽いし，すべらんし。そうそう，それに，わらぐつの中には神様がいなさるでね。」
「わらぐつの中に，神様だって。」
　マサエは，新聞紙の玉をすっかりつめこんでしまって，こたつへもどってきました。ぬれた物をいじった手が，つうんとこおりそうです。

　上記の記述についての武田さんの疑問に基づき，わらぐつの姿について意見が交わされていく。

武田：（全体に向かって）えっと…2番（テキストに割り振られた段落番号）のところで，わらぐつ，っていうか，「わらぐつはいいど，あったかくて」って書いてあるけれども，私の想像だと，なんかわらでできたくつ，みたいな感じで，わらぐつが温かいってあんま想像がつかない。
教師：うん…（あったかい？と板書し）…さあ，どうでしょうか？　わらぐつって温かいの？
羽田：（挙手・指名なく，教師に向かって）でもぬれるんじゃないの？　わらだから。
教師：え？
羽田：わらだからぬれるんじゃない？
高峰：（挙手・指名なく，強い口調で教師に）間から水が入っちゃうでしょ。①
教師：う〜ん，でも，これって，雪国のくつなんだよな？　われわれが，雪道歩くって，考えたら，そりゃ，長靴みたいなものになっちゃうよね？　でも，すくなくともこの時代に，この物語の時代には，わらぐつはあるわけだよね？　おばあちゃんはいていきなって言ってるんだから。はい？（と手を挙げた島津さんを指名する）
島津：わらぐつってほんとにわらで作ってるの？
教師：（少し大げさな口調で，全体に向け）わらぐつってわらでほんとに作ってるの？
高峰：（挙手・指名なく，教師に訴えるように強い口調で）わらで作ってなかったらわらぐつって言わないじゃん。もみで作ったらもみぐつになっちゃうじゃん。②
　高峰くんの言葉で，教室に少し笑い声が起こる。

　まず，高峰くんが発言（下線部）する際の視線や，教師の問いかけに対する「えっとぉ」（②）という応答の言葉から，彼が教師を聴き手とし，教師に発言を宛てていることがうかがえる。しかし，①では自分の考えを言い切るように語っており，聴き手の能動的な応答の言葉との「内的対話」により形成されているとは捉えられない。また②においても，教師からの問いかけによってテキストとの「対話」を促され，テキストを自分のテキスト理解の根拠として提示しながら返答している。また，高峰くんの発言は，自分の視点か

表7 〈事例6〉先行する発言との「内的対話」

11月7日　国語
　全体でテキスト理解を交流する場面。机は児童が向き合うようにコの字型に配列されている。児童が話し合いたいトピックとして挙げた「おばあちゃん」について意見が交わされる。なお，この場面で話し合われているテキストの箇所は事例5と同じである。

都築：4のところ（テキストの段落にふられた番号）で，おばあちゃんも誰かに神様がいることをきいたのかな。
教師：お？　きいたのかも。なるほど。それはどこで見たの？　どの部分からそう思ったの？
都築：わらぐつの中には神様がいるって，知ってるから。
教師：知ってるから。うん。（神様がいることをきいたと板書して）それを，誰かに，きいたと都築くんは考えたわけだ。はい，山田くん。
山田：さっきの渡辺さんのにつなげるんだけど，おばあちゃんがわらぐつが好きっていうの，なんか，もう一つ理由があって，④のところの，「そういったもんでもないさ。わらぐつはいいもんだ。あったかいし，軽いし，すべらんし」って言ってるから，なんか，よくはいてる。
教師：はぁ，なるほど。（そう言って板書されているわらぐつが好きから線を引き，よくはいていると書き加える）。こういうことがなければ，この発言はないだろう。はい，高峰くん。
高峰：（教師を見て）おばあちゃんは物忘れがひどい！①
教師：例えば？　どこから君はそれを読んだ？
高峰：（テキストを見て）えっとぉ，4で，「わらぐつはいいもんだ。あったかいし，軽いし，すべらんし。そうそう，それに，わらぐつの中には神様が」いらっしゃるって言って，（顔を上げ，教師を見て）そうそうってことは，だから，わらぐつの中に神様がいることを，忘れてた。②
教師：なるほど。…おばあちゃんのせりふの中の，この部分だね（模造紙にそうそうと書き加える）。はい，高野さん。
高野：えっと，話のことだけど，その，きいて教えてもらった，のもあるかもしれないけれど，あとはおばあちゃんはわらぐつが好きだから，それでわらぐつをはいたりしてて，実際に体験したこと。
教師：あぁ，きいたんじゃなくて，（板書されているきいたのところから⇔体験と書き加え）体験，自分の体験なんじゃないの，ということだね。はい。

　らの一方向的なメッセージになっており，事例1で島田くんが「……じゃない？」と語っていたように，他者に問いかけるような言葉は見られない。ここから，彼の発言が教師による受容や承認といった，受動的な応答の言葉との「内的対話」により形成されていると推察される。

　また，高峰くんの発言は先行する発言との関連が不明確である。これは，前後の山田くんや高野さんの発言が，「さっきの渡辺さんのにつなげるんだけど……」や「その，きいて教えてもらった，のもあるかもしれないけれど……」という言葉に示されているように，先行する他の児童による発言との「内的対話」により形成されていることがうかがえるのとは対照的である。さらには，前後の発言の内容と高峰くんの発言内容のズレからも，彼の発言と先行する発言の関連性の低さを捉えることができる。すなわち，都築くんや山田くん，高野さんが，わらぐつとおばあちゃんの関係について語っているのに対し，高峰くんはおばあちゃんの様子自体に言及しているのである。ここから，内容についても，先行する発言との関連が直接的でないことがわかる。

　ここから，この場面で高峰くんの発言は，テキストとの「対話」および受動的な聴き手の応答の言葉との「内的対話」により形成されていると捉えることはできる。その一方で，先行する複数の他の児童による発言と「内的に対話」することで話し合いの流れを捉えることがなされていないと推察される。

　以上の事例5・6から，高峰くんの聴くという行為の特徴として，彼が先行する複数の他者の言葉との「内的対話」とテキストとの「対話」を同時には行っていないことが示唆される。すなわち，彼は他者と自己，テキストと自己という一対一での「（内的）対話」を行っているが，(1) 他者とテキストと自己という三項の異なる他者の言葉との「（内的）対話」や，(2) テキストとの「対話」を行いながら複数の児童の発言との「内的対話」により話し合いの流れを捉えることに，困難を抱えていると推察される。ゆえに，先行する複数の他の児童による発言と「内的に対話」

し，話し合いの流れを踏まえて発言を形成していたとしても，テキストの記述に基づく発言を行っていなかったり（事例5），あるいはテキストの記述に基づいていても，先行する他の児童による発言との「内的対話」が不明確であり，流れに沿っていない（事例6）と解釈できる。

一方で，以上の事例から，高峰くんの聴くという行為に対する支援に関しても示唆される。事例6において，高峰くんは教師からの「どこから君はそれを読んだ？」という問いかけにより，テキストとの「対話」を促され，テキストに基づく発言を形成していた。事例5のような，テキストとの関連が不明確な発言がなされた場面でこのような問いかけがなされることで，児童をテキストとの「対話」に戻すことが可能となると考えられる。またそれが話し合いにおけるテキスト理解の精緻化を促進しうると推察される。ただし，テキストに基づいていたとしても，事例6に見られたように話し合いの流れを捉えていない場合は，話し合いによるテキスト理解の精緻化を促さないと考えられる。これに関し，「さあ，どうでしょうか？　わらぐつって温かいの？」という，問いを明確にし，関連する意見を促す教師の言葉がけが見られた事例5では，高峰くんは話し合いの流れに沿って発言していた。ここから，問いを明確にし，それと関連する意見を促す教師の言葉がけが，話し合いの流れを捉え，また先行する他の児童による発言と自分のテキスト理解を結びつけながら聴くことを支援しうると考えられる。

知識の獲得・共有に向かう話し合いでの特徴
既有知識との関連づけ　知識の獲得・共有に向かう話し合いは，長谷川学級でも社会科で多く見られた。そして，そこでの高峰くんの聴くという行為に基づく発言は，最終的に共有したい知識として位置づけられている点で特徴的であった。事例は11事例（社会科で10事例，国語科で1事例）。表8は典型的な事例である。

この場面は，板書されたこの授業の主題である「米作りの条件」を見つけることが課題として扱われている。これはこの単元で獲得することが目指される単元固有の知識であり，その獲得と共有に向かって話し合いが展開している。

事例中の高峰くんの発言（下線部）は，それぞれ米づくりに必要なものは何かという冒頭の問いや，「水は変だよな？」「なんで川がいるんだ？」という教師の問いかけに対して形成されていることが，その内容からわかる。しかし，彼の発言は同一の問いに対する他の児童による発言の後になされていても，それらに基づいておらず，教師の問いに対する一対一の「内的対話」により，教師に宛てて形成されていると捉えられる。

またここでは2つの発言とも，疑問に対する自分の考えというよりは，短い言葉で，「解答」のみを語る形でなされている。ここから，高峰くんの発言が，多様な考えを出し合って話し合いを進める能動的な聴き手の応答の言葉ではなく，話し合いを終わらせる聴き手の受動的な応答の言葉との「内的対話」により形成されていることを示していると考えられる。さらに他の事例で高峰くんは「わかった！」や「それわかる！」というように，問われている内容を自分が知っていることをアピールしていた。ここから，教師の問いかけを，知識を問うものとして聴いており，さらにそれを自分の既有知識に関連づけて聴いていることがうかがえる[4]。彼の発言内容が，ここで獲得することが目指されている単元固有の知識であることは，彼の発言に対する教師による板書からうかがえる。特にそれが顕著なのは，高峰くんの発言②に対する教師の応答である。ここでは「なるほど。こいつは大事な視点かもしれない。」という肯定的な言葉と板書が伴って，彼の発言内容が受け止められている。これは「水」や「川」といった発言が，板書されながらも，ただそれを受動的に享受し，共有するものとしてではなく，「水は変だよな……？」や「なんで川がいるんだ？」と教師により疑問が提示され，検討の対象となっているのとは異なっている。また，高峰くんの発言内容に付け加えたり，それに反論するような児童の発言もここでは見られない。すなわち，この場面での高峰くんの発言が「解答」として位置づけられていることがわかる。

以上から，知識の獲得・共有に向かう話し合い場面における高峰くんの聴くという行為の特徴として，教師との一対一の関係の中で，先行する他の児童の発言を踏まえず，自分の既有知識に関連づけながら，受容

表8 〈事例7〉既有知識との関連づけ

5月2日　社会

　全体の話し合いに入る前に，既に黒板には 米の生産が多い地方，①米作りに必要な条件（環境） と書かれている。机は児童が向き合うようにコの字型に配列されている。
　話し合いに入る際，長谷川教諭は米作りに必要なものは何かを，全体に向けて問いかけ，意見を募る。数人が手を挙げ，その中から都築くんが指名される。

都築：水！
教師：う〜ん，水か…書くなよ〜（と言いながら，黒板に 水 と書く）…さて水だ。水について，ちょっと考えよう。水は…水っつっても，水は変だよな…？
菊地：きれいな水〜
複数：川
教師：川か…
羽田：湧き水！

と，次々と子どもたちから声が上がってくる。長谷川教諭は先ほど黒板に書いた 水 から点線を引いて 川 と書く。書いている途中で高峰くんが発言する。

高峰：(板書をしている長谷川教諭の背中に投げかけるように) 雪解け水！①

　これを受け，長谷川教諭は 雪どけ水 と 川 の下に書き加える。そして書き終わると再び全体に向かって問いかける。

教師：（全体に，声のトーンを落として）おい，何で川なんだ？

……（中略）……

羽田：井戸！
教師：井戸だってあるよな？…穴掘って，そこから出る水で，やってるってこともあるよね。でもきみたちは水っていったら，川ってことをすぐに思い出したよな？　なぜ川なんだろう？　なんで川がいるんだ？
羽田：一番身近だから。
教師：身近だから。
藪野：そこに流れているから。
教師：そこに流れているから，なるほど。はい？（と高峰くんを指名する）
高峰：(教師を見ながら) 川は大量の水が流れてる。②
教師：あ〜，なるほど。こいつは大事な視点かもしれない。…（黒板に 川 から矢印を引っ張って 大量の水 と書きながら）川というのは，井戸に比べて，ものすごくたくさんの水を，使うことが出来るよね〜井戸の水なんて上げられる量はたかがしれてるもんな。すると，川があるっていうことはたくさんの水が手にはいるってことだね〜。…（一拍置いて）…ただ水だけ考えててもだめだね，こういう風にものを考えて行かなくちゃね。

や承認といった聴き手である教師の応答の言葉を取り入れていることが示された。

　また，知識の獲得・共有に向かう話し合い場面において，高峰くんは疑問を発したり，他の児童と同じ内容を発言したり，他の児童の発言内容に基づいて発言していなかった。そうではなく，直前の教師の問いに対して解答となるような発言をしていた。これは以下の2点を示していると考えられる。1点目は，高峰くんの学習観との関連である。すなわち，知識の獲得・共有に向けられた話し合いにおいては，多様な他者の考えを交流させるのではなく，正解となる知識を発表することが重要だと彼が捉えている可能性がある。2点目として，先の事例5・6から示唆されたように，教師や他の児童による問いに対し，先行する複数の発言との「内的対話」と同時に，資料やテキストと「対話」する中で発言を形成していないと考えられる。

表9 聴くという行為の特徴の課題構造に応じた相違

	視点	課題構造			
		テキストや特定の話題についての多様な考えの交流と理解の精緻化に向かう話し合い場面		単元固有の知識が存在し，その獲得・共有に向かう話し合い場面	
島田くん		(事例1)	(事例2)	(事例3)	(事例4)
	・先行する発言との「内的対話」	他者・テキスト・自己の結びつけ	自分の経験との関連づけ	自分の経験との関連づけ，内容が正しいか判断	既有知識との関連づけ
	・話し合いの流れの捉え	捉えている	捉えていない	捉えていない	捉えていない
	・想定される聴き手	複数の聴き手	教師	全体／教師	教師
	・後続の聴き手の応答の言葉との「内的対話」	話し合いを志向	受容志向	受容志向	受容志向
高峰くん		(事例5)	(事例6)	(事例7)	
	・先行する発言との「内的対話」	既有知識との関連づけ	テキスト・自己の結びつけ	既有知識との関連づけ	
	・話し合いの流れの捉え	捉えている	捉えていない	捉えていない	
	・想定される聴き手	教師	教師	教師	
	・後続の聴き手の応答の言葉との「内的対話」	受容志向	受容志向	受容志向	

総括的考察

本研究では，児童の聴くという行為が課題構造の異なる話し合い場面に応じてどのように異なるのか，彼らの発言から検討した。その結果をまとめたのが表9である。ここから，以下の点が明らかとなった。

第1に，単元固有の知識が存在し，その獲得・共有に向かう話し合い場面では対象児に共通する特徴が見られた。当該の話し合い場面では，2人の対象児は，自分の既有知識や経験に関連づけて他者の発言を聴いていた。またその際に，話し合いの流れは捉えられておらず，教師を聴き手とし，その受容や承認といった受動的な応答の言葉が取り入れられていることが明らかとなった。ここから，単元固有の知識が存在し，その獲得・共有に向かう話し合い場面では（1）対象児は自分の知っていることに関連づけながら他者の言葉を聴いているが，流れを踏まえていないことから，聴くことより発言することに意識が傾いている，（2）対象児にとって，教師は自分の知っていることを受容し承認しうる存在として捉えられている，という2点が示唆される。

第2に，テキストや特定の話題について多様な考えを交流し，理解の精緻化に向かう話し合い場面では聴くという行為の異なる特徴が見られていた。

当該の話し合い場面で，島田くんは話し合いの流れを捉えながら，テキストとの「対話」の中で形成された自己のテキスト理解と他の児童による発言を関連づけて，さらなる話し合いを志向して聴いていた。一方高峰くんは，話し合いの流れを形成する複数の先行する発言や，共有されたテキスト・資料の言葉といった複数の他者の言葉と同時に「(内的)対話」することを困難としていることがうかがえた。このように，課

題構造の相違に応じて聴くという行為の特徴が異なるだけでなく，その相違の仕方は対象児によっても異なっていた。

また，高峰くんはいずれの話し合い場面においても教師による受動的な応答の言葉を取り入れていた。これは，長谷川教諭がインタビューにおいて語っていた高峰くんの発言の「対話性のなさ」を示していると考えられる。一方，島田くんは教師だけでなく，複数の児童を聴き手とし，話し合いを継続させるような能動的な応答の言葉を取り入れていることが示された。ただし社会科においては，たとえテキストや特定の話題について多様な考えを交流し，理解を精緻化することに向かう話し合い場面であっても，自分の既有知識や経験に関連づけて他者の発言を聴いていた。ここから，教科による学習観の違いが背景にあることも示唆された。この点については，対象児へのインタビュー調査やアンケート等による詳細な考察が必要である。

第3に，課題構造が同じ場面でも，聴くという行為の特徴は異なっていた。例えば，多様な考えを交流し，理解を精緻化することに向かう話し合い場面で，高峰くんは先行する発言を，自己のテキスト理解と関連づけて聴いている場面と，既有知識に関連づけて聴いている場合があった。また同様の場面で島田くんも，自己のテキスト理解と関連づけて聴いている場面と自己の経験に関連づけて聴いている場面があった。さらには，複数の聴き手に発言を宛てる場面と，教師のみを聴き手として発言を宛てる場面も見られ，その際に取り入れられる後続の応答の言葉も異なっていた。これらの背景には，先に指摘した対象児の教科による学習観の違いだけでなく，教師の応答の違いや先行する発言内容の違い，あるいは参加者間で共有されているテキストの有無など，各場面における社会文化的状況の違いがあることが推察される。

また以上の知見から，頻繁に発言する児童の聴くという行為の特徴が示唆される。すなわち，話し合いを志向するのではなく，教師に聴いてもらうことを志向し，その承認や受容といった応答の言葉を取り入れているということである。さらに本研究では，このような特徴に対し，聴くという行為を支援し，話し合いを通した学習を促進するための示唆も得られた。第1に，多様な考えを交流し，理解を精緻化することに向かう

話し合い場面で，(1) 共有されている教材を媒介として他の児童との関連を築くことである。これにより，教材との「対話」と同時に他の児童による先行発言との「内的対話」を促すだけでなく，その児童へ宛てた返答の形成を促すと考えられる。さらには (2) 何が話されているのか，問いや先行発言を明確に提示することである。これにより，話し合いの流れを捉えることを支援すると考えられる。第2に，単元固有の知識が存在し，その獲得・共有に向かう話し合い場面では，教師による発言の繰り返しが，発言内容を明確化するだけではなく，発言が直接に宛てられていない他の児童にも聴く機会を作っていた。これにより，発言内容の共有に加え，それを検討するためのさらなる話し合いを促進すると考えられる。ただしこれらについては示唆に留まるものであるため，さらに検討が必要である。また，先行研究では，「みんなに向けて言って」のような教師の言葉がけによる宛名の修正が指摘されている（磯村・町田・無藤，2005；一柳，2007）。このような「みんな」への宛名の修正を促す言葉がけも，教師以外の複数の聴き手の応答の言葉との「内的対話」を促すと考えられる。

最後に今後の課題を述べる。第1に話し合い場面の特徴をより多様に捉える必要がある。本研究ではスコットら（2006）の指摘する話し合い場面の相違に基づいて事例を検討したが，教室においては扱った2つの場面以外にも，扱われる内容や教師の内容の扱い方により，複雑で多様な側面を持つと考えられる。個々の場面の特徴をより詳細に捉え，それに基づき聴くという行為を検討する必要がある。第2に，対象児の発言が周囲の児童にどのように聴かれているかを検討することが挙げられる。秋田・市川・鈴木（2002）や一柳（2009）の用いた直後再生課題における再生記述を手がかりにすることで，対象児の発言がどのように受け止められていたかを考察することができる。それにより，対象児の言葉がその話し合いにおいて持つ意味を，聴き手との相互作用において解釈することが可能になると考えられる。またそれと関連して第3に，発言していない児童の聴くという行為の特徴を，場面の特徴とあわせて詳細に検討することも必要である。第4に，教師の応答との関連を明らかにすることである。本研究は対象児の聴くという行為に焦点を当てたため，対

象児の発言に対する教師の応答の違いを十分に検討していない。しかし，本研究で示唆されたように，教師の応答は児童の聴くという行為を支援し，また方向づける可能性がある。第5に，聴くという行為の時間的な変化の検討である。松尾・丸野（2008）は，担任教師の交替に伴う新しい話し合いのためのグラウンド・ルール，すなわち話し合いを円滑に進めていくために共有することが求められる暗黙の理解の導入により，児童がその発話スタイルや授業参加への認識を変化させていることを明らかにしている。ここから，グラウンド・ルールに対する認識や学級成員間の関係性の時間的経過に伴う変化の中で，個々の聴くという行為や，あるいは学級全体の「聴き合い」がどのように変化するのかを，縦断的に検討する必要がある。

注

1) 「appropriation」は，「専有」「収奪」「吸収」「領有」「占有」というように，様々な訳語があてられてきた。本研究では，先行研究で用いられているものはそのままの表記に従うが，それ以外の箇所ではワーチ（1995/1991, 2002/1998）における訳語「専有」を用いる。
2) テキストや資料も他者の言葉と捉えることができる。しかし，バフチン（1996）は，対象について語る際に通過する他者の言葉と自己の言葉との間での相互作用を「内的対話」としている。ゆえに「内的対話」はテキストや資料といった理解の対象との相互作用とは異なるものを意味すると考えられる。そこで本研究では教師や児童の発言との間で生起する対話を「内的対話」とし，テキストや資料の言葉といった理解の対象との間でなされる対話を「対話」と表記する。
3) 本研究では「児童の発言」の単位として，談話分析において従来取られてきた話者交代を単位とせず，発言児童の交代を単位とし，児童の発言数をカウントした。すなわち，児童が発言している際に教師がその児童に尋ね返したりして教師との話者交代が起こっても，その前後の発言を同一の発言としてカウントした。これは本研究において，児童の発言内容に示される主張・理解を分析単位とするためである。
4) 違う授業日（5/7）の話し合いで，高峰くんは米作りに関する本を手に取りながら「実際にどんなことやってるか，これ見ればわかるよ。」と発言し，本に書かれている内容をそのまま読み上げていた。この場面での「雪解け水」や「大量の水」についても，すでに本を読んで知っていたと推察される。

引用文献

秋田喜代美・市川洋子・鈴木宏明．(2002). 授業における話し合い場面の記憶――参加スタイルと記憶. 東京大学大学院教育学研究科紀要, *42*, 257-273.

Alexander, R. (2006). *Towards dialogic teaching: Rethinking classroom talk* (3rd ed.). UK: Dialogos.

バフチン, M. M. (1988). ことば対話テキスト（ミハイル・バフチン著作集 8）（新谷敬三郎・佐々木寛・伊東一郎，訳）. 東京：新時代社.

バフチン, M. M. (1996). 小説の言葉（伊東一郎，訳）. 東京：平凡社（平凡社ライブラリー）.

Barnes, D. (1992). *From communication to curriculum* (2nd ed.). Portsmouth, NH: Boynton/Cook-Heinemann.

Barnes, D. (2008). Exploratory talk for learning. In N. Mercer & S. Hodgkinson, (Eds.), *Exploring talk in school* (pp.1-15), London: Sage.

Cazden, C. B. (2001). *Classroom discourse* (2nd ed.). Portsmouth, NH: Heinemann.

Forman, E. A., & Ansell, E. (2002). Orchestrating the multiple voices and inscription of a mathematics classroom. *Journal of the Learning Sciences, 11*(2-3), 251-274.

Freedman, S. W., Delp, V., & Crawford, S. M. (2005). Teaching English in untracked classrooms. *Research in the Teaching of English, 40*(1), 62-126.

藤江康彦. (1999). 一斉授業における子どもの発話スタイル――小学校 5 年の社会科授業における教室談話の質的分析. 発達心理学研究, *10*(2), 125-135.

Hadjioannou, X. (2007). Bringing the background to the foreground: What do classroom environments that support authentic discussions look like? *American Educational Research Journal, 44*(2), 370-399.

Hicks, D. (1996). Contextual inquiries: A discourse-oriented study of classroom learning. In D. Hicks (Ed.), *Discourse, learning, and schooling* (pp.104-141), New York: Cambridge University Press.

一柳智紀. (2007).「聴くことが苦手」な児童の一斉授業における聴くという行為――「対話」に関するバフチンの考察を手がかりに. 教育方法学研究, *33*, 1-12.

一柳智紀. (2009). 児童による話し合いを中心とした授業における聴き方の特徴――学級と学級による相違の検討. 教育心理学研究, *57*(3), 361-372.

磯村陸子・町田利章・無藤隆. (2005). 小学校低学年クラスにおける授業内コミュニケーション――参加構

造の転換をもたらす「みんな」の導入の意味．発達心理学研究, *16*(1), 1-14.
Knoeller, C. P. (1998). *Voicing ourselves: Whose words we use when we talk about books*. New York: State University of New York Press.
松尾剛・丸野俊一. (2008). 主体的に考え，学び合う授業実践の体験を通して，子どもはグラウンド・ルールの意味についてどのような認識の変化を示すか. 教育心理学研究, *56*(1), 104-115.
Michaels, S., O'Connor, C., & Resnick, L. B. (2008). Deliberative discourse idealized and realized: Accountable talk in the classroom and in civic life. *Studies in Philosophy and Education*, *27*(4), 283-297.
村瀬公胤. (2006). 教室談話と学習. 秋田喜代美（編著），授業研究と談話分析（pp.72-85）．東京：放送大学教育振興会.
中田基昭. (1996). 教育の現象学──授業を育む子どもたち. 東京：川島書店.
Sawyer, R. K. (Ed.). (2006) *The Cambridge handbook of the learning sciences*. New York: Cambridge University Press.
Scott, P. H., Mortimer, E. F., & Aguiar, O. G. (2006). The tension between authoritative and dialogic discourse: A fundamental characteristic of meaning making interactions in high scholol science lessons. *Science Education*, *90*(4), 605-631.
Wells, G., & Arauz, R. M. (2006). Dialogue in the classroom. *Journal of the Learning Sciences*, *15*(3), 379-428.
ワーチ, J. V. (1995). 心の声──媒介された行為への社会文化的アプローチ（田島信元・佐藤公治・茂呂雄二・上村佳世子, 訳）．東京：福村出版．(Wertsch, J. V. (1991). *Voices of the mind: A sociocultural approach to mediated action*. Cambridge, MA: Harvard University Press.)
ワーチ, J. V. (2002). 行為としての心（佐藤公治・黒須俊夫・上村佳世子・田島信元・石橋由美，訳）．京都：北大路書房．(Wertsch, J. V. (1998). *Mind as action*. Oxford University Press.)
Wertsch, J. V., & Toma, C. (1995). Discourse and learning in the classroom: A sociocultural approach. In L. P. Steffe & J. Gale (Eds.), *Constructivism in education* (pp.159-174). Hillsdale, NJ.: Lawrence Erlbaum Associates.

謝 辞

本研究の執筆に観察にご協力頂いた小学校の関係者の皆様，とりわけ観察を許可して頂いた学級の先生と子どもたちに感謝申し上げます．また本論文の作成にあたりご指導くださいました東京大学大学院の秋田喜代美先生，研究室の皆様に御礼申し上げます．

（2009.6.15 受稿，2010.1.12 受理）

青年の語りからみた金縛りの心理的意味

松本京介　新潟医療福祉大学社会福祉学部
Kyosuke Matsumoto　Faculty of Social Welfare, Niigata University of Health and Welfare

要約

金縛りを体験した青年の語りを通して，金縛りの心理的意味について検討することを目的として，大学生28名を対象に半構造化面接を実施した。トランスクリプトの分析には解釈学的現象学的分析（Interpretative Phenomenological Analysis: IPA）を援用した。その結果，金縛りの心理的意味と考えられるマスターテーマとして，「依存と独立の葛藤」「『見る自分』と『見られる自分』の葛藤」の2つが抽出された。「依存と独立の葛藤」のマスターテーマは「依存の抑制と不満」「独立への不安と罪悪感」で構成され，「『見る自分』と『見られる自分』の葛藤」のマスターテーマは「自分の確立への迷いと疎外」「『他人から見られる自分』の意識」「『理想の自分から見られる自分』の意識」で構成されていた。いずれのテーマも，思春期的な葛藤にかかわると考えられた。これらの結果をもとに，金縛りの心理的意味について総合的に考察し，金縛りは個体内の生理学的過程としてとらえられるだけでなく，心の葛藤を自我が処理しきれないときに身体に表現される行為であり，他者に向けられたメッセージとして関係のなかで理解される可能性をもつ現象であることが示唆された。

キーワード

金縛り，睡眠麻痺，心理的意味，青年期，解釈学的現象学的分析（IPA）

Title

Psychological Meanings of *Kanashibari* According to the Narratives of Adolescents

Abstract

The aim of this study was to explore the psychological meanings of *Kanashibari* based on narratives provided by adolescents who had experienced this phenomenon. Semi-structured interviews were conducted with 28 university students, and the verbatim transcripts of these interviews served as the data for an interpretative phenomenological analysis. The data revealed two themes that can be broadly described in terms of conflicts between dependence and independence and between the "looking self" and the "looked-at self". The theme related to conflicts between dependence and independence consisted of "dissatisfaction or suppression of dependence" and "anxiety or guilt about independence". The theme concerning "conflicts between the looking self and the looked-at self" consisted of "crises regarding self-identity and alienation", "consciousness of being looked at by others", and "consciousness of being looked at by the 'ideal self'". These themes were considered to be related to the conflicts that characterise adolescence.

Key words

Kanashibari, sleep paralysis, psychological meanings, adolescence, interpretative phenomenological analysis (IPA)

1　問題と目的

1　金縛りを研究することの意義

青少年のいわゆる「問題行動」「精神病理」とされる現象は多様化，深刻化してきており，現代的な傾向として「身体化」の増加が指摘されている（李,1997; 伊藤, 2009）。たとえば，「摂食障害」や「不登校」状態の子どもにみられる心身症的愁訴など枚挙にいとまがない。これらの問題はなかなか解決の兆しがみえない状況にあるが，まず，彼らが示す行為の背後に隠された彼らの心理を理解する視点が必要であると思われる。たとえば，「不登校」の状態像はさまざまであるが，学校に行けない子どもの多くは登校しようとすると「頭痛」や「下痢」などの身体症状を呈することがある。心では学校に行こうと思っても，身体がままならないために，結果として学校に行けないのである。このような，身体と心が調和しないで乖離しているという状態は，人間を理解する上で重要な現象であると思われる。本研究では，これらの行為を「身体と心の乖離状態」としてとらえ，それが意味するものについて検討したい。そのために，身体化された行為の一つと考えられる金縛りを研究対象とした。

金縛りは，民間伝承として世界各国に共通して知られている（Ness, 1978; Wing, Lee, & Chen, 1994）。また，1990年にアメリカ睡眠障害連合会（American Sleep Disorders Association: ASDA）が中心となって作成した睡眠障害国際分類（International Classification of Sleep Disorders: ICSD）によると，金縛りは「睡眠麻痺（sleep paralysis）」として記載されており，誰もが生涯に一度は体験し得る現象であるとされている。わが国でも金縛りはよく知られており，福田・宮下・犬上・石原（Fukuda, Miyasita, Inugami, & Ishihara, 1987）の大学生を対象にした金縛りの疫学的調査によれば，少なくとも1回以上金縛り体験のあるものは43%あった。石束・福澤（1990）は，福田ら（1987）の結果を踏まえ，金縛りについて「睡眠中に生じ，自発的に動いたり話したりできない状態で，不安感を伴うことが多い。種々の幻覚を伴うことが多いが，特に胸の上に何かが乗っていたり誰かがいるような気配であることが多い」と定義している。

さて，本研究では，身体と心の乖離状態を検討するために金縛りを対象としたが，その理由として，金縛りが心では動きたいと思っても身体が動かないという，まさに身体と心が乖離しているような表現形態をとる現象であることが挙げられる。また，金縛りを対象とすることは以下のような利点があると考えられる。

1. 金縛りは，一般に病理現象としてとらえられていない。たとえば，その他の身体と心の乖離状態として考えられる「摂食障害」などの「精神病理」とされる現象よりも抵抗が少なく，身体と心の乖離状態について扱えるのではないかと考えられる。つまり，体験した本人にとっては語りやすいものであるといえよう。

2. 身体と心の関係が乖離している場合，そのことを本人は自覚していないことがある。このような本人に意識されていない部分を調べる方法として，投影法がある。夢についての連想を聴くことも，広い意味では投影法といえよう。覚醒時と違って，夢においては個人の深層心理が反映されやすいとされる。金縛りは夢と類似の現象であると考えられていることから（福間, 1976），金縛りについての連想を聴くことは，夢の連想を聴くことと同じように，本人の意識していないものが語られる可能性がある。

3. 金縛りを初めて体験する年齢として最も多いのは思春期であり，そのピークは女性では15歳，男性では17〜18歳である（Fukuda et al., 1987）。この時期はブロス（Blos, 1962/1971）の発達区分によれば青年期中期に該当し，身体と心の変化が相互に影響しながら進行していく時期である。そのような時期に金縛りを初めて体験する人が多いということは，身体と心のズレと金縛り体験に何らかの関連を指摘できるかもしれない。つまり，金縛りについて検討することは，身体と心の乖離状態の理解を深めることにつながるのではないかと思われる。

以上のような理由から，金縛りを通して，身体と心の乖離状態が意味するものについて検討することで，青年の心理に迫ることができるのではないかと考える。

2 これまでの金縛りの研究

金縛りは、これまでに睡眠麻痺として主に生物医学・生理学領域で研究がなされてきた。そして、金縛りの生起に関わる生理的要因として、ナルコレプシー患者に頻繁にみられる入眠時 REM 睡眠（Sleep Onset REM Periods）の出現が主張されている（Takahashi & Jimbo, 1963）。入眠時 REM 睡眠とは、通常、入眠して後、約 80 分で出現する REM 睡眠が入眠直後に出現する特異な睡眠形態である。ナルコレプシー患者は覚醒から、いきなり REM 睡眠に入るために、①意識レベルが高く、②REM 睡眠中の骨格筋の顕著な抑制を身体の運動麻痺であると感じ、③鮮明な夢を幻覚として体験するのだと考えられている（大熊, 1968）。また、入眠時 REM 睡眠はナルコレプシー患者に特異なものではなく、非患者にもみられることが知られている（竹内, 1998）。この入眠時 REM 睡眠の出現が、生物医学・生理学領域における金縛りのメカニズムの説明である。そして、入眠時 REM 睡眠が出現する要因として「睡眠－覚醒サイクルの乱れ」が想定されている。

だが、「睡眠－覚醒サイクルの乱れ」だけが金縛り発現の要因といえるのだろうか。確かに、入眠時 REM 睡眠の出現と金縛りの発現は密接に関連しているかもしれないが、入眠時 REM 睡眠が出現すれば必ずしも金縛りを体験するわけではない（Takeuchi, Miyasita, Sasaki, Inugami, & Fukuda, 1992）。また、福田ら（1987）の調査によれば、金縛り直前の状態について、対象者の約半数がいつもと違う状態を報告しており、それは、「睡眠－覚醒サイクルの乱れ」と「身体的あるいは心理的ストレス」の 2 つに集約されるという。このように、金縛りの発現には「睡眠－覚醒サイクルの乱れ」だけでなく、「心理的ストレス」も関わっていることが推定されている。それにもかかわらず、心理学的アプローチによる金縛りの研究は少ない。

そこで、松本（2005）は、金縛りの心理的意味について検討することを目的として、心理学領域における夢の主題的アプローチ（鑪・平野, 1985, 1986）の手法による質問紙調査を行った。金縛り体験の有無や印象度の違いによって分けた群間で、夢の主題に違いがみられるか検討した結果、金縛りを体験し強い印象を持つ者は、そうでない者と比べて「自己懲罰の傾向」「自意識の高さと自我の防衛の強さ」「両親からの独立と依存の葛藤」「死と再生のテーマ」をより強く感じていることが推察された。また、これらの主題は青年期前期～青年期中期における発達の特徴や課題と関わっていると解釈された。次に、「近親者の死ぬ夢」などの類型夢に関する知見から、金縛りの潜在的な心理的意味としてエディプス的な葛藤が示唆された。このように、金縛りが発達課題と関わり、そこに心理的意味があるとするならば、心理学的アプローチによる金縛りの研究がさらに必要であると考えられる。

3 本研究の目的

これまでの夢の研究について、鑪（1979）は夢の生理学的研究に対しては「夢み」という語を使用し、夢分析、夢解釈など夢そのものの内容の意味づけや心理学的研究に対しては「夢」という語を使用し、両者を区別して考察している。そして、ある個人が「何故」ある内容の夢をみるのか、そのような夢にはどのような心理的「意味」があるのだろうかと問題提起し、夢の「何故」と「意味」に答えるためには「夢み」の生理学でなく「夢」の心理学が必要になってくると述べている。ここで鑪（1979）のいう「夢の心理学」とは「夢みられた内容が、夢主にとってどんな意味を有しているのかを明らかにしていこうとするもの」である。

夢について、心理学的アプローチによる検討を初めて試みたのはフロイト（Freud, 1968/1900）である。フロイト（1968/1900）は臨床経験と結びつけて無意識の概念を研究し、夢解釈は精神生活における無意識的な知識への王道であるとした。フロイトやそれ以降の心理学的アプローチによる夢の研究の知見によれば、各々の夢には個人の深層心理が反映されており、臨床的に重要な意味があるという。これは、夢をメッセージとしてとらえるアプローチであるともいえよう。フロム（Fromm, 1953/1951）は夢における「自己伝達（self-communication）」の機能に注目したが、名島（1999）は、それを踏まえて「夢は一般に、クライエントの自己のなかの未知の部分や曖昧模糊としている部分から発せられるメッセージなのである」と述べ、

夢をメッセージとしてとらえ心理的意味について考察している。夢がメッセージとしてもとらえられ，そこに心理的意味があるのだとすれば，夢と類似の現象であると考えられる金縛りについても同様の心理的意味が存在する可能性があるだろう。つまり，金縛りは単なる身体の随伴現象にとどまらず，たとえば，個人の多様な心理が表現される舞台にもなっているのではないだろうか。

このようなことを探求するために，本研究ではナラティヴ・アプローチを用いることにした。ナラティヴ・アプローチとは「ナラティヴ（語り，物語）という概念を手がかりにしてなんらかの現象に迫る方法」であり（野口，2009），心理学領域でも知られるようになった方法である。ナラティヴ・アプローチによる著名な研究として，クラインマン（Kleinman, 1996/1988）の研究があげられる。クラインマンは，同一の病気が医療専門職と患者とでは全く異なる物語を持つことを描き出した。医療専門職は医学モデルに従って病気を「疾患（disease）」として「外側から」再構成するのに対し，患者や家族の当事者は病気を「病い（illness）」として「内側から」体験していた。そして，「病い」にはそれぞれの人生のなかでの個人的な意味があるのだということを明確に示した。それにならえば，本研究の研究対象である「金縛り」は，これまで生物医学・生理学領域で「睡眠麻痺」として睡眠障害の一つとされてきたが，金縛り体験者の語りを分析することで，個人における金縛りの心理的意味について探求できる可能性があるのではないだろうか。

それというのも，金縛りは，個人によってさまざまに解釈されている現象だからである。たとえば，坂田・林（1999）によれば，大学生を対象に講義を通して金縛りの生理学的な知識についての説明を施したが，「金縛りは科学では解明できない心霊現象である」と信じている大学生のすべてが自然科学的な説明によってその信念を変えたわけではなかった。つまり，金縛りを心霊現象だと信じている人は，その個人にとっての何らかの意味づけがあるのだと考えられる。そのような個人的な意味を探るのであれば，金縛りについての個人の語りに耳を傾けるようなアプローチ，すなわち，ナラティヴ・アプローチが必要であるといえよう。

本研究では，このような観点から，金縛りを体験した青年の語りを通して，体験者にとって金縛りがどのような意味を持っていたのかを探求することで，金縛りの心理的意味について考察することを目的とする。

方　法

1　研究参加者

松本（2005）は，東京都1ヵ所，神奈川県2ヵ所の大学で質問紙調査[1]を行った。そのときの被調査者である大学生574名（18歳～23歳，男性311名，女性263名）のなかで，これまでに金縛りを体験した278名のうち，31名が面接調査への協力を承諾してくれた。体験を詳しく聴取していくと，そのうちの3名は夢様の体験はあったが「動くことができなかった」「しゃべることができなかった」という麻痺の体験が明瞭ではなく，金縛りではなく鮮明な夢であると判断し，分析から除外した。最終的に，研究参加者は大学生28名（19歳～22歳，男性16名，女性12名）となった。なお，研究参加者は，日常的に筆者と関わりのない人物であった。

2　調査手続き

半構造化面接を行い，質問に対して自由に話してもらった。各参加者につき45分～90分程度，大学内の研究室や教室など静かな場所で実施した。参加者にICレコーダーでの録音の許可を求めたところ，全員から承諾が得られた。

面接はすべて筆者が行った。なお，筆者は調査時に20代後半の大学院生で，力動的な立場による心理臨床を学んでおり，臨床心理士として中学校や精神科クリニックで経験を重ねていた。筆者の経験が調査に影響を与えることは考えられるが，調査を実施するにあたっては，調査的面接の技法（中澤，2000；鈴木，2002）や，夢分析の介入技法（名島，1999）を十分に踏まえた。

3 調査内容

面接者は以下のような質問項目をあらかじめ作成し，参加者の金縛り体験を聴取し，自然な会話の流れのなかで質問した。

（1）金縛りの内容

a）金縛り時の麻痺の体験　金縛り時の麻痺の体験（動くことができなかった，しゃべることができなかった，など）について質問した。

b）金縛り時の幻覚の体験　金縛り時の幻覚の体験様式（何かがいるような様子があった，胸の上に重さを感じた，など）について質問した。

c）金縛り時の感情　金縛り時の感情（こわい，冷静だった，など）について質問した。

d）金縛りに対する対処　金縛り時にどのような対処をしたのか（体を動かそうともがいていた，そのままじっとしていた，など）について質問した。

（2）金縛りの状況

a）金縛りを体験した時期　金縛りを体験した時期（年齢，学年）について質問した。

b）金縛りを体験したときの生活状況　金縛りを体験したときの生活状況（受験期であった，部活で忙しかった，など），体調（疲れていた，など）について質問した。

（3）金縛りの連想

金縛りに関連すると思われるできごとについて聴取した。また，金縛り時に何かが登場した場合，その内容について詳しく検討した。

その後，面接者の方から，「金縛りの状態を，たとえば，『身動きできない状態』というように比喩的にとらえたとすると，当時の生活で何か思い浮かぶことがありますか」と質問した。この質問に続いて，たとえば，「目が開けられない」「息苦しい」「胸がドキドキする」「足を引っ張られるような感じ」などの体験が語られた場合，それらについて，適宜，「それらを比喩的にとらえたとすると，当時の生活で何か思い浮かぶことがありますか」と質問した。次に，「その状態をひとつのメッセージとしてとらえたとします。そうすると，そのメッセージは，その当時，誰に一番分かってもらいたかったでしょう。思いつく人はいますか」と質問した。このような質問項目は名島（1999）の夢分析の介入技法を踏まえたものである。

名島（1999）は，臨床事例を通して，夢分析における介入技法として臨床的に有効であった 4 つの質問（①感想 II 質問　②対応性質問　③レベル II 質問　④潜在感情質問）を提案している。①感想 II 質問は，夢の「ポイント」ないし「印象的なところ」を問うことで，夢主の意識を改めて夢そのものに焦点化させるものである。②対応性質問は，「夢生活（dream life）」と「覚醒生活（waking life）」との関連づけをめざすものである。③レベル II 質問は，夢要素のなかの質的・抽象的な側面についての連想を問う質問である。この質問は，夢主の潜在的な心的要素を顕在化させやすいとされる。④潜在感情質問は，夢主に意識されていないような重要な感情の抽出をめざすものである。名島（1999）は，これらの質問を適切に活用すれば，独断的な解釈をできるだけ混入させずに，夢主自ら，夢の持つ多様な意味を見出すことができると述べている。また，これら 4 つの介入技法は個々ばらばらに用いるよりも，組み合わせたほうが有益であろうと述べている。

本研究の金縛りについての連想を問う質問では，「金縛りの状態を，たとえば，『身動きできない状態』というように比喩的にとらえたとすると，当時の生活で何か思い浮かぶことがありますか」と聴いた。この質問は，金縛りの最も重要な特徴である「身動きできない状態」という「ポイント」に焦点化させるという点で「感想 II 質問」に対応し，「当時の金縛り体験」と「当時の生活」との対応性を問うているので「対応性質問」にもなっており，金縛りのなかの「身動きできない状態」について質的・抽象的な側面についての連想をきいているので，「レベル II 質問」にも対応している。本研究の金縛りについての連想を問う質問は以上を組み合わせて構成したものである。

4 分析方法

IC レコーダーに録音された記録にもとづき，トラ

ンスクリプトを作成した。トランスクリプトの分析にあたっては,「解釈学的現象学的分析（Interpretative Phenomenological Analysis：以下,IPA）」を援用した。

ウィリッグ（Willig, 2003/2001）は心理学のための質的研究法をいくつか紹介しているが,その一つとして,IPA を取りあげている。大久保（2007）は,ヴァン・カーン（van Kaam），ジオルジ（Giorgi），コレイジ（Colaizzi），ヴァン・マーネン（van Manen），コーエン（Cohen）ら,ベナー（Benner）など,多くの現象学的アプローチについて紹介しているが,IPA も現象学的アプローチの一つであり,1990 年代半ばよりイギリスの健康心理学や臨床心理学の分野で展開されてきた分析方法である。

IPA の創始者であるスミス（Smith, 1997）は IPA を「テキストとトランスクリプトに解釈学的に関わる過程を通して,説明に含まれる意味を解釈する試み」であるとしている。IPA の手続き（Smith, Jarman, & Osborn, 1999; Smith & Osborn, 2003, 2004）は,研究者がテーマを決め,最初はケース内で,その後は複数のケースの間でそのテーマを意味ある階層に統合していく段階を踏んで行われる。

IPA は,現象学的アプローチのなかでも,グラウンデッド・セオリー（Strauss, & Corbin, 1999/1990）の手続きと多くの共通性があり,ウィリッグ（2003/2001）によれば,IPA とグラウンデッド・セオリーは多くの特徴を共有している。両者とも,個人や集団の世界観を表象している認知地図のようなものを生み出すことを目的としており,テキストに対して体系的に作業していくことによって,テーマやカテゴリーを定義し,それらを統合して現象の本質や性質を理解するための高い次元のユニットを生成するものである。両者の違いとして,グラウンデッド・セオリーは基本的な社会的プロセスを研究するために発展したものであり,IPA は個人の参加者の心理的世界を洞察するためにデザインされていることがあげられる。

本研究の目的は,金縛りを体験した青年の語りを通して,金縛りの心理的意味について考察することである。IPA の目的は,経験をとらえ,その意味を明らかにすることにあり,本研究の目的に適した方法である。そこで,本研究の分析では,IPA を援用した。また,トランスクリプトの分析にあたっては,2 名（1 名は筆者,もう 1 名は臨床心理学専攻の大学院を修了した心理職）で検討した。

結果と考察

1 IPAによるトランスクリプトの分析

IPA の手続き（Smith et al., 1999; Smith & Osborn, 2003, 2004; Willig, 2003/2001）に従い,トランスクリプトを分析した。

（1）段階1：トランスクリプトの読みこみ

段階1では,トランスクリプトを何度も読み返し,記録したいと思った最初の考えや問いを反映した焦点化されていない「ノート」を作成した。

（2）段階2：テーマの同定

段階1で作成した「ノート」をもとに,段階2ではトランスクリプトでのそれぞれを特徴づけるテーマを特定し,ラベルづけをした。本研究では,金縛りの心理的意味について検討することが目的であるので,金縛りの連想から,心理的意味として重要だと判断された箇所を重点的に検討した。特に,「金縛りの状態を,たとえば,『身動きできない状態』というように比喩的にとらえたとすると,当時の生活で何か思い浮かぶことがありますか」「その状態をひとつのメッセージとしてとらえたとします。そうすると,そのメッセージは,その当時,誰に一番分かってもらいたかったでしょう。思いつく人はいますか」という質問後の参加者の語りに注目した。また,ウィリッグ（2003/2001）によれば「この段階で心理学用語を用いてもよい」とされている。そこで,力動的な発達論の概念も参照しながら,さらにトランスクリプトを読み込んでいった。

（3）段階3：テーマの階層化

段階3では,段階2で定義したテーマについてリスト化していった。その結果,金縛りの心理的意味として,「依存」「独立」「自意識」「ストレス」「家族の金

縛り」「心霊的意味づけ」などの「群ラベル」が抽出され，「群ラベル」のそれぞれに「テーマラベル」が抽出されていった（表1の「群ラベル」「テーマラベル」を参照）。

（4）段階4：個人要約表の作成

段階3をもとに，段階4では金縛りの心理的意味について，参加者28名それぞれの個人要約表を作成した。

（5）段階5：テーマの統合

段階5では，段階4で作成した個人要約表を統合し，参加者グループの経験を反映する包括的な「マスターテーマ」のリストを作成した。まず，参加者の個人要約表のまとめを作成した（表1）。なお，表中の参加者の「語りの具体例」については，個人が特定されないよう十分に配慮した。

表1をみるとテーマラベルの言及人数にばらつきがあり，参加者の経験を全体的に反映する包括的なものとはなっておらず，さらなる検討が必要であると判断された。テーマラベルのあらわれ方をみると，多いものから順に「依存の抑制（13名）」「自己決定の迷い（11名）」「不快な出来事（10名）」であり，これらのテーマが金縛りの心理的意味としてマスターテーマとなりそうであった。以下，それぞれの群ラベルごとにテーマラベルについて検討し，群ラベル同士の関係も踏まえて，マスターテーマを抽出していった。

a）「依存」の群ラベルの検討　「依存」の群ラベルに注目すると，「依存の代理満足」だけが，代理ではあるが満足がみられるという点で，他のテーマラベルと矛盾しているように思われた。そこで，「依存の代理満足」について，参加者ごとにトランスクリプトの流れを時系列で検討してみると，語りの全体のなかで中心的なテーマではないと判断された。そのため，「依存の代理満足」はマスターテーマを構成するテーマから除外した。

「依存の不満足」は，たとえば，参加者5（20歳，男性）では「（中学1, 2年時）学校に行きたくない時は，ちょっとだるそうにして，親に『どうしたの？』って言われて，はじめて『気分が悪い』っていうふうに，親に気づいて欲しかった」という内容であった。これらは，親への依存欲求があるにもかかわらず，親に気づいてもらえない状態であり，依存欲求が満足されていない状態である。また，これらは，「依存の抑制」にも関わるテーマでもある。たとえば，参加者5では，「学校に行きたくない」気持ちがあるにもかかわらず，それを親に伝えていない。つまり，依存を抑制していることが考えられた。そこで，「依存の抑制」と「依存の不満足」のテーマを統合した。統合にあたっては，「不満」の内容を「抑制」という言葉だけでは表せないため，「依存の抑制と不満」と新たにテーマラベルをつけた。

「依存の自覚」は，いずれも，依存欲求がありながらそれを我慢している状態が中心的なテーマであり，それに対しての「自覚」は，金縛り体験以後のものであった。そこで，「依存の自覚」は当時の金縛りの心理的意味としては中心的なテーマではないと判断し，マスターテーマを構成するテーマから除外した。

「依存の身体表現」は，いずれの内容も，依存欲求を身体のレベルで表現していることが共通していた。依存欲求は「依存の抑制と不満」というテーマのみではおさまらず，広すぎるものであるので，「依存の身体表現」はマスターテーマを構成するテーマから除外した。

「依存をめぐる競争心」は，きょうだいやライバルとの関係における依存についての葛藤であり，いずれの内容も，「依存の抑制と不満」のテーマを表していた。そのため，「依存をめぐる競争心」を「依存の抑制と不満」のテーマに統合した。

「依存」の群ラベルの検討の結果，マスターテーマを構成するテーマとして「依存の抑制と不満」を抽出した。このように，個人要約表とトランスクリプトの循環的な読みによって，金縛りの心理的意味として考えられるマスターテーマを構成するテーマを抽出していった。以下，「独立」「自意識」「ストレス」「家族の金縛り」「心霊的意味づけ」の群ラベルにおけるテーマラベルについてはまとめて検討する。

b）「独立」の群ラベルの検討　「独立の承認」「独立の未承認」「独立志向」「独立の満足」について，参加者ごとのトランスクリプトの流れを時系列で検討した。いずれも，「独立への不安」「独立への罪悪感」

表1 参加者の個人要約表のまとめと語りの具体例

群ラベル	テーマラベル	言及人数 (N=28)	語りの具体例	参加者番号・性別・金縛り体験時期
依存	依存の代理満足	3	小学生の頃水泳の授業がすごく嫌いだった。（お父さんは水泳が得意なので，わかってもらえなかったが）お母さんは泳げないので，「やだねぇ」って言ってくれた	参加者3・女・小5
	依存の不満足	5	親だったら絶対助けてくれるはずだ，っていう感じがあったから，どうして助けてくれないのっていう感じが一番強かった	参加者19・女・高3
	依存の抑制	13	父親は自分と同じ理系の人間だから，金縛りの話をしてもどうせ「疲れてたんだよ」で終わっちゃうと思った。母親に金縛りの話をしたら，結構どっちかと言うと霊とか信じているから，逆に心配しすぎるだろうなと思った	参加者10・男・高1
	依存の自覚	7	今考えると，異性の彼氏には何でも話せたりして，だから異性の付き合う人をすごく求めてたのかなって自分でも思うんです	参加者27・女・大2
	依存の身体表現	3	一人で寝ているとよく金縛りにあったけど，お母さんと一緒に寝ると全然ならなかった	参加者7・女・小5～6
	依存をめぐる競争心	3	弟は私と違って素直だったんで，甘えられるのがいいなと思った	参加者3・女・小5
独立	独立の承認	3	お母さんと違ってお父さんは，地元から離れて欲しくはないけど，でも頑張れるんだったら，出て行って大きくなって欲しいっていう感じだと思う	参加者12・女・高2
	独立の未承認	3	お母さんは直接，「遠く行ったら親戚もいないから，近くの方が何かあったら行けるし」って言ってきて，お父さんは，お母さん経由で「さびしいなぁ」みたいなことを言ってくる	参加者14・女・高3
	独立志向	3	高2で進路を考えた時に，家にいるのは楽なんですけど，楽なところに居るのじゃいけないかなと思って	参加者12・女・高2
	独立の満足	1	母親とずっと二人暮しをしていたんだけど，一人は快適で，帰りたいと思うことはなかった	参加者2・男・大1
	独立への不安	3	金縛りになったのは，一人暮らしの不安感	参加者6・女・大1
	独立への罪悪感	2	親元を離れ，母親を一人にしてしまうことに対して，すまない気持ちはあった	参加者2・男・大1
	独立をめぐる競争心	1	妹は「私の方が就職も結婚も早いと思うけど」とか，プレッシャーをかけてくる	参加者28・女・大4

表1（続き）

自意識	自己決定の迷い	11	進路について，部活の競技の推薦で体育学部に行くか，全く別の進路での大学か医療系の専門学校に行こうか悩んでいた	参加者17・女・高3
	自己嫌悪	6	高校3年の頃，すごく話し下手なところがあって，特に意識しちゃうと全然話せなくて，気になる人とのコミュニケーションも全然うまく取れなくて，自分を駄目だなぁって思っていた	参加者15・男・高3
	自分がないという感覚	2	自分の居場所がないっていうか，自分のあるべき姿がないっていうのを感じてて	参加者20・男・予備校生
	気力のない自分	1	金縛りで見た，死んだおじいさんっていうのは，受験期に疲れていた気力のない自分だったのかもしれない	参加者14・女・高3
	期待に応えようとする自分	9	まわりが期待することを，自分はまわりに対してやった方がいいかなとか思う	参加者26・男・大2
	評価を気にする自分	8	部活とかで，友達の悩みを聞いてあげることが多かったが，優しさというより，とにかく評価されたかった	参加者18・男・高校
	理想の自分	7	自分は塾に行ってるから，人より出来なきゃおかしいんだってプレッシャーになってて	参加者19・女・高3
	理想の自分への罪悪感	5	勉強しないといけない時間なのに，眠くて寝ている自分がいて，その自分をいけないと思っている罪悪感	参加者4・女・高3
	性	2	小5の後半ぐらいから精通があって，その後くらいから金縛りがあった。精通は知識として知っていたので，母親には相談しなかった	参加者2・男・小5〜6
	性と罪悪感	2	オナニーの罪悪感とちょっと似ているような罪悪感を，受験の時持っていた感じがある。見られていたら恥ずかしいっていうか情けない	参加者20・男・予備校生
	自意識をめぐる競争心	6	ライバルの女の子のようにわがままでも競技に集中できたらいいなぁとは思っても，ああいう性格になりたいなぁとは，やっぱり思えない	参加者17・女・高3
	反抗心	2	（父親に言われて）勉強するっていうよりは，それを投げ出してでも別のことに打ち込むとか。例えば友達と遅くまで遊んだりとか。そうすると，最初は母親がうるさいんですよ。それで母親が父親に言うと，父親が爆発しちゃって	参加者10・男・高1
	疎外感	8	浪人時代は自由がないし，なかなか人と話せず馴染めなかったし，息苦しさを感じていた	参加者21・男・予備校生
	重要な他者への信頼感	5	両親にはそれなりにやってもらったものは返せるっていう状態だし，期待してもらっている感じがある	参加者20・男・予備校生
ストレス	不快な出来事	10	そのころ，いじめにあっていたので，ストレスはあった	参加者3・女・小5
	恋愛の迷い	2	恋愛関係ですごく悩んでたから，金縛りの時に首をしめてきた男性は，多分サークルの先輩。すごい息が詰まりそうになっていたからかな	参加者25・女・大2
家族の金縛り	家族の金縛り	3	家系的にどうやら金縛りにあいやすい	参加者1・女・中1〜2
心霊的意味づけ	心霊的意味づけ	7	お母さんが，亡くなった父方の叔父さんの位牌に，自分の合格をお願いしていたから，金縛り時の声は，その叔父さんだろうということになった	参加者8・女・中3

「独立をめぐる競争心」が語りの全体のなかで中心的なテーマとなっていると判断された。そのため，「独立の承認」「独立の未承認」「独立志向」「独立の満足」はマスターテーマを構成するテーマから除外した。

「独立をめぐる競争心」について，トランスクリプトの流れを時系列で検討してみると，「自己決定の迷い」が語りの全体のなかで中心的なテーマとなっていると判断されたので，マスターテーマを構成するテーマから除外した。

「独立への罪悪感」のテーマは，「独立への不安」と関連していると判断されたため，「独立への不安」と統合し，「独立への不安と罪悪感」と新たにテーマラベルをつけた。「独立」の群ラベルの検討の結果，マスターテーマを構成するテーマとして「独立への不安と罪悪感」のテーマを抽出した。

c)「自意識」の群ラベルの検討 テーマラベルをみると，多いものから順に「自己決定の迷い（11名）」「期待に応えようとする自分（9名）」「評価を気にする自分（8名）」「疎外感（8名）」「理想の自分（7名）」であり，これらがマスターテーマを構成するテーマとなりそうであった。

「自己決定の迷い」は「自分がないという感覚」と「疎外感」に関連すると考えられた。「自分がないという感覚」や「疎外感」は，思春期になって，これまでの自分とこれからの自分をどのように位置づけるか，どのような自分を確立していくかという「自己決定の迷い」のなかで生じる感覚であり，感情である。そこで，「自分がないという感覚」「疎外感」の各テーマを「自己決定の迷い」のテーマに統合し，「自分の確立への迷いと疎外」と新たにテーマラベルをつけた。

「期待に応えようとする自分」と「評価を気にする自分」は，いずれも思春期になって，自分を意識するようになった時期に，他人の存在を意識するようになって生じるものである。そこで，これらを，「『他人から見られる自分』の意識」と新たにテーマラベルをつけ，統合した。新たに統合した「『他人から見られる自分』の意識」は「自己嫌悪」と関連をもつと考えられた。「自己嫌悪」は，自分が他人からどのように見られているのか，ということを意識することから生じる状態である。そこで，「自己嫌悪」を「『他人から見られる自分』の意識」に統合した。また，「自意識をめぐる競争心」は，競争相手からどのように見られているのか，あるいは，競争相手と比較された自分が他人からどのように見られているのかといった内容が中心であったため，「『他人から見られる自分』の意識」に統合した。

「理想の自分」「理想の自分への罪悪感」はいずれも，自分自身についての理想にかかわる自分の気持ちが語られたものであった。自分自身についての理想が高すぎると，現在の自分自身の状態と比較することで，罪悪感を持つものもあった。そこで，「理想の自分」「理想の自分への罪悪感」のいずれも，理想の自分と現在の自分との比較から生ずる自意識にかかわるテーマであると判断し，2つを統合して，「『理想の自分から見られる自分』の意識」と新たにテーマラベルをつけた。これは，「『他人から見られる自分』の意識」と類似しているため統合できる可能性があった。だが，「『他人から見られる自分』の意識」は「現実に存在している他人」からの視線の意識であり，一方，「『理想の自分から見られる自分』の意識」は「現実に存在している人物」である必要はなく，「自分が自分を見る」という，いわば自分の視線の意識である。そのため，2つのテーマは別であると判断し，統合しなかった。

「気力のない自分」「性」「性と罪悪感」「反抗心」「重要な他者への信頼感」の「自意識」の群ラベルに含まれるテーマについて，参加者ごとにトランスクリプトの流れを時系列で検討した。いずれも語りの全体のなかで中心的なテーマではないと判断されたため，マスターテーマを構成するテーマから除外した。

「自意識」の群ラベルの検討の結果，マスターテーマを構成するテーマとして「自分の確立への迷いと疎外」「『他人から見られる自分』の意識」「『理想の自分から見られる自分』の意識」の3つのテーマを抽出した。

d)「ストレス」「家族の金縛り」「心霊的意味づけ」の群ラベルの検討 「ストレス」「家族の金縛り」「心霊的意味づけ」の群ラベルに含まれるテーマについて，参加者ごとにトランスクリプトの流れを時系列で検討した。いずれも，語りの全体のなかで中心的なテーマではないと判断された。たとえば，「ストレス」の群ラベルにおける「不快な出来事」は，「家族

の不和」「いじめの体験」「部活のつらさ」など，いずれも，「依存の抑制と不満」「独立への不安と罪悪感」「自分の確立への迷いと疎外」「『他人から見られる自分』の意識」「『理想の自分から見られる自分』の意識」のマスターテーマを構成するテーマに含まれてよい内容であった。そのため，「ストレス」「家族の金縛り」「心霊的意味づけ」の群ラベルにおけるテーマはマスターテーマを構成するテーマから除外した。

e）マスターテーマの検討　マスターテーマを構成するテーマとして，「依存の抑制と不満」「独立への不安と罪悪感」「自分の確立への迷いと疎外」「『他人から見られる自分』の意識」「『理想の自分から見られる自分』の意識」の5つを抽出した。

「依存」の群ラベルから抽出した「依存の抑制と不満」と，「独立」の群ラベルから抽出した「独立への不安と罪悪感」は，いずれも「依存と独立の葛藤」というテーマのなかで生じるものであり，2つは統合できると判断された。そのため，「依存の抑制と不満」と「独立への不安と罪悪感」を統合し，新たに「依存と独立の葛藤」というマスターテーマを抽出した。

「自意識」の群ラベルから抽出した「『他人から見られる自分』の意識」と，「『理想の自分から見られる自分』の意識」は，いずれも，思春期的な発達と関連したテーマであると考えられた。2次性徴のはじまりとともに，青年は自意識に目覚めるが，同時に，自分を見つめる他者の目を意識しはじめるようになる。そのような，「見る自分」と「見られる自分」の葛藤が2つの意識を生じさせているのではないかと考えられた。そのため，「『他人から見られる自分』の意識」と，「『理想の自分から見られる自分』の意識」を統合し，新たに「『見る自分』と『見られる自分』の葛藤」というマスターテーマを抽出した。また，「自分の確立への迷いと疎外」も，思春期的な発達と関連した「『見る自分』と『見られる自分』の葛藤」のなかで生じる状態であると判断し，「『見る自分』と『見られる自分』の葛藤」のマスターテーマに統合した。

IPAによるトランスクリプトの分析から，金縛りの心理的意味と考えられるマスターテーマとして，「依存と独立の葛藤」「『見る自分』と『見られる自分』の葛藤」の2つを抽出した。以上のIPAの分析を踏まえ，金縛りの心理的意味についてマスターテーマのリストとして，参加者28名の全体要約表を作成した（表2）。

表2に示されているように，参加者全例において，「依存と独立の葛藤」と「『見る自分』と『見られる自分』の葛藤」のうち，いずれかのマスターテーマが言及されていた。特に，「『見る自分』と『見られる自分』の葛藤」のマスターテーマは参加者全例において言及されていた。このようにIPAの分析から，金縛りの心理的意味として，「依存と独立の葛藤」と「『見る自分』と『見られる自分』の葛藤」のような思春期的な葛藤とかかわるテーマが考えられた。

2　マスターテーマを構成するテーマ別による分析

次に，マスターテーマを構成する5つのテーマごとに，その典型例について分析することで，金縛りの心理的意味についてさらに検討したい。ここでは，当該テーマについての言及回数が多く，かつ，当該テーマがその参加者の語りの中心的なテーマとなっているものを典型例とした。

（1）依存の抑制と不満（参加者3の語りから）

参加者3（19歳，女性）は，小学校5年時に金縛りを体験した。当時，参加者3は2段ベッドの「上の段」に寝ていた。金縛り時には，何故か弟が寝ている「下の段」にいた。参加者3はそれを不思議に思い，「（いつも寝ている場所である）上の段に戻らなくちゃ」と思っているうちに，体が浮く感じがして，回りながら，「上の段」に戻り，覚醒した。

参加者3は，その当時にいじめの標的にされていたという。いじめのリーダーは「人の悪口を言わないといられないみたいな」人であり，いじめの標的を次々と変えていた。本人は運動もできたし，頭も「私のが（いじめのリーダーよりも）よかった」ので，「目の仇」にされていた。本人はいじめの標的にされていることについて，家族に相談しなかった。

> なん，というわけでもないんですけど，ただ言いづらかった，という。なんとなく言い出しにくかったっていうか。……言ったら，（お母さんは）

表2　参加者の全体要約表と語りの具体例

マスターテーマ	マスターテーマを構成するテーマ	参加者番号																											
		1	2	3	4	5	6	7	8	9	10	11	12	13	14	15	16	17	18	19	20	21	22	23	24	25	26	27	28
依存と独立の葛藤	依存の抑制と不満		○	○	○		○				○			○	○			○	○	○				○		○	○	○	
	独立への不安と罪悪感	○					○						○	○														○	
「見る自分」と「見られる自分」の葛藤	自分の確立への迷いと疎外		○			○		○	○	○	○						○		○	○		○	○	○	○		○	○	○
	「他人から見られる自分」の意識	○		○	○	○	○				○			○	○	○	○	○	○	○	○	○		○		○			
	「理想の自分から見られる自分」の意識				○	○		○			○				○			○	○	○				○					

注）表中の○印は参加者1から28のトランスクリプトにおいて「マスターテーマ」を構成するテーマの語りがみられたことを表している。

言及人数 (N=28)	語りの具体例	参加者番号・性別・金縛り体験時期
14	部活のコーチには，自分の悩みをわかってもらいたかったけど，たくさん一緒に見てもらっている仲間もいるから，自分だけを見て欲しいみたいなことは絶対に言えない	参加者17・女・高3
	一番自分を理解してくれる人がお母さんだと思ってて，もっとわかって欲しいっていうのはあったかもしれない	参加者14・女・高3
5	家族とは癒着した，仲良い家庭だったので，大学生になり一人暮らしに対する不安みたいなものはあった	参加者6・女・大1
	親元を離れ，母親を一人にしてしまうことに対して，すまない気持ちはあった	参加者2・男・大1
18	2つ大学に受かってて，どっちに行くかものすごく悩んでこっちに来たんですけど，ちょっと後悔みたいなのもあって，1年生のときは悶々としていたかもしれない	参加者23・女・大1
	クラスにいても周りの人と会話してなかったし，自分を外に出してなくて，息苦しさっていうか，自分を出す場がないっていうのはあった	参加者15・男・高3
20	とにかく，「A君って，こういう人だよね」って言われるだけで嬉しかったから，自分で言われたキャラクターとか一生懸命作ってたりした	参加者18・男・高校
	他人の目は気にしないと言いつつも，すごい気になっちゃってる	参加者7・女・中3
10	自分で，こういう理想像にならなきゃっていうプレッシャーに追い詰められてた	参加者19・女・高3
	（金縛り時に現れた）鬼みたいなものは，多分自分自身で，自分で自分をチェックしているんです。自分で自分を見てる。自分の中に厳しい批判者がいて，常に批判してる。自分が理想と結びつくように努力して，それがあわないとへこむ	参加者24・男・大2

> 悲しいのかな？とか。悲しむかなとか。……親だと，そうですね。友達の前では結構（自分の弱い面を）出すんですけど。
> 【……は中略。（　）内は筆者による補足】

親に言い出しにくかった理由について面接者がさらに尋ねると，参加者3は「私が一番上なんですよ。下に弟が二人（本人が10歳当時，弟はそれぞれ7歳と3歳）いて。だからどうしても，こう強がるっていうか，（私は）できるのよ（笑）みたいな。感じはあったと思います」と語った。そして，弟については，以下のように語った。

> 弟は出来が悪かったんですよ。勉強のほうだけなんですけど。（弟は）私といつも比べられてて，（弟は母親から）「なんで5とれないの？」とかいうことは言われてて，うーん可愛そうだなって思うこともあったり。でも，自分がなまじ出来ちゃうから，なんでこれができないのかなぁ？っていうふうにも（弟に対して）思ったりとか。……でも，うーん，やっぱり，（弟は母親に）甘えられ，甘えるじゃないですか。それはいいなって。……そうですね，私と違って（弟は）素直だったんですよ，私は結構強がるほうだったんですけど，弟のほうは割と素直だったんで。

参加者3は，いじめの標的になっていたことを家族に相談しなかった理由として，母親を悲しませたくないこと，きょうだいのなかで「できる」子の役割をとっていたことを挙げている。そのために，親に対する依存の気持ちを抑制していた。「できる」子の役割は，本人の自尊心を高めたとも考えられるが，自分が望んだ役割というよりは，家族のなかで長女として期待されていた役割であった可能性もある。本人は「強がる」と表現しているように，等身大の自分自身ではなく，強がらないと「できる」子の役割をはたすことが難しかったのかもしれない。

また，参加者3は弟が母親に素直に甘えることについて「それはいいな」と語っているように，本人も弟のように素直に母親に甘えたい気持ちもあったことが推察される。このような依存をめぐる葛藤が金縛りとして表現されたということが考えられた。さらに，金縛りの内容と関連づけて考えてみると，本人は金縛り体験時に，弟の寝ている場所にいた。つまり，弟のようになれば母親に素直に甘えられるのに，というように，参加者3の潜在的な願望が金縛り時に象徴的に表現されたということも考えられるかもしれない。

（2）独立への不安と罪悪感
　　　　　（参加者6の語りから）

参加者6（19歳，女性）は大学1年時の5月に金縛りを体験した。金縛り時に，聴覚（ゴソゴソという音）と触覚（風が当たる感覚）を感じ，そこから，「泥棒」が入ってきたのではないか，という体験をした。

参加者6は，当時，「一人暮らしに対する不安」があったという。参加者6の家族は仲が良く，「私はすごい，家族と癒着した，って言うか，仲良い家庭だったので」余計に不安を感じたという。「やっぱり夜とか不安だし，母からしょっちゅう『（本人の大学の地域で）事件が起きたから気をつけなさい』，とか電話がかかってきてたから」という。また，「泥棒」のような不安に対しては，「自分がこわい，と思っている存在」であり，「たとえば，男の人。力も強いし，自分も抵抗できないし」と語る。

参加者6は，「（地元の）大学に行け，行け」と両親から言われていたが，本人の希望する専攻がなかったので，上京することになった。そのことに対して，両親は「さびしいけど，好きなようにしなさい，って感じで」あった。だが，両親からの電話は「毎日かかってきていた」という。本人は，現在も一人でいることに不安を感じるという。

> しょっちゅうホームシックになってたから。ホームシック，って言うか。（大学1年時の）5月は，うーん，絶対。去年も今年も「帰りたい，帰りたい」って言ってるし。今も私は（もうすぐ夏休みなので）実家に帰りたくてしょうがないし。……一人でいることが少し不安なんですね，私は。うん，だから一人でいるときに何かあったらどうしよう，っていう不安がすっごい大きいと思うんです。一人でいるときに，何か自分で対処できないような事態が起こったら，困る，っていうのが，ありますね。

参加者 6 は金縛り体験当時に,「一人暮らしに対する不安」があった。それは,自分のしたい専攻を自分の意志で選んだこと,つまり,親からの独立へ向けて歩みだすなかでの不安であったことが考えられる。当時は,「自分が頼れるな,って思う存在は家族以外にはいなかった」こともあるだろう。

また,面接の最後の方で,本人は,金縛り体験当時にみた印象的な夢を語った。それは,「自分があこがれてるっていうか,好きな人と,うまくいっている」夢であり,夢のなかでその男性が運転するバイクの後ろに本人は乗っていた。その男性は,「サークルの先輩とか,そういうのじゃなくて,自分の中の理想的な男性」であったという。それについて,「そのとき,別に彼氏がほしいな,って思ってたわけじゃないけど,うーん,安心できる存在はほしかったのかな。……意識しなくても夢では出てくるのかもしれない」と率直に語った。

馬場（1987）は,青年期中期の発達課題として「親からの分離と家族外対象の発見,異性愛への転向と性同一性の確立」などを挙げている。参加者 6 も,両親からの独立の過程において,家族外対象を発見していくなかでの不安や葛藤が金縛りに表現されていたと考えられるかもしれない。その場合の不安は,家族から離れて一人になることへの不安もあるだろうが,家族から離れ,独立することへの罪悪感のようなものも含まれるかもしれない。馬場（2000）によれば,両親への過度の固着がある場合,個人はこの時期の親からの独立にあたかも親を見捨てるかのような罪悪感を抱くことがあるという。このことから,参加者 6 は家族外対象である「自分の中の理想的な男性」を探しているところであるが,家族との絆が深すぎて「癒着」のようであるため,そのような存在は「泥棒」のように,家族の絆を奪うような存在としても感じられていたのかもしれない。これは,一つの解釈にすぎないが,参加者 6 の場合,独立をめぐる葛藤が金縛りとして表現されたということが考えられた。

（3）自分の確立への迷いと疎外
（参加者 28 の語りから）

参加者 28（22歳,女性）は,大学 4 年の 6 月に金縛りを体験した。金縛り時には,「手が動かず,引っ張られる感じがして上がらない」という体験をした。

参加者 28 は,金縛りを体験した当時,教員採用試験が間近であった。本人は「今年は落ちてもいいや」と思っていたが,家族や親戚は「周りの子はみんな就職してるのよ」とプレッシャーを与えていたという。そして,試験が近づくにつれて,本人は「自分は本当に教師になりたいのか」ということについて,迷いを感じるようになっていった。同時に,これまでの生き方について振り返っている時期でもあったという。本人の母親は,「就職するなら,できるだけいいところに」という考えがあった。母親は「（子どものころ）体が弱く,その分,勉強をがんばるという感じ」であり,「優秀な人たちの集まり」のなかで学生時代を過ごしていたという。本人は「だから,（母親は）私にも言うのかな,っていう感じはあるんですけど」という。

> 私は結構それ（母親の考え）に従ってやってきた感じはあって,やっぱり長女だし。うん,だから一応高校も,その学区の中では一番良いという高校に行ったし,大学も一浪したけど,一応,それなりに有名な大学に入ったし,っていう感じなんですけど。……うーん,私は今の生活に本当に満足していて,自分で決めたともいえるんですけど。何だか,こう,その反面ちょっと,（親の）期待通りに育っちゃったな,みたいな。……私,あんまり反抗とかしないので。親に対して。何か,もうちょっと反抗とかしても良かったかな,って。

参加者 28 には妹がいる。本人は,妹が「私とは全く違うように歩んでいるので,それがちょっと羨ましかったりとかもして」という。妹は大学受験に失敗し,専門学校に行った。両親は大学に行ってほしかったため「本当に専門でいいの？」と「嘆いて」いた。だが,妹は,専門学校で自分のやりたい勉強をして,「自分の夢」を持って,「ちゃんといいところに」就職した。そして,両親は,妹が「結構有名なところ」に就職したことで,「まあ,普通に大学卒業しても,就職できないときなのに,本当によかった……そういう生き方もいいわよね」と妹のことを認めたという。本人は妹が先に就職を決めたこともプレッシャーにはなったが,

それよりも，本人とは違い，妹が親の考え方に従わないで，就職を決めたことについて影響を受けていた。本人は，そのような時期に，金縛りを体験したという。また，その時期は，本人の教員採用試験の時期とも重なっていた。

> そっか，6月ですよね。6月だったら，そのころは，あ，やっぱりその，（教員採用試験に）受かるか，受からないか。あ，受かったほうがいいか，受からないほうがいいかって言うか。あと何か，それ以前に本当に先生になりたいのか，他のことがやりたいのか。……実はその頃，揺れてたのはあります。あせりながらも，本当に先生になりたいのかな，とか。……なんか，願書も出してしまって，試験も近づいてるから，とりあえず勉強しなくちゃいけないけど，本当に私は先生になりたいのかな，って思ってて。

参加者28の感じていた教師になることについての「揺れ」の一つとして，「一番不安に思ってるのは，40人の子どもを相手に1人の先生，っていうのがちょっと難しい」ということがあった。一方で，本人はそのころ，教員以外の仕事にも「憧れ」を感じていた。それは，心理臨床に関する相談業務であり，それに関するアルバイトも本人はしていた。相談業務では，「1人の子どもの，それ，その悩みとか，症状とか重いけど，1対1だから，すごくちゃんと向き合えてできるのが魅力で。それが（教員の仕事とは）全然違うところにあるんですよ」という。本人は，このように当時揺れていた。

だが，その後，本人はそのような葛藤に折り合いをつけた。本人は，試験の2日前に，「突然，思い立って」教育実習での担当の先生に電話をかけた。その理由として，実習の時点では担当の先生に「教師にはならないと思う」と伝えていたことがあった。そのため，受験を決めたことについて報告することが電話の目的であった。けれども，「そしたらそのとき（教育実習）の気持ちとかを思い出してきて，やっぱり辛かったけど，すごい楽しかったこととかを思い出して。で，そのあとに，あの，毎日書いた日誌を読んだんですよ。そしたらそこには，『私は先生になりたいのか迷ってる』って書きながらも，すごく先生になりたい気持ちがあらわれてて。あ，私こういうふうに思ってたんだな，っていうの考えたら，あ，私はやっぱり先生になりたいんだ，って思って。はい。2日前にして先生になりたい，っていう一歩になりました」と本人は語った。そして，再び，金縛り体験を振り返って本人は以下のように語った。

> 先生になりたいっていう気持ちがあるのに，それを抑えていて。……自分が引っ張ってたんですね，多分。……うん，だから，教育実習のときの先生に電話したときに，私は先生になりたいんだ，って思えたときは，すごくすっきりして。何か本当に，みんなに言って回りたいくらいに，「私は先生になりたいんだ！」っていう。

参加者28は，職業の決定というような，自分を確立するなかでの迷いがあった。それは，「母親の考え」と「自分のやりたいこと」についての葛藤として語られた。一方，本人の妹はそのような「母親の考え」に「反抗」していた。本人は，母親の生育環境から「母親の考え」にも理解を示しており，「反抗」できなかった。本人は，母親の「期待通り」の子になるのでもなく，妹と同じように母親に「反抗する」子になるのでもない道を，当時，模索していたのではないかと考えられた。つまり，当時の本人は，自分を見失っていた状態であったと考えられる。だが，本人は，「教育実習の担当の先生」という家族外の第三者に相談することで，自分を取り戻すきっかけをつかんだ。また，実習の日誌を読むことで，当時の自分を相対化することになり，自分の本心を感じとることができるようになった。そして，「母親がなってほしいと望んでいる教師」ではなく，「自分がなりたいと望んでいた教師」になることを選び，自分を確立することができたのではないかと考えられた。

参加者28は，金縛り時に，「手が動かず，引っ張られる感じ」を体験していた。本人は，職業をめぐる自分の確立への迷いを語るなかで，その金縛り時の体験について，「自分が引っ張ってたんですね」と語った。参加者28の金縛り体験は，自分の確立をめぐる葛藤が金縛りとして表現されたものと考えられた。

（4）「他人から見られる自分」の意識
　　　（参加者10の語りから）

　参加者10（19歳，男性）は，高校1年時に金縛りを体験した。金縛り時には，「息苦しい感じ」がして，「枕もとに何か」がいるような気がし，それに「見られているような触られているような，圧迫感があった」という体験をした。

　金縛りのなかでの「見られているような触られているような，圧迫感」について，参加者10は以下のように連想した。

> やっぱり周りの目を気にしてた，っていうのはあると思うんですけど。やっぱりその頃っていうのは，多分みんなそうだと思うんですけど，周りが自分をどう認識してるかって，すごい気にしますよね。……高校1年のときは勉強も一応やってたんで，成績とかも結構良かったんですよ。まあ，一応そういうのとかで話す友達とかもいたんですけど。もしも自分がそういう，全然勉強しなくなって，全然成績もよくなくなったら，その友達は自分のことどう思うんだろう，とか。全然相手にしなくなっちゃうんじゃないか，とか。……自分はそれ（成績がよいこと）を失ったら，存在意義，って言うか，周りからの目が，どんどん悪い方向にいくんじゃないか，っていうような怖さっていうのはありました。……家族っていうのは一応，他の人よりも自分のこと知ってるじゃないですか。だから，まあ見栄張るっていうのもなかったですし。うん。だからどっちかって言うと，家族にどう思われる，っていうよりは，友達にどう思われるか，っていうほうが怖かったです。

　参加者10は，「友達」の評価という「周りの目」が気になっており，「家族にどう思われる，っていうよりは，友達にどう思われるか，っていうほうが怖かったです」と語っている。また，参加者10は，「周りの目を気にするっていうのは，自分に自信のない人がすることじゃないですか」と語り，「自分に自信のある人」は「自分で考えるところまで考えて，自分で結論を出した人だと思うんですよ」と語った。だが，金縛り体験当時，本人は「周りの目」を気にする人であった。そして，参加者10は当時の状況を総括し，「自分を分かってほしい，というよりは，ひょっとしたら自分をよく思ってほしいっていう，そういう気持ちでいっぱいだったかもしれないです」と語った。本人は，金縛り体験当時に，「自信のある人」に魅力を感じながらも，自身は「周りの目を気にする人」であり，その「息苦しさ」「圧迫感」が金縛りとして表現されたものと考えられた。

（5）「理想の自分から見られる自分」の意識
　　　（参加者20の語りから）

　参加者20（21歳，男性）は，予備校生の頃に金縛りを体験した。金縛り時に「緑の固体みたいなもの」が部屋の隅にいるのが見え，それが自分を「監視しているような，じっとにらんでいる感じがした」「寒気がして，恐怖を感じた」という体験をした。参加者20は，金縛りを体験した当時，受験をめぐるストレスを感じていたという。

　参加者20は「緑の固体みたいなもの」に監視され，にらまれた体験について連想し，それは現代の人間ではなく「昔の軍人のような感じだった」という。本人は，予備校時代によく戦争についての本を読んでいた。

> 当時の人に（予備校時代の）自分の生活態度とか，何か（当時の人に）見られてる，っていうか。忠告っていうか，その怒りみたいな，そんな感じで，「別の世界」が，もしも，あるとしたらなんですけど，そういう方（当時の人）が怒って，見ていらっしゃるんじゃないかな，っていうことは考えました。見られてたっていうか。浪人は良くなかったっていう印象が，自分にはあって，だらけてしまったなと。甘えているっていうんですか。それに対して，苦労してらっしゃるじゃないですか，他の時代の方は。それ（当時の人）が（だらけた自分を）見たら，どう思うのだろうということは，ちょっと悩みました。

　参加者20は家族に対しては，「両親にはそれなりに，今，返せるじゃないですか。やってもらったものは返せるっていう状態なんですけど。（両親からは）期待してもらっている感じなんですけど」と語った。一方，「当時の人」に対しては，「もしも，（当時の人に）いつも見られているとしたら，自分は完全じゃないし，（自分には）甘えている部分もあったりするから」と

語った。

参加者20は，「高校時代は結構だらけてましたね」と語り，その様子は両親に「バレてなかったと思う」という。だが，「当時の人」が実際にいたとすれば，「本当のこと（自分がだらけていたこと）を全部知られちゃっている感じ」なので，「すごい引け目みたいな，自分に対しての引け目みたいな」ものを感じるという。そして，「当時の人」のような，そのような存在がいるわけがないと現実には認識していながらも，金縛り体験当時，そのような存在がいるのではないか，と半信半疑であったという。

> いつも，見ているわけじゃないんだけど，その，霊体験と言うか，金縛りにあったときは，「やっぱり見られてたんだ」，とか，「やっぱり今の自分じゃだめなんだー」と，どことなく不安になってたんですけど。実際に，その，形に見えた。……ちょっとゾッとしました。……その存在は，理想の自分を知ってる他人みたいな。

参加者20は，「当時の人」が「勉強とか，自分がやるべきことを常にやっていないと許してくれない」ので，「（自分に）隙があっちゃダメだと思ってたんで」と語る。『当時の人』が望むこと」は過酷なものであったが，当時の「本人の理想」と「『当時の人』が望むこと」は一致していた。一方，本人にとって，両親はそのような存在ではなかったようだ。本人は父親について「馬鹿っていうわけじゃないですけど，本当に自分が思っていることは知らないんじゃないかな」と語り，母親も「同じ」であるという。たとえば，本人が「やる気があるんだよって顔をしてれば，実際は眠ってても，机に向かってれば，（両親や先生は）問題ないっていう」と語った。そのため，本人は金縛り体験のショックが大きかったという。

> （金縛り体験後，受験勉強を）必死にちょっとやりました。真剣に，出来るだけ，その欠点を出さないっていうか，理想に近づくようにしていかなきゃなって。……それ以来は（金縛り体験は）ないっすね。不愉快になったりすることはあるんですけど，このままじゃいけないな，という感じは（金縛り体験後も）あるんですけど。それが，別のところで諭される，みたいなことは，それ以来ない。

先に述べた参加者10の場合は，「友達」という「他人」から見られる自分が意識されるというテーマであった。一方，参加者20の場合，理想の自分を知っている「当時の人」はいつも自分を見ている存在であり「やる気があるんだよって顔をしてれば，実際は眠ってても，机に向かってれば，問題ない」両親や先生とは異なる存在である。これは，自分を見る他人というよりも，ごまかすことができない存在であると考えられる。ごまかすことができないのは，自分自身に対してであり，だらけている自分，やるべきことをやっていない自分を許してくれない自分というのは，理想の自分であると考えられる。つまり，参加者20の場合，「理想の自分（必死な自分）」と「現在の自分（だらけた自分）」の葛藤が金縛りとして表現されたものと考えられた。

総合的考察

これまでの金縛り研究は生理学的アプローチが中心であった。そこでは，「睡眠－覚醒サイクルの乱れ」などの原因によって，結果として「入眠時REM睡眠」が引き起こされ，金縛りが体験されるというように，金縛りは個体内の生理的な過程の帰結であると説明されてきた。一方，心理学的アプローチでは，金縛りを引き起こすような原因はあえて問わず，その行為を他者に開かれたメッセージとしてとらえ，その意味を関係のネットワークのなかで理解していくことが目指される。川幡（1991）は「身体現象は生理的に規定されているのは勿論であるが，人間関係の中で，その関係の表現手段にもなっているのである」「広く言えば身体言語であり，本人にさえコミュニケーションの意図が明らかでない言語である」と述べている。このように考えてみると，金縛りという身体現象も他者に向けられた身体言語となっており，コミュニケーションの手段となっている可能性がある。このような観点から，金縛りの心理的意味について総合的に考察したい。

1 心の葛藤の身体表現としての金縛りの心理的意味

　心の葛藤があれば，必ず金縛りが起きるというわけではあるまいが，本研究から，金縛り体験当時の明確に意識されていない心の葛藤が金縛りとして表現されるのではないかということが考えられた。

　このことについて，参加者 16（22 歳，女性）の語りから考えてみたい。参加者 16 の語りの中心的なテーマは「『見る自分』と『見られる自分』の葛藤」であり，なかでも「『他人から見られる自分』の意識」についてであった。具体的には，「お父さんの前では，自分をいい子に演じてしまう」という内容であった。参加者 16 の金縛り体験は高校 3 年時であり，当時，父親のことが「嫌い」だったという。本人は「（高校 3 年時）父親がすごい嫌いだったから，お母さんとはいい関係を築こうとすごい努力をしていて，それが SOS じゃないけど，辛さとして，足の痛みとか金縛りに出てしまったのかもしれない」と語った。そして，本人は，連想が進むにつれ，「なるべくお母さんの期待に沿うようにしてきて，それが無意識では窮屈だったのかもしれない」と語った。

　参加者 16 の語りから，本人は，当時「父親がすごい嫌い」だということは意識していたかもしれないが，「母親に対して窮屈な感じがあった」ということは，明確に意識していなかった可能性がある。あるいは，当時，本人は心のどこかで意識していたのかもしれないが，金縛り体験と結びついた意識ではなかったのかもしれない。あるいは，本人は，当時「母親に対して窮屈な感じ」をどこかで意識していたので，母親から見捨てられる不安が生じており，そのようなことを意識した自分への処罰として「足の痛み」や「金縛り」などの身体表現につながった可能性もある。なぜなら，本人は当時，意識的には「お母さんとはいい関係を築こうとすごい努力」をしていたからである。

　このように，さまざまな心の葛藤を自我が処理しきれないときに，身体を舞台としてそのような葛藤が金縛りとして表現されることが考えられた。なぜ，身体表現がなされるかについては，身体を舞台とすれば，象徴的な方法で，互いに相反するようなアンビバレントな気持ちについて，同時に表現できるからである。

2 メッセージとしての金縛りの心理的意味

　次に，心の葛藤が身体を舞台に表現されるにせよ，なぜ，金縛りという表現形態をとることになったのかについて考えてみたい。まず，金縛りは一般に病理と認識されていないため，「摂食障害」など病理とされる現象よりも，本人やそのまわりの人たちにとって，受け入れやすいものであることが考えられる。金縛りであれば，「家族や私に原因はなく，心霊，あるいは寝不足が原因である」と自分の身体現象を正当化しやすく，それでいて，「私は身動きがとれないくらいの状態である」というメッセージを他者へ象徴的に伝えることができる。また，金縛りは一般にそれほど頻度の多い現象ではないため（松本・本多，2008），金縛りを体験した場合に他者に伝えやすいこともあるだろう。つまり，金縛りは，自分自身の葛藤をメッセージとして他者に伝えやすい表現手段であることが考えられる。そのため，メッセージとしての金縛りの心理的意味を検討する場合，個体内だけではその意味は十分に表れず，本人をとりまく対人関係のなかでこそ，その意味が表れてくるのではないだろうか。

　このことについて，参加者 1（19 歳，女性）の語りから考えてみたい。参加者 1 の語りの中心的なテーマは，「『見る自分』と『見られる自分』の葛藤」であり，なかでも「『他人から見られる自分』の意識」についてであった。具体的には，小学校時代から本人が得意だと自負していた競技について，同じ部活のライバルであった「勉強もできて，性格もいい仲良しの子に，負けたくないと思っていた」という内容であった。

　参加者 1 は，中学 1～2 年のころに金縛りを体験した。その内容は金縛り時に「お坊さんの袈裟を着たお爺さんに足をひっぱられる」というものであった。本人は金縛り体験のあった翌日にその体験を家族に話すと，母親には金縛りの体験がなかったが，父親には同様の体験があった。父親は娘の金縛りの話を信じ，父親自身の金縛り体験を娘に話すことで体験を共有した。そして，父親の提案で，具体的な解決方法として，二人で神社に行くことにした。父親は娘にお札を買ってあげ，そのお札を部屋に貼ってあげた。それ以後，本

人に金縛りが起きなくなったという。本人は，調査時，「お爺さんに足をひっぱられる」という金縛りの内容から，当時の部活での「自分の足をひっぱるようなライバル」を連想した。だが，そのような葛藤について，金縛り体験当時，本人は父親に話していなかった。

参加者1の語りから，直接にライバルとの葛藤やそのつらさを話題にしなくても，本人は金縛りについての語りを通して，そのような自分の葛藤を象徴的な方法で父親に伝えていたということが考えられる。そして，父親は娘のメッセージを受けとめ，「お札を貼ってあげる」という行為を通して，象徴的な方法で娘のメッセージに応えたのだと考えられる。このようなコミュニケーションによって，本人は自分の葛藤をメッセージとして発する必要がなくなったので，それ以後，本人に金縛りが起きなくなったのではないだろうか。また，参加者1が，ライバルとの葛藤やそのつらさをそのまま父親に伝えず，金縛りという表現手段によって伝えた理由として，参加者1の語りから言及されなかった「依存と独立の葛藤」のテーマがかかわっていることが考えられる。たとえば，幼児であれば，「だっこして」など素直に依存の気持ちを親に表現できるだろうが，思春期になると独立の気持ちが芽生えてくるため，そのような行為は難しくなってくる。そこで，参加者1のように，親からの独立の意識を保ちつつ，親への依存欲求を満足させるために，心霊現象などのメタファーを使うことがあるのではないだろうか。

さて，次に，金縛りがメッセージとしてどのような他者に向けて発信されるのかについて検討したい。いうまでもなく，金縛り体験は1人で体験されるものであり，その意味で金縛りは「一人芝居」のようなものである。だが，その場に登場していない「不在の他者」との関係で身動きがとれない姿勢となっている場合があるのではないだろうか。市川（1975）は「具体的な生きられた身体は，主体的なものであると同時に客体的なものであり，両面がたえず交錯し，循環している。こういう循環が起こるというのは，はたらいている身体というものが，他者あるいはものとの関係的な構造の中で，生起しているということだろう」と述べている。このような観点からみると，金縛りでは「自分では動けないから，誰かに動かしてほしい」と頼れる他者を求める気持ちが背景にあって，身動きがとれない姿勢をしているのかもしれない。あるいは，恐ろしい表情をした他者が目の前にいるので，石のように動けなくなっているのかもしれない。たとえば，本研究において，登場人物や登場物のない金縛り体験であっても，その連想からは複数の「他者」が登場してきた。あるいは，金縛り時に「幽霊」として登場したものが，その連想から，当時の対人関係における「他者」を象徴的に表す存在となっている場合があった。また，自分自身が明確に気づいていない「本音の自分」のような存在も，自分のなかの他人といえるような存在であり，このような存在も「不在の他者」であると考えられた。このように，金縛り体験者は，金縛り時にはその場にいない「不在の他者」との関係で，身動きがとれない姿勢をとっている場合のあることが示唆された。

3 実践への示唆

本研究から，身体と心の乖離状態の一つである金縛りを理解するための枠組みは提供できたのではあるまいか。すなわち，金縛りは，個体内の生理学的過程としてとらえられるだけでなく，心の葛藤を自我が処理しきれないときに身体に表現される行為であり，他者に向けられたメッセージとして関係のなかで理解される可能性をもつ現象であることが示唆された。また，本研究から金縛りの心理的意味は，「依存と独立の葛藤」「『見る自分』と『見られる自分』の葛藤」など思春期的な葛藤とかかわることが考えられた。もちろん，これらは心理学の立場からみた見解である。生理学の立場では，金縛りは「睡眠－覚醒リズムの乱れ」などによって引き起こされる現象であると説明されている。このことは，単なる考え方の違いだけですまされることではなく，子どもと関わる実践においても違いをもたらすものであろう。

たとえば，「金縛りは生理的な原因の結果である」という生理学の立場であれば，どのような実践になるだろうか。子どもに関わる大人が子どもの金縛りについての語りを聴く場面で考えてみたい。金縛りの語りを聴いて，その原因を探り，ある大人は「寝不足」を指摘するかもしれない。あるいは，「規則正しい生活リズムの大切さ」を助言・指導することになるかもし

れない。もちろん，そのようなかかわりも子どもの健康のための大切な実践となるだろう。

一方，「金縛りはメッセージである」という心理学の立場であれば，どのような実践になるだろうか。金縛りの語りを聴いて，それを子どもの何らかのメッセージ，あるいは，子どものファンタジーとして理解していくようなかかわりになるかもしれない。そのように大人が金縛りについての子どもの語りを聴くことで，子どもの側は自身の語りが持つ心理的な意味に気づく場合があり，大人の側はその子どもの理解を深める契機になると考えられる。このような実践は，金縛りの理解についてのみならず，青少年の「問題行動」「精神病理」とされる現象の理解やその解決にもつながることではないだろうか。子どもに関わる人々の洞察が有効に働き，子どもの発したメッセージが共通理解され，子どもへ適切な関わりがなされれば，子どもは身を呈してのメッセージを他者にも自分にも伝える必要がなくなるのではないかと考えられる。

4　本研究の今後の課題

本研究では，トランスクリプトの分析方法として，IPAを援用した。松本（2005）によれば，金縛りの潜在的な心理的意味としてエディプス的な葛藤が示唆されていたが，IPAによる分析では，そのような点にまで踏み込むことはできなかった。そのため，いわゆる「無意識的な」心理的意味までを探求する場合には，個人の継続的な事例研究が必要であると考えられた。金縛りは頻繁に起こるような体験ではないため，継続的な事例研究による金縛り体験の変化についての検討は困難かもしれないが，事例研究をすることができれば，金縛りの心理的意味について，さらなる知見が得られる可能性がある。また，本研究では金縛りを研究対象としたが，今後，「不登校」状態の子どもの「心身症的愁訴」や，「摂食障害」など，金縛り以外の身体と心の乖離状態を対象とし，本研究と比較検討することができれば，本研究の知見の妥当性が確かめられるだろう。

最後に，本研究では最も金縛りを体験することが多いとされる青年期を対象としたが，70歳以上の精神障害のある人を対象にした調査によれば，金縛り体験者28人のうちの9人（32%）が60歳以上でも金縛りを体験していた（Wing, Chiu, Leung, & Ng, 1999）。したがって，生涯にわたる身体と心の変化やそのズレと金縛りとの関連を調べることや，その心理的意味について検討していくことも意義があると考えられる。今後の課題としたい。

注

1) 松本（2005）の調査では，質問紙の冒頭で「金縛り」について以下のように説明した。「ここでは『金縛り』を『寝入りばなや目覚めた時に，体を動かすことや，しゃべることができなくなるという状態』とします。また，その時に『生々しい現実感を伴った鮮明な夢をみること』があります。それは，通常の夢とは違って，あなたの意識ははっきりとしていて，感覚も細部まではっきりとしていることが多いです。具体的には，そこには存在しない何かを見たり，聞いたり，何か・誰かの存在を感じたりすることや，胸の上に何かが乗っているような感じ，何かが迫ってくるような感じ，身体が浮かぶような感じ，などの体験があります」

引用文献

American Sleep Disorders Association. (1990). *International classification of sleep disorders: Diagnostic and coding manual*. Rochester, Minnesota: American Sleep Disorders Association.

馬場謙一. (1987). 青年期とは何か——精神分析からみた青年期. 馬場謙一・小川捷之・福島章・山中康裕（編），青年期の深層（pp.1-34）. 東京：有斐閣.

馬場謙一. (2000). 青春期障害と罪悪感. 馬場謙一，精神科臨床と精神療法（pp.191-203）. 東京：弘文堂.

ブロス, P. (1971). 青年期の精神医学（野沢栄司，訳）. 東京：誠信書房. (Blos, P. (1962). *On adolescence: A psychoanalytic interpretation*. New York: The Free Press.)

フロイト, S. (1968). 夢判断（高橋義孝，訳）. 京都：人文書院. (Freud, S. (1900). *The interpretation of dreams, Standard Editions*. London: Hogarth.)

Fukuda, K., Miyasita, A., Inugami, M., & Ishihara, K. (1987). High prevalence of isolated sleep paralysis: *Kanashibari* phenomenon in Japan. *Sleep, 10*, 279-286.

フロム, E. (1953). 夢の精神分析——忘れられた言語（外林大作，訳）. 東京：東京創元社. (Fromm, E. (1951).

The forgotten language: An introduction to the understanding of dreams, fairy tales and myths. New York: Grove Press.)

福間悦夫．(1976)．睡眠・夢・幻覚．臨床精神医学, 5(13), 109-116.

石束嘉和・福澤等．(1990)．金縛り体験と入眠時 REM 睡眠．臨床脳波, 32(4), 224-228.

市川浩．(1975)．精神としての身体．東京：勁草書房．

伊藤美奈子．(2009)．学校カウンセリングと自己の成長．塩崎万里・岡田努（編），自己心理学 3 健康心理学・臨床心理学へのアプローチ（pp.120-132）．東京：金子書房．

川幡政道．(1991)．対人認知と投映．横浜市立大学論叢, 42, 57-96.

クラインマン，A. (1996)．病いの語り――慢性の病いをめぐる臨床人類学（江口重幸・五木田紳・上野豪志, 訳）．東京：誠信書房．(Kleinman, A. (1988). *The illness narratives: Suffering, healing and the human condition.* New York: Basic Books.)

松本京介．(2005)．青年における金縛りの心理的意味――体験者がみた夢の主題．こころの健康, 20(1), 57-69.

松本京介・本多裕．(2008)．ナルコレプシーにおける睡眠麻痺を伴う入眠時幻覚の内容と頻度．臨床精神医学, 37(12), 1595-1605.

名島潤慈．(1999)．夢分析における臨床的介入技法に関する研究．東京：風間書房．

中澤潤．(2000)．調査的面接法の概観．保坂亨・中澤潤・大野木裕明（編著），心理学マニュアル 面接法（pp.92-104）．京都：北大路書房．

Ness, R. C. (1978). The old hag phenomenon as sleep paralysis: A biocultual interpretation. *Culture, Medicine and Psychiatry, 2*, 15-39.

野口裕二．(2009)．はじめに．野口裕二（編），ナラティヴ・アプローチ（pp.i-iii）．東京：勁草書房．

大久保功子．(2007)．現象学．グレッグ美鈴・麻原きよみ・横山美江（編），よくわかる質的研究の進め方・まとめ方――看護研究のエキスパートをめざして（pp.106-124）．東京：医歯薬出版．

大熊輝雄．(1968)．生体リズム異常と睡眠――ナルコレプシーを中心に．最新医学, 23, 687-694.

李敏子．(1997)．心理療法における言葉と身体．京都：ミネルヴァ書房．

坂田桐子・林光緒．(1999)．科学的教育が金縛り現象に関する超常的信念の変容に及ぼす効果．広島大学総合科学部紀要Ⅳ理系編, 25, 151-160.

Smith, J. A. (1997). Developing theory from case studies: Self-reconstruction and the transition to motherhood. In N. Hayes (Ed.), *Doing qualitative analysis in psychology.* Hove: Psychology Press.

Smith, J. A., Jarman, M., & Osborn, M. (1999). Doing Interpretative phenomenological analysis. In M. Murray & K. Chamberlain (Eds.), *Qualitative health psychology: Theories and methods.* London: Sage.

Smith, J. A., & Osborn, M. (2003). Interpretative phenomenological analysis. In J. A. Smith (Ed.), *Qualitative psychology: A practical guide to research methods.* London: Sage.

Smith, J. A., & Osborn, M. (2004). Interpretative phenomenological analysis. In G. M. Breakwell (Ed.), *Doing social psychology research.* Oxford: Blackwell.

ストラウス，A.・コービン，J. (1999)．質的研究の基礎――グラウンデッド・セオリーの技法と手順（南裕子, 監訳；操華子・森岡崇・志自岐康子・竹崎久美子, 訳）．東京：医学書院．(Strauss, A., & Corbin, J. (1990). *Basics of qualitative research: Grounded theory procedures and techniques.* CA: Sage.)

鈴木淳子．(2002)．調査的面接の技法．京都：ナカニシヤ出版．

Takeuchi, T., Miyasita, A., Sasaki, Y., Inugami, M., & Fukuda, K. (1992). Isolated sleep paralysis elicited by sleep interruption. *Sleep, 15*(3), 217-225.

竹内朋香．(1998)．睡眠麻痺．日本臨床, 56 (2), 157-162.

Takahashi, Y., & Jimbo, M. (1963). Polygraphic study of narcoleptic syndrome: With special reference to hypnagogic hallucination and cataplexy. *Folia Psychiatrica et Neurologica Japonica, 7*, 343-347.

鑪幹八郎．(1979)．夢分析の実際．大阪：創元社．

鑪幹八郎・平野潔．(1985)．夢の主題に関する調査研究――性差・年齢差についての検討．広島大学教育学部紀要第 1 部, 33, 149-158.

鑪幹八郎・平野潔．(1986)．夢の主題に関する調査研究（第 2 報）――P. I. L. 得点との関連の検討．広島大学教育学部紀要第 1 部, 34, 193-203.

ウィリッグ，C. (2003)．心理学のための質的研究法入門――創造的な探求に向けて（上淵寿・大家まゆみ・小松孝至, 訳）．東京：培風館．(Willig, C. (2001). *Introducing qualitative research in psychology: Adventures in theory and method.* Buckingham, Philadelphia: Open University Press.)

Wing, Y., Lee, S. T., & Chen, C. (1994). Sleep paralysis in Chinese: Ghost oppression phenomenon in Hong Kong. *Sleep, 17*, 609-613.

Wing, Y., Chiu, H., Leung, T., & Ng, J. (1999). Sleep paralysis in elderly. *Journal of Sleep Research, 8*, 151-155.

謝 辞

本稿は東京学芸大学大学院連合学校教育学研究科に提出した博士論文の一部を加筆修正したものです。調査にご協力いただきました方々に心より感謝いたします。本稿執筆に際しては，博士課程での主指導教官である髙木秀明先生をはじめ，塗師斌先生，朝倉隆司先生，福田幸男先生，茨木俊夫先生，川幡政道先生，浮田徹嗣先生，馬場謙一先生より貴重なご助言を賜りました。深く感謝の意を表します。

(2009.5.12 受稿，2010.12.14 受理)

BOOK REVIEW

書評特集：「アクションリサーチ」

「特集にあたって」
書評特集責任編集：田垣正晋（大阪府立大学人間社会学部）
副編集長（書評担当）：田中共子（岡山大学大学院社会文化科学研究科）

　「アクションリサーチ」は，フィールドがもつ「問題」の改善を目的に進められる研究を指す言葉の一つである。実践的で応用的な介入研究であり，改善の創出が結果と見なされる点において，学術的知見の創出のみを目的とする理論中心の研究とは区別される。現実の人間や社会に変化を起こそうとする研究は，理論の現実味を試せる格好の機会を提供してくれるが，一方で，心理学の理論が自己充足的な理念論ではなく，現実に通用するかを問うている，厳しい研究形態ともいえるだろう。

　「アクションリサーチ」で使われる手法は，多様である。個人インタビュー，集団インタビュー，観察など質的研究でよく使われる技法が適宜組み合わせて使われるほか，質問紙を用いた評定法や観察結果を測定値にした分析など，量的手法も使われている。さらには質と量を合わせた，統合研究として展開されているものもある。その点で「アクションリサーチ」は，「問題」の改善という目的に効果があると思われた心理学的な方法を自由に取り込んでいける，まさに総合的な応用研究といえるだろう。こうして心理学の技法を総動員して目指すものは，世の中に対する現実的な貢献である。幅広いまなざしをもって，心理学が現実世界を変え始める地点を具体的に見せてくれるのが，この研究法の魅力といえるだろう。

　もっとも，「アクションリサーチ」という言葉は，各種の心理学や隣接領域において，必ずしも共通に使われている用語ではない。実用に資する研究を称する際には，それぞれの学術的文脈において異なる呼称が使われている。「応用研究」，「実践研究」，「介入研究」，「開発型研究」，「応用エスノグラフィー」などは，その一例であろう。「アクションリサーチ」はそれらと時に重なり時に微妙にずれながら，独自の意味合いを発達させていっている言葉のように思われる。

　今回の企画では，「アクションリサーチ」をキーワードに据えて，各分野の実践に資する応用研究を横断的に検討してみようと考えている。それぞれの分野では，この用語がどのような解釈をされ，どのように実践され，どのような発展を遂げているのかなどといった点を，その分野における基本書を通して自由に論じていただいた。本誌の性格に

鑑みて，特に質的研究の営みに焦点を当てた議論の展開が期待されることになるが，評者の方々が各書籍にそえてくださった解説を手がかりに，「アクションリサーチ」をめぐる共通の展望が見えてくることを願っている。

具体的には，看護学，社会福祉学，発達心理学，教育心理学，社会心理学の方々に，その分野における「アクションリサーチ」関連の主要な書籍を取りあげたうえで，個々の分野における「アクションリサーチ」や類似の概念の意味や目的や技法を紹介していただいた。そして，書籍の主張に対して批評を加えながら，「アクションリサーチ」の質的研究における位置づけと課題を，論じていただいた。

このようにして複数の領域における「アクションリサーチ」的営為をふりかえり，分岐している「アクションリサーチ」の定義や位置づけを比較検討する機会を創ることで，今後の質的心理学における「アクションリサーチ」の発展を期待したい。初学者はもちろん，「アクションリサーチ」の経験が豊富な研究者も，このテーマについて再考し，その可能性をさらに引き出していく一助になれば幸いである。

看護領域から

岡本玲子（岡山大学大学院保健学研究科）

『看護における反省的実践——専門的プラクティショナーの成長』
S. バーンズ・C. バルマン（編），田村由美・中田康夫・津田紀子（監訳），ゆみる出版，2005年9月刊，税込2,940円，ISBN: 978-4-946509-39-1
S. Burns, & C. Bulman. (Eds.)(2000). *Reflective practice in nursing: The growth of the professional practitioner* (2nd ed.). Oxford: Blackwell Science.

『地域保健に活かす CBPR——コミュニティ参加型の活動・実践・パートナーシップ』
CBPR研究会（著），医歯薬出版，2010年7月刊，税込3,570円，ISBN: 978-4-263-23541-6

冒頭からヨガの教典のようで恐縮だが，アクションリサーチとは99%がpracticeで1%がtheoryと考えている。動かなければ意味がない。ゆえに書評の対象とする本は，よりpracticeに軸足を置いた2冊を選ばせていただいた。アクションリサーチの展開に欠かせない反省的実践（Reflective practice）と，地域保健活動におけるアクションリサーチ，Community-Based Participatory Research（以下CBPR）について学べる本である。

前任校で，同僚の田村を通して反省的実践という概念に出会ったことはまさに衝撃だった。彼女は1冊目にあげた"Reflective practice in nursing"の翻訳者の一人である。技術的合理性に基づく知識を厳密に適用するだけでは解決できない不確実で不安定な状況に直面する専門職のあり方が，まるで霧が晴れるかのごとく腑に落ち，そういう専門職の存在の価値とともに専門職としての学び方を見いだせたからである。

私のアクションリサーチの対象は，地域の公衆衛生の向上と健康づくりを担う保健師である。私は，9年間の保健師実践を経て教育研究職になった後，現場の求めに応じて保健師と関わってきた。その中で，保健師が自分で考えて実践上の課題を明らかにし，自らの専門性に基づいて，解決に向かう手段を見出していく過程を支援してきた。反省的実践の理論と方法は，私の活動に根拠を与え，またより効果的な方向を示してくれた。

本書は，専門職の能力の中心をなすものは「学習の方法を学ぶ」という力量であること，およびそれを育むためのリフレクションの方法を教えてくれる。反省的実践の基本的なスキルに加え，メンターの役割，アセスメントと評価，そして反省的実践の豊富な事例が掲載されている。日々出会う現実の問題にどのように向きあっていけばよいのか，専門職としての自分を探索する過程の辿り方，それをファシリテートする側の動き方など，本書を通して学ぶことは多く，誰もが生涯を通じた学習者であるという感受性を高めることができる。

2冊目はCBPR研究会が著した本である。研究会を代表する麻原は，CBPRの原則や成果，および具体的な方法を実践に活用できるように紹介し，そのことによって，公衆衛生の専門職の地域づくり活動や研究者の研究活動を促進することが，本書の目的と述べている。その思いは，ほぼ半分のページ数を割いた事例編に現れている。現実に生じている課題について，コミュニティの人々と専門職／研究者がどのように取り組めばいいのかを具体的に示すことで，読者の実践に還元しようとしているのである。

本書において注目すべきは，CBPRの要であるパートナーシップについての解説である。英文献と和文献でのこの用語の使われ方の違いを，概念分析により明らかにしたうえで，本書としては，パートナーシップを「信頼しあいそれぞれの力をいかして育ちあう関係性」と定義している。その地域で暮らす生活の専門家である人々と，専門的知識・技術をもった各種専門家は，互いの専門性を認め尊重しあうことを基盤として，コミュニティの課題を解決するために協働する。人々に真摯に向きあい活動することは，専門家として反省的実践を続けることに他ならない。読み進めるにつれ，パートナーシップの概念を正しく理解することは，保健医療福祉のみならず教育や心理学の実践に深さと広がりを与えるに違いないと思うに至った。

著者らは，CBPRの有用性とともに，これを進めるうえでの主な課題について，メンバー間の相互理解と文化的配慮，膨大な時間，資源や財源の確保，評価方法の未確立をあげている。今後は，これらの課題にも

取り組みながら，日本の各地で，系統的な CBPR 実践が展開，公表され，経験が蓄積されることが期待される。

参加者とアクションリサーチャーが，お互いに反省的実践家としてパートナーシップのもとに学びあい育ちあう感覚は，実に心地よいものである。評者も引き続き実践を続けていきたい。

なお，書評には取りあげなかったものの，よく手に取る本を次にあげて，本稿の締めとしたい。

Koch, T., & Kralik, D. (2006). *Participatory action research in healthcare.* Oxford: Blackwell.

Meyer, J. (2006). Action research. In K. Gerrish & A. Lacey (Eds.), *The research process in nursing* (5th ed., pp.274-288). Oxford: Blackwell Publishing.

モートン=クーパー，A. (2005). ヘルスケアに活かすアクションリサーチ（岡本玲子・鳩野洋子・関戸好子，訳）．東京：医学書院．(Morton-Cooper, A. (2000). *Action research in health care.* Oxford: Blackwell Science.)

ショーン，D. A. (2001). 専門家の知恵──反省的実践家は行為しながら考える（佐藤学・秋田喜代美，訳）．東京：ゆみる出版．(Schön, D. A. (1983). *The Reflective practitioner: How professionals think in action.* New York: Basic Books.)

Whitehead, J., & McNiff, J. (2006). *Action research: Living theory.* London: Sage Publications Ltd.

社会福祉領域から

古井克憲（和歌山大学教育学部）

『これからはじめる医療・福祉の質的研究入門』
田垣正晋（著），中央法規出版，2008 年 1 月刊，税込 2,100 円，ISBN: 978-4-8058-2965-3

『フィールドワークの技法と実際 2──分析・解釈編』
箕浦康子（編著），ミネルヴァ書房，2009 年 4 月刊，税込 2,520 円，ISBN: 978-4-623-05355-1

『知的しょうがい者がボスになる日──当事者中心の組織・社会を創る』
パンジーさわやかチーム・林淑美・河東田博（編著），現代書館，2008 年 7 月刊，税込 1,890 円，ISBN: 978-4-7684-3484-0

アクションリサーチは，社会福祉調査法における基礎として「住民や当事者が活動しながら地域などの調査に当たる方法」（吉田，2009）といわれながらも，社会福祉領域においては，アクションリサーチに関する詳細な論考は少ないようである。

このような状況で『これからはじめる医療・福祉の質的研究入門』は，社会福祉領域におけるアクションリサーチについて学ぶことができる良書の一つである。第 5 章「参与観察とアクションリサーチ」において，著者は，アクションリサーチとは「実践を通した研究」であり，以下の 2 つの方向性を指摘している。すなわち，第 1 に，利用者の利益の実現を目的とした価値指向的なものであること，第 2 に，研究者とフィールドにおける参加者とが協働で研究を進めていくことである。また本書では，著者が行った障害者施策推進の住民会議に関する研究（田垣，2007）をもとに，研究者と参加者との関係性の内実や，研究者の役割に関して考察している。その役割は，評者自身のアクションリサーチの省察（古井，2010）にも参考になった。本書の限界をあえてあげるとすれば，アクションリサーチの参加者が，提示された事例にある専門職やサービス提供者に限定されるイメージを読者に与えてしまう点にある。社会福祉領域でのアクションリサーチを説明する際には，サービス利用者が参加者となり，自身の利益の実現を目指す参加型アクションリサーチについてもふれておく必要がある。

参加型アクションリサーチに関しては『フィールドワークの技法と実際 2──分析・解釈編』において，アクションリサーチの一種としてまとめられている。本書は，箕浦（1999）と合わせて，質的研究やフィールドワークに関する学習を深めるために欠かせない一書である。参加型アクションリサーチについては第 4 章において，アクションリサーチの源流と認識論を踏まえたうえで説明されている。その内容は以下のように整理できる。すなわち，国際開発や社会福祉領域などで行われる参加型アクションリサーチでは，社会的に抑圧されている当事者が研究の参加者となり，批判的アプローチをとる構築主義的研究がなされている。

参加型アクションリサーチには，研究者と協働で，当事者自身が厳しい現実や不平等な力関係の背景にある社会構造を批判的に検討して変えることによって，自らの生活を改善していく過程，すなわちエンパワーメントのプロセスがある。さらに本書では，日本にいる外国籍の子どもに対する教育の改善（第14章），途上国の農村女性による主体的な組織活動の形成（第15章）を目標とした参加型アクションリサーチについて，研究者側の省察が載せられている。これらの実践例からは，フィールドワークをもとに参加型アクションリサーチに移行する過程や，当事者との葛藤や摩擦を伴うやりとりについて学ぶことができ興味深い。

社会福祉領域では，サービス利用者のエンパワーメントを目的とした実践について記述された文献は数多くある。その一つに『知的しょうがい者がボスになる日——当事者中心の組織・社会を創る』がある。評者の専門分野である障害者福祉から選定した本書は，これからの社会福祉領域でより一層重視される「当事者中心」の考えやそのための支援を知ることができる力作である。本書ではまず，研究者によって以下のことが問題化される。すなわち，日本で先駆的な社会福祉実践を行ってきた組織であっても，利用者と職員との上下関係は固定されたままであり，利用者が組織運営に十分参画していない。つぎに，そのような事態を変えるのを目標に，研究者の提案で利用者と職員が，知的障害者主体で運営されているスウェーデンの組織について学ぶ。つづいて，利用者を中心としたワーキンググループが結成される。グループのメンバーは，研究者のアドバイスを得ながら，自分が所属する組織運営の現状に関して知るために職員への聞き取り調査を実施するなどに取り組む。このような実践過程は，知的障害者のエンパワーメントを目指した参加型アクションリサーチとして位置づけられる。

以上より，社会福祉領域では，エンパワーメントを目的とした実践が記述された文献の中に参加型アクションリサーチとして理解できるものがある。今後は，参加型アクションリサーチという枠組みでそれらの整理がなされるとともに，社会福祉領域においてもアクションリサーチの認識論や方法論について丁寧に論じられたうえで，その実施過程と成果が公表されることが求められる。

引用文献

古井克憲．(2010)．重度知的障害者地域生活支援の実践者と協働で行うアクション・リサーチにおける研究者の役割．社会問題研究, 59, 55-66.

箕浦康子（編）．(1999)．フィールドワークの技法と実際——マイクロ・エスノグラフィー入門．ミネルヴァ書房．

田垣正晋．(2007)．障害者施策推進の住民会議のあり方とアクション・リサーチにおける研究者の関わり方に関する方法論的考察．実験社会心理学研究, 46, 173-184.

吉田眞理．(2009)．生活事例からはじめる社会福祉援助技術．青踏社．

発達・教育領域から

一柳智紀（東京大学教育学研究科・日本学術振興会）

"Action research for educational change"
J. Elliott. (1991). Milton Keynes [England]: Open University Press.

『アクション・リサーチのすすめ——新しい英語授業研究』
佐野正之（編著），大修館書店，2000年4月刊，税込1,890円，ISBN: 978-4-469-24453-3

学校におけるアクションリサーチを論じたものとして，まず挙げたいのが"*Action research for educational change*"である。本書では，著者がイギリスにおいて教師として校内の同僚とともに行ったカリキュラム改革や，研究者として関わった教育実践の改善を目指したプロジェクトといったアクションリサーチを紹介しながら，その理念や方法が書かれている。

この中で，教師はアクションリサーチにおける主体であり，自らの実践を省察的に探究する研究者（teachers as researchers）として描かれている。そして，アクションリサーチは「文化的な革新（cultural innovation）」であり，教授行為の改善と教師の発達，カリキュラムの開発が不可分に統合された活動であるとされる。すなわち，アクションリサーチは，教師が

自身の実践における問題を解決する中で，自らの実践に意味のある理論やカリキュラムを構築し，その中で新たな教育観，子ども観，教授観，評価観を形成していくという点で，文化的な営みだといえるだろう。

そのため著者は，アクションリサーチの本質的な目的は，知識を生み出すこと（＝結果）ではなく実践の改善（＝過程）であるとし，事例研究（case study）をアクションリサーチの中心に据える。そこでは，自然観察やインタビューによる質的データが重要視されている。なぜなら，量的データは脱文脈化され，匿名化されており，特定の状況における教育実践を改善する方法を実際に判断・決定する際には限定的にしか有効ではないからであると著者は述べる。重要なのは，一般化可能な抽象化されたデータではなく，具体的な実践において意味をもつデータなのである。

このように，著者は徹底して実践に基づく教師による研究を強調する。そして，アクションリサーチが教師による閉鎖的で自己完結的な実践に陥らないために，実践を同僚や外部研究者に開き，互いの実践から学ぶこと，管理職による実践の支援が重要であると述べる。

一方で，アクションリサーチをより日常的な教師の実践に近似した活動ととらえる研究者もいる。『アクション・リサーチのすすめ』は，著者が外部研究者として英語教育のアクションリサーチに携わった経験に基づきまとめられている。本書でアクションリサーチは，日常的な教師の実践をより体系化した研究としてとらえられている。紹介されている実践例におけるアクションリサーチの目的も，具体的な毎日の教育実践における問題改善，とりわけ特定単元や領域における生徒の変化・発達に焦点が当てられている（より多くの実践例は佐野（2005）において紹介されている）。

また本書で著者はアクションリサーチの実践過程だけでなく，仮説の設定・検証およびその結果にも力点を置いている。そのため，学術論文等の文献研究，アンケートや標準化テストといった量的データの利用にも積極的である。ここで重要なのは，文献や標準化テストが，アクションリサーチの主体である教師によって，その問題意識に即して選択されている点であろう。すなわち，外部からの要請ではなく，教師の実践の内部から生じた必要に応じて，教師自身が外部の理論や方法を取り入れているのである。ゆえに，アクションリサーチにおける仮説検証は，いわゆる心理実験等でなされる仮説検証とは異なる。すなわち，理論の検証，一般的有効性の検証ではなく，具体的な問題状況が改善されたか，特定の複雑な状況で理論が機能したかに焦点が当てられているといえる。

このように，学校におけるアクションリサーチは，日々の実践改善から教師としての発達，カリキュラムの改善，学校改革という様々な実践レベルの改善に資する活動であるといえる。ただし，それは実践に基づいた教師を主体とする活動である限りにおいて，「アクションリサーチ」という理論の現場への持ち込みであってはならないだろう。問題意識を抱えた教師と，その声に耳を傾ける研究者がいて，はじめてアクションリサーチは開始されるものではないだろうか。そのときにこそ，教師だけでなく研究者にとっても，観察における子どもの見方，観察の視点が変容するなど，有意義で持続的なアクションリサーチが可能になる（秋田・市川・鈴木，2000）と考えられる。

引用文献

秋田喜代美・市川洋子・鈴木宏明．(2000)．アクションリサーチによる学級内関係性の形成過程．東京大学大学院教育学研究科紀要，*40*，151-169．

佐野正之．(2005)．はじめてのアクション・リサーチ——英語の授業を改善するために．東京：大修館書店．

社会心理領域から

東村知子（奈良女子大学文学部）

──────────────────────

『アクションリサーチ——実践する人間科学』
矢守克也（著），新曜社，2010 年 6 月刊，税込 3,045 円，ISBN: 978-4-7885-1203-0

『自白が無実を証明する——袴田事件，その自白の心理学的供述分析』
浜田寿美男（著），北大路書房，2006 年 10 月刊，税込 3,780 円，ISBN: 978-4-7628-2533-0

──────────────────────

アクションリサーチとはなにか。矢守克也著『アク

ションリサーチ』は，そのタイトルのとおり，社会構成主義を理論的基盤とするアクションリサーチについて正面から論じたものであり，防災をテーマとする豊富な研究事例をもとに，アクションリサーチの実際と魅力を伝えている。心理学研究においては，研究者と研究対象者とのあいだに明確な一線を引くことはそもそも不可能であり，矢守がいうように，研究という営みはすべて，「濃淡の差こそあれ，好むと好まざるとにかかわらず，研究者と研究対象者との共同的実践たる『アクションリサーチ』になってしまう」（まえがきⅱ）。とはいえ，本書で論じられているのは，そのような消極的な意味でのアクションリサーチではなく，「望ましいと考える社会的状態の実現を目指して研究者と研究対象者とが展開する共同的な社会実践」としてのそれである（p.1）。

一方，浜田寿美男著『自白が無実を証明する』は，アクションリサーチを意識して書かれているわけではないが，実際に裁判所に提出された供述鑑定書をもとにしたものであり，まさに日本の法制度という「現実」に対する「アクション」としての「リサーチ」である。浜田はまえがきで次のように述べている。「心理学的視点から請求人の自白を分析した私の鑑定が，どこまで合理性を得ているか。このたび当の鑑定書を一般読者に向けて新たに編集し直し，これをおおやけに問いたいと考えたのは，ひとえにこの法の公正性を保たんがためである」（x）。

矢守と浜田はともに「語り（ナラティヴ）」をデータとして扱いながら，そのアプローチは大きく異なる。矢守は，語られた過去がどのようなものであったか，あるいは語りがその人の体験をどのように写し出しているかではなく，語り（物語）が「複数の当事者や関係者による共同の制作物として集合的かつ継承的に生成」（p.160）される，その過程を重視する。したがって，語りをどう読み解くかではなく，第6章の「語り継ぐ」実践に示されているように，そうした語りが生み出される場をどうデザインするかが，研究者の重要な役割となる。また，第2章で紹介されている防災ゲーム「クロスロード」では，語り（センスメーキング）が，次なる語り（センスメーキング）を生み出す道具あるいは媒体として用いられている。矢守の研究実践においては，過去の体験についての語りが，未来志向的に用いられているという点に特徴がある。それゆえ，アクションリサーチの方法論は多様である。どのような方法を用いてデータを収集し，分析するかは，研究者およびフィールドの人々の関心やフィールドの状況（今なにをすべきか）に応じて，選び取られていくものなのである。

一方，浜田の心理学的供述分析において，研究者が手にすることができるデータは，調書しかない。調書は取調官と被疑者（被告人）との相互過程の産物であるが，そのやりとりをそのまま録取したものではなく，「被疑者の一人称語り」という形態をとる「汚染されたデータ」である。浜田はこの汚染されたデータである自白調書を読み解くことによって，取調べ場面での聴取過程，さらには，供述者が体験した事実（あるいは体験していないという事実）を明らかにしようとしていく。浜田は，供述分析を考古学にたとえる。「汚染の可能性を念頭に置きつつ，この断片から取調べの過程を明らかにしていく供述分析は，ちょうど考古学者たちが保存のよくない遺物の断片から，いくつもの有用な歴史情報を引き出すのに似ているかもしれない」（p.8）。ここでは，過去の体験（あるいは非体験）についての語りは，虚偽や誤りの可能性をはらみつつも，やはり過去を指し示すものとして読み解かれていくのである。

浜田が，いわば相手の土俵のうえでいかに闘うかを模索し続けているのに対し，矢守の共同実践は，研究の土俵そのものを拡張していくような営みとしてとらえることができるかもしれない。供述分析では，研究者の思うようにならない，限られたデータのみを手がかりに，裁判というシステムにおいて通用するような論を展開し，そのシステムの中で生きている人々を納得させなければならない。一方，矢守は，データの収集や分析方法はもとより，研究者の役割やアウトプットの形式においても，従来の心理学研究の枠組みを超えた新しい可能性を常に開拓している（たとえば，語りの場のデザイン，ゲーム，書簡体論文など）。

このように，両者のアプローチは異なる。しかし，2人の研究がともに教えてくれているのは，研究者が現実の問題に対して何らかの実践を行えば，それがすなわち「アクションリサーチ」になるのではないということである。現実の問題に直面し，そこでとるべき

アクションについて考えることは，言葉とはなにか，人はなぜ，またどのように体験を語るのか，記憶を語るとはどういうことなのか，という心理学の本質的な問いに結びついている。個別の事例あるいはフィールドにどっぷりとつかり，徹底的に考えぬくことで生み出される心理学的な知。アクションリサーチが目指すべき地点は，まさにそこなのではないだろうか。

編集委員会からのお知らせ

編集委員会

【1.『質的心理学研究』編集委員会の活動（2010年度）】

2010年度の編集委員会の動向

2010年6月6日　　2010年度第1回編集委員会を開催（東京大学教育学部）。
2010年度編集委員会予算，第10号書評特集の企画趣旨，第13号特集論文のテーマ，査読結果が分かれた時の対応，カラー印刷のリクエスト，第7回大会編集委員会企画シンポについて提案され，議論のうえ承認。その他，10号審査状況及び編集スケジュールの確認。

2010年9月5日　　2010年度第2回編集委員会開催（東京大学教育学部）。
編集の覚え書きの改訂，第13号特集論文テーマ，編集委員会会計の独立化について提案され，議論のうえ承認。その他，10号審査状況，10号書評特集についての報告及び編集スケジュールの確認。

2010年10月31日　第11号「特集論文」締切。

2010年11月26日　2010年度第3回編集委員会開催（水戸市三の丸庁舎）。
第13号特集論文テーマの修正案，編集覚え書きの改訂に関する再確認，査読の迅速化について，査読の電子化について，その他，10号審査状況及び発刊スケジュールの確認，10号書評特集の進行状況，及び11号の特集論文の査読状況に関する報告。

2011年2月13日　　2010年度第4回編集委員会開催（東京大学教育学部）。

2011年3月20日　　『質的心理学研究』第10号（特集「環境の実在を質的心理学はどうあつかうのか」）発刊。

※ 通常の会議のほかに，メーリングリストを利用した電子会議が常時開催され，2010年12月31日現在で，累計のトラフィック数は5927。

※ 投稿論文の審査結果（2010年1月1日〜2010年12月31日までの内訳）
総投稿数　59（うち新規投稿39）
　　掲載　　　　　7
　　修正掲載　　　7
　　修正再審査　　16
　　掲載見送り　　14
　　審査中　　　　15

【2．編集委員・編集事務局スタッフ一覧（2004 年度〜2010 年度）】（敬称略・50 音順）

〈2004 年度〉

編集委員長	：やまだようこ
副編集委員長	：秋田喜代美・能智正博・矢守克也
編集委員	：麻生武・伊藤哲司・岡本祐子・佐藤公治・サトウタツヤ・南博文・無藤隆・茂呂雄二・渡邊芳之
事務局・編集担当	：磯村陸子・野坂祐子
事務局・学会実務担当	：佐久間路子

〈2005 年度〉

編集委員長	：やまだようこ
副編集委員長	：秋田喜代美・能智正博・矢守克也
編集委員	：麻生武・伊藤哲司・岡本祐子・川野健治・佐藤公治・サトウタツヤ・柴山真琴・辻本昌弘・南博文・宮川充司・無藤隆・茂呂雄二・渡邊芳之
事務局・編集担当	：磯村陸子・野坂祐子
事務局・学会実務担当	：佐久間路子

〈2006 年度〉

編集委員長	：やまだようこ
副編集委員長	：秋田喜代美・能智正博・矢守克也
編集委員	：麻生武・伊藤哲司・岡本祐子・鹿嶌達哉・川野健治・戈木クレイグヒル滋子・佐々木正人・佐藤公治・サトウタツヤ・柴山真琴・田中共子・辻本昌弘・手塚千鶴子・南博文・宮川充司・無藤隆・茂呂雄二・渡邊芳之
編集監事	：磯村陸子・砂上史子
学会事務局	：小保方晶子・佐久間路子

〈2007 年度〉

編集委員長	：麻生武
副編集委員長	：伊藤哲司・柴山真琴・能智正博
編集委員	：鹿嶌達哉・川野健治・小島康次・戈木クレイグヒル滋子・佐々木正人・田中共子・辻本昌弘・手塚千鶴子・宮川充司・森岡正芳・茂呂雄二・やまだようこ・山本登志哉・矢守克也
編集監事	：磯村陸子・砂上史子
学会事務局	：小保方晶子・佐久間路子

〈2008 年度〉

編集委員長	：麻生武
副編集委員長	：伊藤哲司・柴山真琴・能智正博
編集委員	：遠藤利彦・鹿嶌達哉・小島康次・戈木クレイグヒル滋子・佐々木正人・杉万俊夫・田中共子・手塚千鶴子・西村ユミ・森岡正芳・茂呂雄二・やまだようこ・山本登志哉・矢守克也
編集監事	：砂上史子・中坪史典・松嶋秀明

学会事務局　　：小保方晶子・佐久間路子

〈2009年度〉
編集委員長　　：麻生武
副編集委員長　：伊藤哲司・柴山真琴・能智正博
編集委員　　　：遠藤利彦・小倉啓子・小島康次・佐々木正人・杉万俊夫・田垣正晋・田中共子・西村ユミ・細馬宏通・南博文・森岡正芳・茂呂雄二・やまだようこ・山本登志哉・矢守克也
編集監事　　　：菅野幸恵・砂上史子・中坪史典・松嶋秀明
学会事務局　　：小保方晶子・佐久間路子

〈2010年度〉
編集委員長　　：能智正博
副編集委員長　：柴山真琴・田中共子・西村ユミ
編集委員　　　：遠藤利彦・小倉啓子・斉藤こずゑ・佐々木正人・澤田英三・杉万俊夫・田垣正晋・細馬宏通・南博文・無藤隆・森岡正芳・渡邊芳之
編集監事　　　：菅野幸恵・中坪史典・松嶋秀明・村上幸史
学会事務局　　：小保方晶子・佐久間路子

『質的心理学研究』規約

2011 年 1 月改訂版
日本質的心理学会

1. 質的心理学会は，『質的心理学研究』（個別研究論文の投稿誌）と『質的心理学フォーラム』（研究対話を興隆する論考誌）の二機関誌を発行する。両機関誌は，質的研究において理論的・方法的な最先端の領域を切り開いていくことをめざしている。『質的心理学研究』は，学会員の投稿論文誌という性格をもち，オリジナルな研究を推進するための特集と一般論文からなる。

2. 本誌は，心理学およびその関係学問領域における質的研究に発表の場を提供し，質的研究の発展を図るものである。心理学のみならず，教育学・社会学・人類学・福祉学・看護学・文学・言語学・歴史学・地理学・経済学・経営学・法学・医学・生物学・工学など広く他領域の研究や学際的研究も歓迎する。

3. 本誌には，質的方法に基づく経験的研究・理論的研究・方法論的研究のほか，展望論文・コメント論文なども含め多様なオリジナル論文を掲載する。加えて，質的研究に関連する書籍の書評の掲載も行う。

4. 研究の施行および論文の執筆・投稿においては研究者倫理に基づいて行動しなければならない。投稿者は，論文の内容および研究手続き，公表の仕方において，人権を尊重し人びとの福祉に十分配慮しなければならない。

5. 本誌に投稿できるのは，オリジナル論文のみである。既に学会誌・紀要・著書などにおいて公刊，あるいは公刊予定・投稿中の論文をそのまま投稿することは認められない。ただし，新しいデータの追加，新たな視点による分析や考察などによって，オリジナルな研究として新規に再構成されたものはこの限りではない。また，科学研究費報告書・学会発表論文集・研究会発表資料などの報告は，「公刊」とはみなさない。

6. 本誌に掲載する論文は，原著・資料等の種別を限定せず，新たなタイプの論文の投稿も歓迎する。

7. 本誌ではテーマを定めて特集を組むことがある。その場合には，テーマと原稿締め切りを提示して投稿論文を募った上で，一般の論文と同様の審査過程を経て掲載の可否を決定する。また，テーマにふさわしい筆者に論文を依頼することがあるが，依頼論文についても投稿論文と同様の審査を行う。なお，編集委員会の審議を経て，特集論文として投稿された原稿を一般論文に移行することも，またその逆もありうる。

8. 本誌への投稿論文の第 1 著者は，本学会員に限る。ただし，編集委員会の議を経て特別に依頼した特集論文に関してはその限りではない。

9. 論文原稿は，一般論文か特集論文か（特集論文の場合にはその特集名も）明記し，論文題（日本文・英文），要約（日本文・英文）とキーワード（5 項目以内，日本文・英文），本文，注，引用文献，図表の順に作成し，本文以下通しのページ番号をつけて投稿する。なお，著者名・所属・連絡先（住所，電話・FAX，電子メールアドレス）および謝辞は，論文本体とは別に 1 枚のページに印刷して提出し，また，同じシートに 400 字詰め原稿用紙換算での論文本文の枚数を明記する。

10. 論文のフォーマットは，A4・32 字×35 行とする。引用文献の書き方については，学会 HP 上の「投稿論文原稿作成のための手引き」を参照する。

11. 原稿に含まれる図表や写真等はモノクロ印刷を原則とする。また，引用のために転載等の許可を必要とする際には，著者の責任と負担で論文掲載までに許可をとり，その旨を論文に記載する。

12. 論文本文の枚数は，論文題・著者名・要約・アブストラクト・引用文献を除き上記フォーマットで 3 枚から 29 枚まで（400 字詰め原稿用紙で約 8 枚から 80 枚まで）である。図表・注・付記も上記の枚数に含め，図表については本誌 1 ページ大のものが 400 字詰め原稿用紙 5 枚に相当するものとして計算する。枚数の幅に柔軟性と余裕があるのは，「質」の良さを生かした多様な論文形式への挑戦を促すためであり，冗長な表現を許容するものではない。

13. 投稿論文は『質的心理学研究』編集委員会において査読を行う。査読は原則として編集委員 2 名で行うが，論文内容によっては 3 名以上の編集委員で行う場合もある。また，編集委員の他に学会内外から適任者を選んで査読を依頼することがある。

14. 査読の結果をもとに，下記の審査方針に従って編集委員会の責任で最終的な審査を行う。審査方針としては，研究の理論的・方法的な面における学界への新たな貢献やオリジナリティ，研究の質の高さを重視し，肯定的な側面を積極的に評価する。たとえば，研究視点の斬新さ，研究方法の開発，研究対象者の選定，データ分析の工夫，データの貴重さや面白さ，研究結果の提示の仕方の工夫，論文をまとめる構成力や文章力など，多面的な観点から論文の肯定的側面の発見に努める。

15. 審査結果は，「掲載」「修正掲載」「修正再審査」「掲載見送り」に分けられる。「掲載」と「修正掲載」は，審査方針に照らして本誌に掲載するのにふさわしい論文と判断されるものである。「修正再審査」は，すぐには修正しがたい大幅な修正が必要な論文であり，再投稿時には再び審査を行う。修正再審査は連続 2 回までとする。「掲載見送り」は，本誌へのオリジナルな貢献に乏しいと思われる論文や，本誌の趣旨に合わないと判断された論文，研究計画の立て直しやデータの取り直しなど根本的な改善が必要と考えられる論文である。

16. 「修正掲載」および「修正再審査」となった原稿を修正後に再投稿する場合には，前回の査読コメントへの返答，前回の原稿との比較，改稿のポイントなどをまとめた「修正対照概要」3 部とともに修正稿を送付する。

17. 「掲載見送り」となった論文が改稿の後に本誌に再度投稿された場合，新規論文とみなせるだけの抜本的な改稿がなされているかどうかを判断した上で審査を行う。投稿時にはその旨を申し出て，改稿論文とと

もに前回の投稿論文 4 部と，前回の査読コメントとの比較を含む改稿のポイントをまとめた資料 4 部を同封する。

18. 投稿者は編集委員会に対して，審査結果についての質問や意見を書面で述べることができる。それに対して編集委員会は書面により回答する。

19. 投稿者は，論文原稿 4 部を編集委員会事務局に送付する。記述や資料が一部重複している既刊の論文や公刊予定・投稿中の論文がある場合には，同時にそのコピーも 4 部添付する。また，学会 HP 上にある「投稿に際してのチェックリスト」に署名・記入し同封すること。なお，投稿された原稿は理由の有無にかかわらず返却せず，学会の責任で個人情報に十分配慮して，所定の年限管理した上で処分するので，必要な場合にはあらかじめコピーをとっておく。

20. 論文の発送と同時に事務局（editjaqp@shiraume.ac.jp）まで以下の情報をメールで送付する。
    - 著者名（所属）
    - 連絡先（住所，電話，電子メール）
    - 論文題（日本文・英文）
    - 論文要約（日本文・英文）
    - キーワード（日本文・英文）
    - 総ページ数
    - 審査希望区分（一般論文／特集論文）

21. 論文の掲載が決まった場合には，以下のものを事務局まで送付する。その際，すべてのファイルはフロッピーディスク等の記録メディアに保存した形にする。
    - 原稿ファイルとそのプリントアウト 4 部
    - 原稿のテキスト形式ファイル
    - 図表ファイルとそのプリントアウト（もしくは図表原稿）

    英文アブストラクトは専門家による校閲を受けて修正し，校閲の証明書類を添付する。
    なお，図・写真などの印刷に関し，著者に若干の負担を求めることがある。
    図表や写真等で引用のために転載等を必要とする際には，投稿者の責任と負担で論文掲載までに許可をとり，その旨を論文に記載する。

22. 編集委員会事務局は，下記に置く。
    〒187-8570　東京都小平市小川町 1-830
    白梅学園大学　無藤隆研究室　『質的心理学研究』編集委員会
    電子メールアドレス　editjaqp@shiraume.ac.jp

23. 本誌に掲載された論文の著作権は，日本質的心理学会にある。無断で複製または転載することを禁じる。

附則：本改正規約は 2011 年 1 月 1 日より施行される。

注）投稿に際しては，学会 HP 上の「投稿論文原稿作成のための手引き」を必ず参照してください。
　　学会 HP　　http://wwwsoc.nii.ac.jp/jaqp/

日本質的心理学会（2011/1/1 版）

事務局記入欄
（論文番号　　　　　　　　）

投稿に際してのチェックリスト

投稿前にもう一度，最新版の「投稿論文原稿作成のための手引き」を熟読してから，下記の項目にチェックして下さい。

Ⅰ．投稿資格に関するチェック項目
(1) 学会員であり，本年度の会費を支払い済みである。　□

Ⅱ．投稿論文の書式に関するチェック項目
(1) A4判の用紙に縦置き・横書きで，上下左右にそれぞれ3cm程度の余白をとり，1ページ32字×35行（1,120字）で印字した。　□
(2) 論文の枚数は，図表，注記，付記も含めて，400字詰め換算で約8枚～80枚（上記フォーマットで3枚～29枚）である。　□
(3) 句読点には，"，"と"。"を使用した。　□
(4) 図表にはそれぞれ通し番号と表題をつけ，A4判用紙に上下左右3cm程度の余白をとり，1つずつ別の用紙に作成した。　□
(5) 図表の挿入箇所を本文に明記した。　□
(6) 「手引き」に従って引用文献を記載した。　□
(7) 原稿を，上から論文題（日本語と英語），要約（日本語と英語）とキーワード（日本語と英語），本文，注，引用文献，図表の順に並べ，右上に通し番号をつけた。　□

Ⅲ．投稿手順に関するチェック項目
(1) 上記の論文を4部印刷・同封した。　□
(2) 著者名・所属・連絡先（住所，電話・FAX，電子メールアドレス），特集論文／一般論文の別，謝辞は，論文とは別の1枚の紙に記した。　□
(3) 記述や資料が一部重複している既刊の論文や公刊予定・投稿中の論文がある場合，そのコピーも4部同封した。（＊）　□
(4) 論文の発送と同時に事務局（editjaqp@shiraume.ac.jp）まで以下の情報をメールで送付した。
①著者名（所属），②連絡先（住所，電話，電子メール），③論文題（日本文・英文），④論文要約（日本文・英文），⑤キーワード（日本文・英文），⑥総ページ数，⑦審査希望区分（一般論文／特集論文）　□

Ⅳ．倫理的配慮に関するチェック項目
(1) 実験や調査をする前に，研究協力者から同意（インフォームド・コンセント）を得た。　□
(2) 上記に関する具体的内容を本文中でも明記するとともに，研究対象者のプライバシーを守るための配慮（仮名の使用など）もした。　□
(3) 投稿する論文は，自分のオリジナルな論文であり，他誌への二重投稿や盗用はしていない。　□
(4) 既刊の論文の引用に際して（本文・図表・尺度・質問紙項目などを含む），出典を明記した。　□
(5) 既刊の論文の本文・図表・尺度・質問紙項目などを改変して引用する場合には，出典と改変した旨を明記した。　□
(6) 自分が関与した共同研究による成果やデータを利用する場合には，共同研究者の了解を得た。　□
(7) 上記に関する共同研究者の了解を書面でもらい，同封した。（＊）　□

（＊）印は，原則として新規投稿時にのみ必要なチェック項目です。

以上の通り，相違ありません。

　　　　　　　　　　　　　　　　　　　　　　　　　　　年　　　　月　　　　日

　　　　　　　　　　　　　　　　　　　　投稿者署名

『質的心理学研究』特集と投稿のお知らせ

編集委員会

　『質的心理学研究』では，論文を「特集」と「一般」に分けて募集します。どちらへの応募か，投稿時に明記してください。ただし，あとで編集委員会の判断の上，投稿者の許可を得て一方から他方に移行する場合があります。なお，審査基準は特集も一般論文も同じです。

　投稿の際には，必ず学会 HP で最新の「規約」と「投稿論文原稿作成のための手引き」を参照してください。論文の投稿資格は，「投稿時に学会員である」ことを要します。新規入会の方は，投稿される 2 か月前までには，入会手続きが必要です。

　「特集」は，編集委員が交替で責任編集をつとめます。各特集の締切を確認の上，ご投稿ください。

　「一般」は，随時受け付けています。

【第 11 号】

特集：**病い，ケア，臨床**（森岡正芳・西村ユミ　責任編集）
締切：2010 年 10 月末日（受付終了）
　特集趣旨：本特集では，「病い，ケア，臨床」というテーマで，病いや障害と共に生きる場と密接にかかわる人々の心模様と関係の有り様をひもとくような研究を，広く募りたいと考えています。「病い，ケア，臨床」の場に立脚したものでありさえすれば，現象理解のための理論的考察でも，変化を意図した介入研究でもかまいません。ここで臨床という言葉は医療現場にかぎらず，広い意味で使っています。たとえば，病院，学校，家庭，地域などの場でおこなわれる，医療，介護，相談，指導などの専門的関わりから，私的関わりまでが含まれるでしょうし，病む人自身の語り，病む人の代弁者としての記録，病む人とその周囲の人との相互作用の解釈，ケアする人の体験の記述，心理臨床の場で従来なされてきた事例研究法の質的研究としての位置づけ，自伝やルポルタージュなどのような類縁の試みをどう位置づけるのかといった論考など，思いつくだけでもいろいろなものがあると思います。従来の質的研究の枠の中に入りきれないものもあるかもしれません。「病い，ケア，臨床」の場で生じる現象をもとにした知見を集結させ，質的研究として位置づけることを目指した特集にしたいと思います。

【第12号】

特集：**文化と発達**（柴山真琴・田中共子　責任編集）

締切：2011年10月末日（厳守・消印有効）

特集趣旨：人間発達過程への「文化－歴史的アプローチ」が登場し，心理過程と文化との相互構成過程を見つめる「文化心理学」が展開しつつある昨今，その影響を受けて，広範囲の心理学研究において，文化の視点から現象を再考する動きが進んでいます。これまで自分の文化を再認識する視点を持った研究といえば，文化間の移行や異文化との邂逅など動的な心理現象に，異文化性の影響を読み解こうとする試みや，特定の心理現象を文化間で比較する営みが中心でした。専ら自文化内での発達過程に照準を合わせた心理学研究では，文化の視点から観たり評したりする視点を表に出さないことが多かったように思います。研究で用いられる用語や概念は，本来，当該の社会文化的文脈下で展開され共有されているものであるはずですが，それらが文化的な概念として捉えられ，明示され，議論されることは希薄でした。

そもそも「文化的実践」とは，社会固有の理論・知識・意味・慣行・身体技法が埋め込まれた，他者との共通性と反復性を持つ諸行為の総称と考えられます。だとすれば，自文化内で繰り広げられる「全ての営み」は，基本的には文化的実践の範疇に入ります。この意味で各種の人の「発達」は，文化的実践への参加を通して生起する現象だという見方ができるでしょう。本特集では，広く心理的な切り口から捉えられる「発達」の過程に対して，「文化」の視点を取り込んでアプローチする研究を広く募りたいと考えています。

例えば，文化を社会的表象として措定し，個人が特定の社会的表象を取り込んでいく過程を行動レベルで解明するような研究が考えられます。個人の行動のしかたには連続性があるのか，それとも何かの契機があれば変容することがあるのかなど，実際の状況や他者との関わりの中で，当事者の意味づけを織り込んだプロセス研究などは，質的研究による精緻化が期待されるところでしょう。

また，文化を「一定の範囲の人々において共有され伝達されるもの」と定義するならば，心理面での動的な変容過程と文化という環境面の要素を組み合わせた研究，例えば企業など特定の集団の風土や個性の成熟過程なども視野に入ります。特定集団の規範の生成機序，地域文化の変容過程など，社会的視点を取り込むことが可能でしょう。こうして地理的な単位で捉えられる文化も，特定の集団構成員のカラーとして捉えられる文化も，考察の対象に含めていけます。

こうした研究では，設定された文化概念の有効性・機能性が問われるでしょう。研究者が文化と発達の関わりにおける何を解明の対象とするのか，そのために文化を理念的にどう定義し操作的にどう扱うのか，試みられてきた様々な手法を視野に入れた時に，どのようなアプローチがいかなる意味で有効性を発揮するのかを，作品の中で示して頂けることを期待しています。特に，文化と発達との関わりを解明する上で，質的研究法であるからこそ可能な研究とはどのようなものか，逆に質的研究法であるがゆえの限界はどこにあるのかについて，建設的な議論を展開して頂ければ，資するところが大きいと思われます。丹念な探求は勿論のこと，従来の説に留まらずに「文化と発達」との関わりを根本から問い直すような迫力のある論文や，新たな視座や技法を提供して次なる地平を切り開くような斬新な論文を，大いに歓迎します。

【第13号】

特集：**「個性」の質的研究——個をとらえる，個をくらべる，個とかかわる**（渡邊芳之・森直久　責任編集）

締切：2012年10月末日（厳守・消印有効）

特集趣旨：多数の「個」のなかで，ある個だけが特有に示す特徴や構造を「個性」と呼ぶことができます。個

性は，それが個を鍵にして生じる現象であること，それが個に特有の環境と不可分であること，そしてそれが個に特有の時間の流れを基盤にしていることの 3 つの点で，質的研究法によるアプローチをもっとも必要とする研究対象のひとつであるといえます。

しかし心理学における個性の研究は，心理学的尺度による測定を通じて「個を序列化すること」に努めてきました。そして，ランダムサンプリングによって個をとりまく環境や個に特有の時間を相殺したデータから「個人変数間の一般的関係を解明する」ことを研究の中心とし，現在では心理学の中で量的方法にもっとも支配される研究領域となっています。そして個そのものは研究の中で忘れ去られてしまっているようにみえます。

この特集では，個性がわれわれの眼前に立ち現れる本来の姿をみつめようとする研究，個そのもの・個に特有の環境・個に特有な時間の流れが反映されるものとしての個性に焦点を当てて，それを質的研究法によってとらえようとする研究をひろく募ります。

個性がテーマであり，質的研究法を用いた研究であればすべて特集論文の対象となります。たとえば，個性そのものやその形成・変化などを質的に記述することを通じて「個をとらえる」研究，複数の個がもつ個性を質的に比較することで「個をくらべる」研究，そして「個とかかわる」ことを重要な要素とする実践について質的な手法でまとめた研究，さらに個性と質的研究法に関わる理論的考察の投稿も歓迎します。

「現象としての個性」の本来の姿をとらえ，個性を研究する学問の未来を切り開くような研究論文が多数投稿されることを期待します。

Japanese Journal of Qualitative Psychology, 2011/No.10
Contents

Japanese Association of Qualitative Psychology
President: Takashi Muto (Shiraume Gakuen College)
Chief Editor: Masahiro Nochi (The University of Tokyo)

c/o Shiraume Gakuen College
1-830, Ogawa-cho, Kodaira
Tokyo, 187-8570

Preface **Masahiro Nochi**

Special Feature: The Reality of the Environment: How Does the Qualitative Psychology Tackle with It? (Editors: Hirofumi Minami and Masato Sasaki)	
Hiroe Yamazaki	Standing up with Support in Infancy in the Context of Ecological Geometry: Postural Control and Perception of Surface Layout
Yoko Aoki	A Longitudinal Study of Container Manipulation in Meal Settings: The Discovery and Utilization of Containers
Masato Sasaki	Observations of Rolling Over Behavior of Beetles: The Emergence of Environment-Action Systems

Articles	
Miho Nishizaki, Tetsushi Nonaka, & Masato Sasaki	Creative Process Involved in Drawing: Role of Visual Perception in Changes of Posture
Ayae Kido	A Cultural Perspective on the Role of Makeup in the Different Settings in Japan and the United States Among Japanese Female Students
Ichiro Yatsuzuka	Discourse Analysis of a Japanese Senior High School Textbook in Home Economics
Tomonori Ichiyanagi	How Do Students Listen When Task Structures Differ in Classroom Discussions?: Two Case Studies of Students' Utterances
Kyosuke Matsumoto	Psychological Meanings of Kanashibari According to the Narratives of Adolescents

Book Review
Special Feature: Action Research
M. Tagaki, T. Tanaka, R. Okamoto, K. Furui, T. Ichiyanagi, & T. Higashimura

『質的心理学研究』バックナンバー

数量化できないデータ（質的データ）をどう処理し，どうまとめれば良いのか。質的研究から生み出された「知」を「共同の知」として蓄積し，次世代に伝えるために，発表や議論の場，そして新しい研究スタイル研鑽の場を提供する。

第1号（創刊号）

無藤隆・やまだようこ・麻生武・南博文・サトウタツヤ編／2002年／B5判並製176頁／2940円（税込）

【論文】
　田中共子・兵藤好美・田中宏二「高齢者の在宅介護者の認知的成長段階に関する一考察」
　松嶋秀明「いかに非行少年は問題のある人物となるのか？」
　田垣正晋「生涯発達から見る『軽度』肢体障害者の障害の意味」
　西條剛央「生死の境界と『自然・天気・季節』の語り」
　やまだようこ「なぜ生死の境界で明るい天空や天気が語られるのか？」
　大倉得史「ある対照的な2人の青年の独特なありようについて」
　やまだようこ「現場心理学（フィールド）における質的データからのモデル構成プロセス」
　安藤香織「環境ボランティアは自己犠牲的か」

第2号　特集：イメージと語り（責任編集　やまだようこ）

無藤隆・やまだようこ・麻生武・南博文・サトウタツヤ編／2003年／B5判並製220頁／2940円（税込）

【特集論文】
　川喜田二郎・松沢哲郎・やまだようこ「KJ法の原点と核心を語る」
　矢守克也「4人の震災被災者が語る現在（いま）」
　小倉康嗣「再帰的近代としての高齢化社会と人間形成」
　小倉康嗣「コメント論文：審査意見に対するリプライ」
　能智正博「『適応的』とされる失語症者の構築する失語の意味」
　やまだようこ「ズレのある類似とうつしの反復」

【一般論文】
　坂上裕子「断乳をめぐる母親の内的経験」
　柴坂寿子・倉持清美「園生活の中で泣きが多かったある子どもの事例」
　菅村玄二「生死の境界での語り」
　やまだようこ「『実験心理学』と『質的心理学』の相互理解のために」
　西條剛央「『構造構成的質的心理学』の構築」

第3号　特集：フィールドワーク（責任編集　サトウタツヤ）

無藤隆・やまだようこ・麻生武・南博文・サトウタツヤ編／2004年／B5判並製216頁／2940円（税込）

【特集論文】
　森田京子「アイデンティティー・ポリティックスとサバイバル戦略」
　宮内洋「〈出来事〉の生成」
　本山方子「小学3年生の発表活動における発表者の自立過程」
　溝上慎一「大学生の自己形成教育における自己の発現過程」

矢吹理恵「日米国際結婚夫婦の妻におけるアメリカ文化に対する同一視」
【一般論文】
清水　武「遊びの構造と存在論的解釈」
やまだようこ「小津安二郎の映画『東京物語』にみる共存的ナラティヴ」
八木真奈美「日本語学習者の日本社会におけるネットワークの形成とアイデンティティの構築」
西條剛央「構造構成的質的心理学の理論的射程」

第4号　特集：質的心理学のあり方（責任編集　やまだようこ・無藤隆・サトウタツヤ）
日本質的心理学会編／2005年／B5判並製248頁／3150円（税込）

【特集論文】
大橋英寿・やまだようこ「質的心理学の来し方と行方」
大谷　尚・無藤　隆・サトウタツヤ「質的心理学が切り開く地平」
Jaan Valsiner「Transformations and Flexible Forms」（英文）
無藤　隆「質的研究の三つのジレンマ」
【一般論文】
荒川　歩「映像データの質的分析の可能性」
小倉啓子「特別養護老人ホーム入居者のホーム生活に対する不安・不満の拡大化プロセス」
やまだようこ「家族ライフストーリーが語られる場所としての墓地」
渡辺恒夫・金沢　創「想起された〈独我論的な体験とファンタジー〉事例の3次元構造」
清水　武・西條剛央・白神敬介「ダイナミックタッチにおける知覚の恒常性」
野口隆子・小田　豊・芦田　宏・門田理世・鈴木正敏・秋田喜代美
　　「保育者の持つ"良い保育者"イメージに関するビジュアルエスノグラフィー」
松嶋秀明「教師は生徒指導をいかに体験するか？」
西條剛央「質的研究論文執筆の一般技法」
安田裕子「不妊という経験を通じた自己の問い直し過程」
【書評特集】
『ワードマップ　質的心理学』

第5号　特集：臨床と福祉の実践（責任編集　能智正博）
日本質的心理学会編／2006年／B5判並製300頁／3465円（税込）

【特集論文】
谷口明子「病院内学級における教育的援助のプロセス」
湧井幸子「『望む性』を生きる自己の語られ方」
能智正博「ある失語症患者における"場の意味"の変遷」
田垣正晋「障害の意味の長期的変化と短期的変化の比較研究」
渡邉照美・岡本祐子「身近な他者との死別を通した人格的発達」
吉村夕里「精神障害をもつ人に対するアセスメントツールの導入」
【一般論文】
村上幸史「『運を消費する』という物語」
辻本昌弘「アルゼンチンにおける日系人の頼母子講（たのもしこう）」
阪本英二「存在論的解釈についての対話」
やまだようこ「非構造化インタビューにおける問う技法」
篠田潤子「引退後のプロ野球選手にみる自己物語」

趙　衛国「ニューカマー生徒の学校適応に関する研究」
　サトウタツヤ・安田裕子・木戸彩恵・高田沙織・ヤーン・ヴァルシナー「複線径路・等至性モデル」
【書評特集】
　ガーゲン社会構成主義の可能性

第6号　特集：養育・保育・教育の実践（責任編集　秋田喜代美・無藤隆）
日本質的心理学会編／2007年／B5判並製224頁／2940円（税込）

【特集論文】
　砂上史子「幼稚園における幼児の仲間関係と物との結びつき」
　河野麻沙美「算数授業における図が媒介した知識構築過程の分析」
　西崎実穂「乳幼児期における行為と『痕跡』」
【小特集：臨床と福祉の実践 II（担当編集委員：能智正博）】
　青木美和子「記憶障害を持って人と共に生きること」
　松本光太郎「施設に居住する高齢者の日常体験を描き出す試み」
　盛田祐司「中途身体障害者の心理的回復過程におけるライフストーリー研究」
【一般論文】
　岡本直子「心理臨床の場における『ドラマ』の意味」
　竹田恵子「生殖技術受診時に表出する身体観の相互作用」
　白尾久美子・山口桂子・大島千英子・植村勝彦「がん告知を受け手術を体験する人々の心理的過程」
　やまだようこ「質的研究における対話的モデル構成法」
【書評特集】
　古典的研究と現代との対話：質的研究をめぐって

第7号　特集：バフチンの対話理論と質的研究（責任編集　茂呂雄二・やまだようこ）
日本質的心理学会編／2008年／B5判並製264頁／3255円（税込）

【特集論文】
　桑野　隆「『ともに』『さまざまな』声をだす」
　やまだようこ「多声テクスト間の生成的対話とネットワークモデル」
　田島充士「単声的学習から始まる多声的な概念理解の発達」
　矢守克也・舩木伸江「語り部活動における語り手と聞き手との対話的関係」
　五十嵐茂「バフチンの対話理論と編集の思想」
　松嶋秀明「境界線上で生じる実践としての協働」
【一般論文】
　竹家一美「不妊治療を経験した女性たちの語り」
　渡辺恒夫「独我論的体験とは何か」
　川島大輔「老年期にある浄土真宗僧侶のライフストーリーにみる死の意味づけ」
　安田裕子・荒川　歩・高田沙織・木戸彩恵・サトウタツヤ「未婚の若年女性の中絶経験」
　荘島幸子「トランスジェンダーを生きる当事者と家族」
　戈木クレイグヒル滋子・三戸由恵・畑中めぐみ「情報の共有」
【書評特集】
　方法論としてのグラウンデッド・セオリー・アプローチ

第8号　特集：地域・文化間交流——フィールドを繋ぐ質的心理学
（責任編集　矢守克也・伊藤哲司）

日本質的心理学会編／2009年／B5判並製144頁／2310円（税込）

【特集論文】
　菅野幸恵・北上田源・実川悠太・伊藤哲司・やまだようこ「過去の出来事を"語り継ぐ"ということ」
　やまだようこ・山田千積「対話的場所(トポス)モデル」
　伊藤哲司・矢守克也「『インターローカリティ』をめぐる往復書簡」
　矢守克也「『書簡体論文』の可能性と課題」

【一般論文】
　奥田紗史美・岡本祐子「摂食障害傾向のある青年の拒食と過食の心理的意味と変容プロセス」
　柴坂寿子・倉持清美「幼稚園クラス集団におけるお弁当時間の共有ルーティン」

【書評特集】
　身体性と質的研究

第9号　特集：質的心理学における時間性・歴史性を問う
（責任編集　山本登志哉・麻生　武）

日本質的心理学会編／2010年／B5判並製220頁／2940円（税込）

【特集論文】
　松尾純子「体験を語り始める」
　大西　薫「子どもたちはつらい未来をどう引き受けるのか」
　やまだようこ「時間の流れは不可逆的か？」

【一般論文】
　近藤（有田）恵・家田秀明・近藤富子・本田（井川）千代美「生の質に迫るとは」
　浦田　悠「人生の意味の心理学モデルの構成」
　関根和生「幼児期における発話産出に寄与する身振りの役割」
　畑中千紘「語りの『聴き方』からみた聴き手の関与」
　桂　直美「教室空間における文化的実践の創成」
　David R. Olson「Literacy, Literature and Mind」（英文）
　　（文字通りの意味，文学的意味と心）（日本語解説　小島康次）

【書評特集】
　この本からはじめる質的心理学——テキスト書評特集

日本質的心理学会
会員募集中

質的研究法に関心があるかたは，ぜひご加入ください（随時受付中）

- 会計年度は4月2日～翌年4月1日の1年間です。
- その年度の会費にて，その年度に発行される『質的心理学研究』および『質的心理学フォーラム』が配布されます。
- 質的研究の情報が盛りだくさんのメールマガジン（月1回）を購読できます。
- 大会（年1回開催）やワークショップに会員価格で参加できます。

〈入会手続き方法〉

(1) 入会ご希望の方は学会費を以下の郵便口座にお振り込み下さい。

　　一　般　　＝8000円
　　院生・学生＝7000円

　　（正規の院生・学生であれば，職の有無は問いません。研究生・研修生の方は一般でお願いします）
　　また，有志の方のご寄付を募ります。寄付＝一口1000円

　　　口座番号　00190-7-278471　　加入者名　日本質的心理学会事務局

(2) 会費納入後，学会webページ（http://wwwsoc.nii.ac.jp/jaqp/）の「会費納入連絡フォーム」より，名簿作成のため情報をお寄せください。入金を確認後，事務局よりお返事いたします。詳しくは学会webページをご覧ください。

お問い合わせは事務局まで

〒187-8570　東京都小平市小川町1-830　白梅学園短期大学内
無藤／佐久間研究室気付　日本質的心理学会事務局
メールアドレス　jaqp@shiraume.ac.jp
FAX番号　　　　042-349-7373

編集委員会（50音順）

編集委員長　　：能智正博
副編集委員長　：柴山真琴・田中共子・西村ユミ
編集委員　　　：遠藤利彦・小倉啓子・斉藤こずゑ・佐々木正人・澤田英三・杉万俊夫・田垣正晋・
　　　　　　　　細馬宏通・南　博文・無藤　隆・森岡正芳・渡邊芳之

編集監事　　　：菅野幸恵・中坪史典・松嶋秀明・村上幸史

学会事務局　　：小保方晶子・佐久間路子

質的心理学研究 第 10 号
Japanese Journal of Qualitative Psychology, 2011/ No.10

初版第 1 刷発行　2011 年 3 月 20 日©

編　集　　日本質的心理学会『質的心理学研究』編集委員会

発　行　　日本質的心理学会
　　　　　日本質的心理学会事務局
　　　　　〒187-8570　東京都小平市小川町 1-830　白梅学園短期大学内　無藤／佐久間研究室気付
　　　　　FAX　042-349-7373　　E-mail　jaqp@shiraume.ac.jp
　　　　　日本質的心理学会 Web サイト　http://wwwsoc.nii.ac.jp/jaqp/

発　売　　株式会社　新曜社
　　　　　〒101-0051　東京都千代田区神田神保町 2-10　多田ビル
　　　　　電話 (03)3264-4973（代）・Fax (03)3239-2958
　　　　　E-mail: info@shin-yo-sha.co.jp　　URL: http://www.shin-yo-sha.co.jp/

印刷・製本　長野印刷商工　　　　　　　　　　　　　　　　　　　　Printed in Japan
ISBN978-4-7885-1225-2 C1011

新曜社の関連書①

矢守克也 著
アクションリサーチ　実践する人間科学

Ａ５判上製 288 頁／3045 円

直面する問題の解決に向けて，研究者と当事者とが共同で取り組む実践「アクションリサーチ」。その方法の魅力と責任，研究としていかに記述するか，理論的基盤としての社会構成主義とは何か──阪神・淡路大震災をめぐる実践経験のすべてを注いで書かれた，アクションリサーチへの招待。

矢守克也・渥美公秀 編著／近藤誠司・宮本 匠 著
ワードマップ 防災 減災の人間科学　いのちを支える，現場に寄り添う

四六判並製 288 頁／2520 円

現場に関わるなかで生まれた「協働的実践」と「アクションリサーチ」を軸に，防災・減災への取り組み方を徹底的に再考した。防災心理学，災害社会学，リスク・コミュニケーションなど旧来の研究分野の枠を超え，現場に寄り添い，現場とともに考えるためのキーワード集。

やまだようこ 著　〈やまだようこ著作集 第 1 巻〉
ことばの前のことば　うたうコミュニケーション

Ａ５判上製 496 頁／5040 円

「ことば」が生まれる原点に戻ってみたい──。ことばをもたないもの（infant）である乳児の心理とその発達を通して，人間の根源の世界をとらえようと紡がれたロングセラーの処女作『ことばの前のことば』と関連論考を収め，著者のことばとコミュニケーション研究が見通せる。

やまだようこ 著　〈やまだようこ著作集 第 8 巻〉
喪失の語り　生成のライフストーリー

Ａ５判上製 336 頁／4515 円

質的研究法の旗手による待望の著作集，刊行開始！　いまは「ない」かけがえのない人の死。その意味をことばにしようとするとき，物語が生まれる──「喪失の語り」の探求は，著者自身をあらためて「ことばとは何か？」というより大きな問いに向かわせることとなった。

やまだようこ 編／やまだようこ・加藤義信・戸田有一・伊藤哲司 著
この世とあの世のイメージ　描画のフォーク心理学

Ａ５判上製 360 頁／5040 円

私たちは，さまざまなイメージや物語によって死に意味づけを与えながら生きている。日本，イギリス，フランス，ベトナムの人々に，他界やたましいについてのイメージ画を描いてもらうことによって現代民衆の心理世界のコスモロジーを浮き彫りにした，心理学の新しい分野を拓く一冊。

佐藤郁哉・芳賀 学・山田真茂留 著
本を生みだす力　学術出版の組織アイデンティティ

Ａ５判上製 584 頁／5040 円

新曜社を含む 4 つの出版社の事例研究から，学術書の刊行に関わる組織的意思決定の背景と編集プロセスの諸相を丹念に追い，学術出版社が学術知の品質管理をおこなう上で果たす役割，そこで育まれる出版社・編集者の組織アイデンティティを明らかにする。学術的知の未来のために。

上記は税込価格です。

新曜社の関連書②

浜田寿美男・伊藤哲司 著
「渦中」の心理学へ　往復書簡 心理学を語りなおす
四六判並製 272頁／2520円

人は与えられた条件のもと，自分の「生きるかたち」を模索してゆく。その「渦中」に寄り添いながら生活世界の問題と切り結ぶ「もうひとつの心理学」を目指して――心理学者としての生き方を振り返りつつ，書簡形式の対話を通して研究や学問，社会のあり方にまで考察を深めていく。

菅野幸恵・塚田みちる・岡本依子 著
エピソードで学ぶ 赤ちゃんの発達と子育て　いのちのリレーの心理学
A5判並製 212頁／1995円

『エピソードで学ぶ乳幼児の発達心理学』待望の続編。生き生きとしたエピソードを軸に胎児から2歳くらいまでの赤ちゃんの心理や発達を学べるだけでなく，いのちのリレーという視点から，親となることについてのイメージや必要な知識も得られる，画期的な乳児心理学のテキストが誕生！

渡邊芳之 著
性格とはなんだったのか　心理学と日常概念
四六判上製 228頁／2310円

日常的に使われる「性格」ということば。しかし，心理学では「性格とはなにか」すら明確でなく，はたして性格は個人の一貫した特性なのかについて，カンカンガクガクの論争が繰り広げられてきた。日常的な概念を研究することの問題について面白く読め，かつ深く考えることができる。

臨床心理学研究法シリーズ（全8巻　下山晴彦 編）

近年，心理学者が医療や教育，生産の現場に入り積極的にかかわる，実践的な研究への関心が急速に高まっている。代表的な研究法について基礎から懇切に解説するとともに，研究の実際に即した知識やノウハウについても理解できる，日本で初めての臨床心理学研究法シリーズ。実践支援研究に携わる心理学全般の学生，研究者必携！

下山晴彦・能智正博 編
第1巻　心理学の実践的研究法を学ぶ
A5判並製 368頁／3780円

岩壁 茂 著
第2巻　プロセス研究の方法
A5判並製 252頁／2940円

杉浦義典 著
第4巻　アナログ研究の方法
A5判並製 288頁／3465円

石丸径一郎 著
第5巻　調査研究の方法
A5判並製 224頁／3月刊行

安田節之・渡辺直登 著
第7巻　プログラム評価研究の方法
A5判並製 248頁／2940円

上記は税込価格です。